BERNARD TAPIE

LEÇONS DE VIE, DE MORT ET D'AMOUR

DU MÊME AUTEUR

ROMANS

Monsieur Adrien, Seuil, 1982
L'Affreux, Grasset, 1992
La Souille, Grasset, 1995
Le Sieur Dieu, Grasset, 1998
Mort d'un berger, Gallimard, 2002
L'Abatteur, Gallimard, 2003
L'Américain, Gallimard, 2004
L'Immortel : 22 balles pour un seul homme, Flammarion, 2007
Le Huitième Prophète ou les aventures extraordinaires d'Amros le Celte, Gallimard,
  2008
Le Lessiveur, Flammarion, 2009
Un très grand amour, Gallimard, 2010
Dieu, ma mère et moi, Gallimard, 2012
La Cuisinière d'Himmler, Gallimard, 2013
L'amour est éternel tant qu'il dure, Flammarion, 2014
L'Arracheuse de dents, Gallimard, 2016
Belle d'amour, Gallimard, 2017
Le Schmock, Gallimard, 2019
Dernier été, Gallimard, 2020
Rien qu'une bête, Albin Michel, 2021

ESSAIS

François Mitterrand ou la tentation de l'histoire, Seuil, 1977
Jacques Chirac, Seuil, 1987
Le Président, Seuil, 1990
La Fin d'une époque, Fayard, 1993
Le Vieil Homme et la mort, Gallimard, 1996
François Mitterrand, une vie, Seuil, 1996
La Tragédie du Président : scènes de la vie politique, 1986-2006, Flammarion, 2006
M. le Président : Scènes de la vie politique, 2005-2011, Flammarion, 2011
Derniers carnets : Scènes de la vie politique en 2012 (et avant), Flammarion, 2012
L'animal est une personne : pour nos sœurs et frères les bêtes, Fayard, 2014
Manifeste pour les animaux, Autrement, 2014
Chirac, une vie, Flammarion, 2016
Le Théâtre des incapables, Albin Michel, 2017
La Dernière Fois que j'ai rencontré Dieu, Gallimard, 2018

Franz-Olivier Giesbert

BERNARD TAPIE

LEÇONS DE VIE,
DE MORT ET D'AMOUR

Les Presses de la Cité

P. 7 : Georges-Emmanuel Clancier, « Et pourtant sauvé », in *Le Paysan céleste* suivi de *Notre part d'or et d'ombre* © Editions Gallimard, 2008

P. 28 : André Maurois, *Les Silences du colonel Bramble* © Editions Grasset, Paris, 1918, 2014

P. 72 : Georges-Emmanuel Clancier, « Jean qui meurt Jean qui vit », in *Vive fut l'aventure* © Editions Gallimard, 2008

PP. 295-296 : Georges-Emmanuel Clancier, « Sans titre », in *Le Paysan céleste* suivi de *Notre part d'or et d'ombre* © Editions Gallimard, 2008

Fais attention : adaptation par Claude Righi de *Find my Way back Home*, paroles et musique de Dennis Earle Lambert et Louis Russell Pegues © DR, 1964

Passeport pour le soleil : adaptation par Louis Amade de *Ballad Of The Green Berets*, paroles et musique de Robert Moore Jr. et Barry Sadler © Concorde Editions, 1966

Réussir sa vie : paroles et musique de Didier Barbelivien © DR, 1985

Succès fou : paroles et musique de Christophe © Francis Dreyfus Music c/o BMG Rights Management, 1996

Dallas, générique série TV française : paroles et musique de Michel Salva et Jean Renard © Francis Dreyfus Music c/o BMG Rights Management, 1981

Le Blues du businessman : paroles et musique de Michel Berger et Luc Plamondon © Plamondon Publishing et Apache Sté ARL, 1978

Boule de flipper : paroles et musique de Jean-Michel Berriat et Christophe © Francis Dreyfus Music c/o BMG Rights Management et Arpras Sté, 1986

Le Code de la propriété intellectuelle n'autorisant, aux termes de l'article L. 122-5, 2° et 3° a), d'une part, que les « copies ou reproductions strictement réservées à l'usage privé du copiste et non destinées à une utilisation collective » et, d'autre part, que les analyses et les courtes citations dans un but d'exemple et d'illustration, « toute représentation ou reproduction intégrale ou partielle faite sans le consentement de l'auteur ou de ses ayants droit ou ayants cause est illicite » (art. L. 122-4). Cette représentation ou reproduction, par quelque procédé que ce soit, constituerait donc une contrefaçon, sanctionnée par les articles L. 335-2 et suivants du Code de la propriété intellectuelle.

© Presses de la Cité, 2021
92, avenue de France – 75013 Paris
ISBN 978-2-258-19639-1
Dépôt légal : juin 2021

Pauvre plagiat de dieu
Pour qui ? Pour ton ombre
Ou quelle autre image,
Aussi fragile, aussi fugace
Que toi si tu sais avouer ?

Et pourtant sauvé
Sauvé peut-être
Le temps que ta parole
(Que ton regard à jamais)
Dérobe au monde un jour
Et le donne en partage.

Georges-Emmanuel CLANCIER
« Et pourtant sauvé »
Notre part d'or et d'ombre

Prologue

Il ne fait rien comme tout le monde. Quand Tapie a mal, il ne prend pas d'antidouleurs. Ses glandes surrénales « font leur boulot » en fabriquant de la cortisone : il est hors de question de les empêcher de travailler en s'injectant quelque produit que ce soit.

« Aujourd'hui, dit-il, quand on souffre beaucoup ou même un peu, on prend un comprimé ou de la cortisone. Moi, pas. Je préfère laisser mes surrénales travailler et je peux certifier qu'elles fonctionnent à mort pour me fabriquer ma propre cortisone. Je ne veux pas abandonner aux médicaments ma résistance à la douleur, aux inflammations, aux infections. Quand on me fait une chimio, par exemple, je veille à ce qu'on ne me mette jamais de cortisone dedans. »

Qu'importe s'il souffre le martyre, pourvu que son corps ne baisse pas la garde, qu'il reste fort, sans aide extérieure, face à l'ennemi. Il n'appartient pas à la civilisation Doliprane. Souvent, sa voix est faible, oppressée. Mais quand Tapie parle, son corps, même amaigri, ne

Prologue

semble pas atteint : il se lève, s'assoit, se relève, fait les cent pas et de grands gestes du bras.

« Les affaires, la politique, le football, le vélo, la télé, le cinéma, la prison, dit BT, je sais toujours de quoi je parle, moi, contrairement à d'autres. C'est pour ça que les gens m'écoutent. »

Le cancer et l'hôpital aussi, Tapie connaît. C'est pourquoi il secoue volontiers les cancéreux : « Ne restez pas au plumard toute la journée en vous gavant d'antidouleurs. Bougez-vous et vous vous donnerez une chance que ça aille mieux ! »

« Personne ne peut me reprocher de l'ouvrir, j'ai la même maladie, reprend-il. Regarde toutes ces lettres (il me montre un paquet sur la table). J'en reçois sans arrêt. Ce sont des gens qui sont concernés par le cancer et qui me remercient d'avoir dit ce que j'ai dit, et que je ne me lasse pas de répéter : pour tenir tête à la douleur et à la maladie, on n'a aucune chance si on ne se bat que pour sa gueule. D'où les difficultés des gens seuls dans leur cœur et dans leur tête. Pour ce combat-là comme pour les autres, on a besoin des autres. J'ai passé ma vie à avoir besoin des autres. »

Il se laisse tomber comme un jeune homme sur le canapé de son salon avant de se relever d'un trait :

« Ce qui nous permet de tenir, ce sont ces forces de l'esprit qu'évoquait Mitterrand quand il nous disait, lors de ses derniers vœux présidentiels, le 31 décembre 1994, qu'il resterait parmi nous après sa mort. Ce sont ces mêmes forces de l'esprit qui menaient les pas des petits gars qui, pendant la Grande Guerre, sortaient les premiers de la tranchée et dont le sacrifice permettait à quarante autres soldats de partir à l'attaque. »

Bernard Tapie – Leçons de vie, de mort et d'amour

Pendant ses quatre ans de combat contre le cancer que j'ai vécus pour ainsi dire au jour le jour, les hospitalisations duraient toujours moins longtemps que prévu : au premier signe d'amélioration, il signait une décharge et retournait chez lui continuer la lutte. Tapie ou l'homme qui a *décidé* de ne pas mourir.

Chaque fois que je l'avais cru à l'article de la mort, il revenait, quelques heures plus tard, dans le monde des vivants. Son fils cadet, Laurent, raconte que la première fois qu'il a pu rendre visite à son père à l'hôpital de la Pitié-Salpêtrière, après son ablation d'une grande partie de l'œsophage et des trois quarts de l'estomac, une opération lourde qui a duré cinq heures, il l'a surpris, agrippé aux barres du lit, en train de faire des pompes sur le dos, dans son lit.

Quand Tapie ne fait pas des pompes, il fait des escaliers, comme il dit. Et que je dévale les marches, et que je les remonte au pas de course ! Il faut bouger tout le temps, c'est indispensable. Il serait du genre à faire de la musculation sur son lit de mort. Il est comme le Surhomme de Nietzsche, toujours à travailler à la « transfiguration de l'existence », et la vie lui souffle à l'oreille ce qu'elle disait dans *Ainsi parlait Zarathoustra* : « Je suis ce qui doit toujours se surmonter soi-même. » Laurent aime citer les mots d'une infirmière de la Pitié-Salpêtrière, après l'opération de son père : « A près de soixante-quinze ans, il a mieux cicatrisé en une semaine qu'un mec de cinquante en trois semaines. Il vient d'une autre planète. »

S'il est vrai que la vérité d'un homme apparaît quand il se trouve confronté à la douleur, Tapie ne cesse de me bluffer, de me bouleverser. Il toise la maladie, il la

Prologue

méprise. Ce n'est pas un cancer, fût-il avancé, qui l'empêchera de vivre, de se passionner pour tout, pour rien.

Pour la France. Jusqu'au bout, après une carrière qui fut entre autres politique, Tapie aura été obsédé par la France, comme ces anciens chefs de l'Etat qui refusent de prendre leur retraite : « Il est temps que notre pays quitte ses mauvaises habitudes, répète-t-il. Il va dans le mur. »

Pourquoi ? « D'un côté, il y a les "Y en a marre" des deux extrêmes, qui veulent tout changer sans rien bouger. De l'autre, il y a les habiles et les cyniques qui naviguent à vue, pour gagner la prochaine élection, alors qu'ils ne devraient songer qu'à prendre les bonnes décisions pour le bien de tous. De Gaulle est le dernier à avoir osé trancher : il n'essayait pas de faire plaisir. Ce qui me rend optimiste, c'est qu'on approche de la grande catastrophe qui permettra peut-être de renverser la table pour repartir de zéro. »

Où sont passés l'autorité, le respect ? Dans la nuit du 3 au 4 avril 2021, alors qu'il est en week-end à Combs-la-Ville, le couple Tapie est surpris pendant son sommeil, ligoté, battu et insulté par quatre « racailles des quartiers ».

Encagoulés et vêtus de combinaisons noires, les agresseurs traînent Dominique, l'épouse de BT, par les cheveux de pièce en pièce avant de s'acharner sur elle en la frappant au visage pour qu'elle leur donne l'emplacement d'un coffre-fort qui n'existe pas.

« Je vous ai toujours défendus ! hurle Tapie, attaché sur une chaise, après avoir reçu un coup de matraque sur le crâne.

Bernard Tapie – Leçons de vie, de mort et d'amour

— Va te faire enculer ! » répond l'une des « racailles » après avoir menacé les Tapie de « foutre le feu à la maison » en les y laissant ligotés.

Les agresseurs sont finalement repartis quasiment bredouilles, avec deux montres et quelques bijoux.

« Ils étaient prêts à nous tuer et on est vivants, dit Tapie. Ce sont les derniers clous de ma croix. Maintenant je peux entamer ma résurrection ! »

Traumatisé par l'extrême violence exercée contre Dominique, il évoque la désagrégation de la société : « Ça commence à l'école. Avant, quand tu étais petit et que tu chahutais en cours, tu te prenais une beigne du prof et le soir, quand tu rentrais à la maison, bim, ta mère remettait ça. Aujourd'hui, tout le monde est une victime. Même les salauds ! »

Entre les dernières nouvelles du cancer, les tumeurs qui ont doublé de volume ou les résultats d'une biopsie, j'ai régulièrement droit, comme biographe, aux pensées du jour, celle d'un titi qui, sur son lit de douleur, continue d'instruire le procès des classes dirigeantes : « Elles n'ont jamais supporté que je vive dans l'un des plus beaux hôtels particuliers de Paris, l'hôtel de Cavoye. Nos prétendues "élites" ne sont pas seulement nulles et pourries, elles veulent tout pour elles et rien pour les autres, même pas des miettes. Le système est complètement bloqué, comme au temps de l'Ancien Régime. C'est pourquoi tout finira par sauter, un jour ou l'autre. »

Tenez, cette confidence du matin, en sortant du scanner : « J'ai toujours su que ça finirait comme ça et je n'ai donc pas été étonné quand les ennuis sont tombés sur moi. Je les avais un peu cherchés, pas vrai ? Surtout

Prologue

parce que je n'ai jamais fait d'efforts. Dans les affaires, le foot ou la politique, je me suis presque toujours refusé à fréquenter les milieux dans lesquels je travaillais : ça me gonflait. Mais j'ai quand même eu une belle vie, hein ? »

Et puis cette confidence du soir, avant la chimio du lendemain : « J'ai accumulé les conneries, c'est sûr. J'ai trop affiché mon bonheur, par exemple. Chez nous, on déteste l'argent des autres, leur pouvoir, leur gloire. Alors, quand on ne respecte pas l'adage national : "Pour vivre heureux, vivons cachés", on s'expose à toutes sortes de vilenies. Je n'ai pas le droit de me plaindre. »

Qu'est-ce qui le fait tenir encore alors que le cancer vient le chercher dans ses derniers retranchements ? Après que Zeus l'a puni, Prométhée devait avoir le même air buté quand l'Aigle du Caucase dévorait le jour son foie qui repoussait la nuit. « Il faut que je tienne jusqu'au procès, dit Tapie. Il y a certes mon honneur à défendre mais je ne veux pas laisser non plus ma femme aux mains d'un liquidateur judiciaire qui a essayé de nous couper l'électricité alors qu'on la payait. Je dois la protéger des vautours, des charognards. »

Il vit en suspens sur un fil ténu qui, s'il casse, ne l'empêchera pas de continuer à gambiller. Il y a une foultitude de Tapie en lui. Mais le plus fascinant, c'est le vrai, l'increvable, celui qui ne cède jamais rien, dont la France a suivi les aventures pendant près de cinquante ans, que je vais essayer de faire vivre pour vous et qui n'est pas, vous allez le voir, celui que vous croyez.

A bien des égards, c'est même le contraire de celui qu'on nous raconte depuis des lustres.

1

Robin des Bois en blazer

La rage de vivre et de vaincre. Une émotivité à fleur de peau. La vengeance du « prolo »

Ce livre n'aurait jamais dû exister. Ce n'était pas l'idée de Bernard Tapie, ni la mienne, mais celle de l'éditrice Muriel Beyer, alors patronne de Plon. Elle m'avait proposé de le faire accoucher et d'écrire ses Mémoires avec lui. Il serait la voix, je serais le scribe. Ça m'avait amusé.

J'aimais l'idée de finir ma vie d'écrivain comme je l'avais commencée : en nègre. Après avoir été celui de Jacques Chaban-Delmas, puis de Pierre Mendès France, je me faisais une joie de devenir celui de Bernard Tapie que nos « élites » compassées vomissaient autant que je les vomissais.

D'abord, Tapie, professionnel de la survie, me fascinait depuis longtemps et j'avais envie d'en savoir plus sur lui. Ensuite, j'ai toujours aimé les causes perdues et celle-là était plus que désespérée. Enfin, en racontant sa vie, je pensais écrire un livre en forme de péplum avec plein de misère et beaucoup de stars, fêtes, serments, trahisons, yachts et bagnoles de luxe. Avec, cerises sur

Robin des Bois en blazer

le gâteau, toutes sortes de leçons de vie – puisque Tapie en a eu mille – pour tout le monde et en particulier pour le petit peuple d'où il s'était extrait avec une aisance ébouriffante.

Qu'est-ce qui pouvait m'attirer chez Tapie alors que les seuls personnages qui m'ont vraiment fasciné sont, comme Giono, son exact contraire, à l'écart d'une époque ravagée par la vitesse et l'impatience ? Dans *Croquis de mémoire*[1], un grand livre méconnu, Jean Cau célèbre le prophète de Manosque qui nous a appris à communier avec le soleil, les rivières, les herbes, nos propres corps, et qui a transfiguré en héros de légende les culs-terreux de nos jeunesses campagnardes.

Giono, écrit Cau, nous invitait à nous souvenir d'un monde avec lequel nous avions été les premiers à rompre, quand « le Grand Pan » n'était pas mort mais régnait sur un monde rond et plein – comme un œuf frais – de « vraies richesses ». A la façon du Camus de *L'Eté*, il nous intimait d'être heureux, non pas à cause « de ceci ou de cela » mais en possédant à plein un corps et une âme en accord avec le Grand Tout. « Seigneur, que ma joie demeure. » En quoi Tapie était-il gionesque, je vous le demande ?

Quand je le connaissais à peine, je le résumais bêtement à une boulimie pécuniaire, ramenarde et tape-à-l'œil, mais quand je me suis approché de lui, j'ai vite compris à quel point il était absurde de le réduire à cela. J'aimai tout de suite sa rage de vivre, sa capacité de résistance, de résilience. J'aimai son sentimentalisme, sa passion pour le monde des gens de peu dont il venait,

---

1. Julliard, 1985, rééd. La Table Ronde, coll. « La Petite Vermillon ».

Bernard Tapie – Leçons de vie, de mort et d'amour

et aussi pour les animaux, les chiens, les chèvres, les poules, bien qu'il ne fût pas végétarien.

J'aimai qu'il fût gouverné par ses émotions, toujours à fleur de peau, et qu'il eût si souvent la larme à l'œil. J'aimai qu'il ait coalisé contre lui autant d'ennemis puissants et hideux, à commencer par l'Etat, « le plus froid des monstres froids » qui « ment froidement », comme dit Nietzsche, à l'image d'une certaine magistrature prête à piétiner le droit pour l'achever.

En ces temps de morosité générale, j'aimai que rien ne l'arrêtât jamais. C'était un pionnier, un défricheur, entré en politique par effraction, sans suivre le cursus habituel, à la façon d'un Silvio Berlusconi ou d'un Donald Trump, avec lesquels il n'a pas grand-chose à voir. On aurait dit que les frères Edmond et Jules de Goncourt avaient écrit pour lui leur célèbre phrase : « Il ne suffit pas d'avoir du talent, il faut encore se le faire pardonner. »

En vengeant les gens de peu, il vengeait aussi, à mes yeux, les prolos d'Elbeuf, berceau à l'agonie de ma famille maternelle. Avec ses manières de matamore, il mettait en pièces le discours fataliste convenu : une entreprise, ça vit, ça meurt, et tant pis pour les « canards boiteux », qu'ils crèvent. J'avais vu le résultat de ce défaitisme dans cette ancienne place forte du drap, du textile. Le sauve-qui-peut général. Les fermetures en cascade d'usines. Les boutiques qui disparaissent. La désertification industrielle, commerçante, morale, psychologique.

Je n'étais pas dupe : Tapie n'était certes pas un ange qui venait sauver les damnés de la terre et j'ai longtemps assimilé le métier de repreneur à celui de croque-mort ou de boucher en gros. Je n'avais pas encore perçu l'espèce de jouissance du redresseur d'entreprises condamnées

Robin des Bois en blazer

à la fermeture, qui les rachète un euro symbolique et finit par faire de la vie avec de la mort, des bénéfices à partir de pertes.

Sur les photos de l'époque, il avait une beauté animale et la rage de vaincre : on aurait dit un Zorro sans cheval mais en blazer et Ferrari, fonceur comme un buffle, débordant d'énergie, un beau gosse maculé de cambouis, en guerre perpétuelle contre la coalition des résignés, des aquoibonistes.

Tapie prétendait préserver ce qui semblait condamné et prouver sur le terrain qu'il n'y avait pas de sens de l'Histoire, que la débine industrielle du pays n'était pas inéluctable, qu'une entreprise n'était jamais condamnée dès lors qu'elle avait un nom : « Achetez la marque et, après, rénovez-la, donnez-lui un sens, une raison d'être, vous verrez qu'elle va renaître. » Comme beaucoup de Français, j'étais sensible à ce discours. Il nous a donné du rêve à tous, dans un domaine ou un autre : la bicyclette, le football, l'entreprise.

Quelques mois avant de donner le livre à l'éditeur, je lui ai envoyé plusieurs chapitres à lire. Il ne lut que les pages de ce premier chapitre avant de m'adresser un texto de rupture d'une grande violence. Je l'appelai. Après notre explication de gravure, je lâchai :

« Je ne t'ai pas trahi. Lis la suite. Tu ne peux juger un livre sur quelques paragraphes.

— Je ne peux pas continuer.

— Essaie.

— C'est plus fort que moi, ça me donne envie de vomir. »

Au cours d'une deuxième discussion, le lendemain, il m'est apparu que Tapie avait particulièrement tiqué sur le passage où je reconnaissais l'avoir longtemps résumé à une « boulimie pécuniaire, ramenarde et tape-à-l'œil ». Il s'étranglait : « Mais comment as-tu pu écrire ça ? » Les quatre mots le rendaient fou.

Triste de l'avoir blessé, je comprenais sa colère. Après avoir été mis plus bas que terre par les médias et persécuté par les magistrats pendant un quart de siècle, il est toujours sur la défensive et prend vite la mouche. Attention ! Produit inflammable !

Il ne souffrait pas d'être accusé de goinfrerie : « Dans les boîtes que j'ai reprises, je n'ai jamais pris un centime sous la forme de salaire ou de dividende. J'ai gagné ma vie en les revendant à des investisseurs après les avoir redressées quand leurs dettes étaient remboursées. »

Il ne supportait pas non plus que je le présentasse comme un mariole, un olibrius, même si je ne le réduisais pas à ça. Je pouvais le comprendre. Mais ces mots correspondaient à une réalité que je ne pouvais occulter.

Ce n'était pas ma faute si Tapie était, d'une certaine façon, un anti-Giono ou un anti-Camus. En plus de toutes ses qualités – car il en a, on le verra –, il avait toujours été aussi un enfant de la banlieue et ce n'était pas le moindre de ses charmes.

2

Anatomie d'un suicide

La vanité, « la plus petite des petitesses ».
L'invention des « chieurs du mardi »

Il avait tout et, comme un joueur de casino, il l'a remis
en jeu quand il est entré dans le gouvernement de Pierre
Bérégovoy, sous la présidence de François Mitterrand, en
1992. Après tant de succès qui n'avaient pas fait oublier
ses déboires, pourquoi Tapie était-il allé se « suicider »
en politique ? Avait-il cédé, dans la griserie du moment,
à une pulsion de mort ?

J'ai eu la réponse à ces questions après les lui avoir
posées une vingtaine de fois, sous des formes différentes.
C'était le 6 juillet 2020, un de ces jours bénis où la
maladie le laissait un peu tranquille, même s'il peinait à
monter les côtes ou les escaliers. Alors que nous sortions
de sa voiture, il avait tiqué en voyant que je gardais avec
moi mon sac de plage où se trouvaient mon portefeuille
et mon ordinateur :

« Laisse tes affaires, ça ne craint rien.

— Tu rigoles ?

— Qu'est-ce que tu es vieux !

Bernard Tapie – Leçons de vie, de mort et d'amour

— Non, je suis marseillais. Nuance. Je prends mes précautions, je n'ai pas envie de me faire dépouiller.

— Tu as peur de tout ! Tu es bon pour la retraite, mon pote ! »

Quand Bernard Tapie se sent bien, ce qui devenait rare à l'époque, il vous charrie. Il me charria beaucoup, ce jour-là, mais toujours gentiment : j'étais son hôte. Nous nous trouvions dans sa propriété de Saint-Tropez, en surplomb d'une colline, au milieu du bleu du ciel et de la mer. Il y avait là Dominique, son épouse, Nathalie, sa fille aînée, son gendre et Sophie, la cadette. Une harmonie bon enfant avait régné pendant le déjeuner, autour d'une épatante salade de pommes de terre aux échalotes.

En sortant de table, Bernard Tapie déclara, à propos de son entrée au gouvernement comme ministre de la Ville qui avait coïncidé avec le début de ses ennuis, sinon le commencement de la fin : « Sacrifier un grand groupe industriel comme Adidas pour devenir ministre, c'est quand même très con, non ? Plus j'y réfléchis, plus je me dis que c'est la vanité qui m'a tué. Ce n'est même pas un péché d'orgueil, non, c'est ce sentiment débile, stupide, qu'on appelle la vanité. » La vanité, ruine de l'âme, est « la plus petite des petitesses », disait Hugo. Je croyais que Tapie en était dépourvu.

Soudain, il a le geste de chasser une mouche : « Plus j'y réfléchis, plus je me dis que je ne pouvais pas refuser la proposition de Mitterrand. C'était aussi une chance, celle de pouvoir faire ce que je saurais faire. Mitterrand a jugé que je pouvais être utile et il a donné un second sens à ma vie. Si c'était à refaire, je le referais. »

Anatomie d'un suicide

On ne peut pas résumer Tapie à cette décision d'entrer au gouvernement. Cet homme, c'est un moteur à explosion, de la matière en fusion perpétuelle, de l'eau qui bout et sent le soufre. A ce propos, voilà sans doute ce qui m'a toujours attiré vers lui : cette odeur de soufre.

Pour preuve, l'expression grimaçante de certains amis, surtout celle de mes collègues journalistes, quand je leur apprenais que je travaillais sur une biographie de Tapie. On aurait dit qu'ils venaient de sucer un citron pourri. « Ah bon ? Ça alors ! Quelle drôle d'idée ! Es-tu sûr ? Fais quand même attention à ton image, mon Franz. »

Pour aggraver mon cas, je ne me privais pas de leur expliquer pourquoi j'aimais Tapie sans être tapiste pour autant, en ne partageant pas ses passions. Longtemps, il avait suffi de prononcer son nom pour provoquer des silences ou des haut-le-cœur dans la bonne société, toutes couleurs politiques confondues. Ce fut au demeurant, pendant des années, la seule activité d'une grande partie de ma profession, moutonnière et lapidatrice dans l'âme : jeter des pierres sur lui, sous forme d'articles au vitriol dictés par les juges ou de gros livres écrits comme des thrillers insipides, au nom de ce genre soi-disant nouveau qu'on appelle « l'investigation ».

J'étais heureux de faire ce pied de nez avec un livre mais l'affaire a mal tourné. C'était en 2015. Assis en face de lui dans le grand salon du premier étage de son hôtel particulier de la rue des Saints-Pères, surveillé par ses grands chiens, j'étais en train de l'interviewer pour l'ouvrage qu'il signerait de son nom quand, soudain, Bernard Tapie s'est levé de son canapé et dirigé vers moi,

Bernard Tapie – Leçons de vie, de mort et d'amour

l'index accusateur, avec sa trogne des mauvais jours :
« J'en ai assez de tes questions personnelles. »

Une biographie doit être pleine de portraits physiques, de paysages, de déambulations, d'odeurs d'enfance, de greniers.

« Moi, ça ne m'intéresse pas de parler de ça. »

Il était sincère. Paradoxalement, j'ai rarement rencontré des personnes aussi peu narcissiques que Bernard Tapie qui est pourtant, ça crève les yeux, un volcan d'égotisme, l'ego suprême. Il peut parler autant qu'on veut de lui, de ses combats, même de ses échecs, mais dès que l'on s'approche de la famille, de l'enfance, des parents, la pudeur prend le dessus, il serre les mâchoires et se ferme comme une moule plongée dans l'eau bouillante.

« Il vaut mieux arrêter le livre », dit-il.

Je crois que, dans sa bouche, c'était une menace mais il parut étonné quand j'opinai en me levant à mon tour :

« Tout à fait d'accord. »

Il me sembla qu'il avait envie de discuter.

« J'aurais aimé, insista-t-il, qu'on fasse un livre où l'on aurait aussi évoqué les grands enjeux de notre époque. Mes propositions pour relancer l'Europe, éduquer les jeunes. Mes solutions contre le chômage, par exemple.

— C'est idiot. Oublie.

— Pourquoi ?

— Ce qui est intéressant et même passionnant, c'est ta vie, toutes les leçons qu'on peut en tirer. En revanche, désolé, tout le monde se fout de tes solutions pour les entreprises, la réinsertion, les transports, la médecine, les hôpitaux, que sais-je. Ça peut faire de bons articles dans les journaux, mais sûrement pas de bons livres. Si tu veux sortir un catalogue à la con, genre *Mon manifeste*

Anatomie d'un suicide

pour la France, trouve un autre couillon pour le faire. Ce sera sans moi. »

Tapie était furieux, moi aussi. Dans le passé, quand je dirigeais des journaux, nous nous étions souvent engueulés. Au surplus, ce n'était pas la première crise entre nous à propos de ce livre.

Au cours des cinq ou six séances de travail que nous avions eues, il m'avait déjà traité, à plusieurs reprises, de toutes sortes de noms d'oiseau. Il n'avait pas assez confiance en moi pour se livrer complètement. Il était toujours sur le qui-vive. J'avais fini par comprendre que nous n'arriverions jamais à rien. Les mules ne font pas de petits. Les têtes de mule non plus.

Il s'agissait de ses Mémoires, c'était donc « son » livre et pas le mien, je ne le contestais pas. Mais pourquoi rechignait-il à évoquer avec moi ses souvenirs d'enfance, ses regrets, les bons et les mauvais moments de sa vie ? Avait-il tout simplement peur de la raconter ?

A l'évidence, il n'avait pas envie de passer aux aveux ni de rédiger de vrais Mémoires avec des portraits, des mea culpa, des règlements de comptes, des messages pour les générations suivantes. Quand on les écrit, c'est que l'on ressent les premières pinçures de la mort, que l'on veut faire le point et que l'on pense à ce que l'on va laisser derrière soi.

Ce n'était pas le cas de Tapie, avant l'arrivée du cancer dans sa vie. A l'époque, il était déjà un septuagénaire mais il se donnait toujours vingt ans. Il avait des rêves d'adolescent, des projets en tout genre. L'heure n'était pas encore à la transmission. Il était sûr d'avoir un grand et long avenir devant lui. Il n'avait pas vraiment envie de se pencher sur son passé.

« Il faudra quand même que tu fasses un jour l'effort de revenir sur ta vie, » lui avais-je dit après ce constat d'échec.

En creusant un peu, je m'étais déjà rendu compte que Tapie ne correspondait en rien à l'image que j'avais de lui. Il était même à l'opposé. Non qu'il fût un épigone de Mère Teresa ou de l'abbé Pierre à la Fondation duquel il faisait verser ses cachets télé. Mais, malgré les apparences, il y avait chez lui, au milieu de tous ses défauts, une humanité, une capacité d'écoute, un intérêt peu commun pour les autres. Autant de traits de caractère qui n'étaient pas pour rien dans ses succès passés, mais qu'il cachait, comme si c'étaient des faiblesses, derrière la frime et l'esbroufe.

A l'heure où les cyniques et les petites frappes font de la retape au nom de la morale, celui qui passait pour l'incarnation du « Tout pour ma gueule » avait quelques leçons à nous donner, à commencer par son culte du collectif et de la liberté de parole. Ainsi, tenez, l'histoire des « chieurs du mardi », une de ses inventions méconnues. Un matin par semaine dans les années 80, puis 90, il invitait des personnes qu'il avait rencontrées pour une raison ou une autre, dans la rue ou au restaurant, à venir prendre un café avec lui. Une commerçante, un facteur, une avocate, un coiffeur, etc.

« Ils étaient une dizaine, jamais plus, et la réunion durait en général plus d'une heure. Ça tournait, bien sûr, les têtes changeaient tout le temps. Ces gens-là m'ont beaucoup apporté, quand j'étais chef d'entreprise, ministre ou président de l'OM. Je leur demandais conseil et ils parlaient en toute liberté, sans tabou. Dès lors que tu as le pouvoir et la réussite, ton esprit

Anatomie d'un suicide

critique a tendance à s'émousser et tu t'éloignes insensi-
blement de ceux qui vont te bousculer. Ils avaient tous
des choses à dire, ils parlaient vrai et me ramenaient sur
terre. Par exemple, quand j'ai racheté Wonder, un de ces
"chieurs du mardi" m'a dit, je m'en souviens encore :
"Leurs piles, on les trouve surtout chez les marchands
de couleurs, il faudrait peut-être qu'ils songent à aller un
peu en hyper." Tout ce que j'ai fait, c'est toute l'histoire
de ma vie, je n'aurais jamais pu le faire sans les autres. »

3

« Ne me secouez pas, je suis plein de larmes »

Un vieux gavroche.
L'homme qui pleure ses chiens

Quatre ans passèrent. Entre-temps, Bernard Tapie m'avait fait venir à *La Provence* dont il était propriétaire depuis 2013 et où m'échut le poste sur mesure de directeur éditorial. J'habitais Marseille, c'était pratique mais ça n'aurait qu'un temps : j'avais accepté de lui donner un coup de main pour un an maximum avant de recommencer à écrire mes livres, loin du journalisme chronophage.

En 2019, à la demande de Sofia Bengana, désormais à la tête des Presses de la Cité, maison cousine de Plon, j'ai décidé de remettre ça. C'était le moment. Le cancer rongeait Tapie depuis deux ans et il vivait presque chaque jour comme si c'était le dernier. Beaucoup mieux disposé, il voulait laisser des leçons de vie pour la France d'en bas, celle de sa jeunesse, et aussi pour tous les cancéreux.

« Ne me secouez pas, je suis plein de larmes »

Quand nous avons repris nos séances de travail, dans son hôtel particulier de la rue des Saints-Pères, Tapie répondait de bonne grâce à des questions qui, il n'y a pas si longtemps, l'auraient mis hors de lui. « Il faut qu'on raconte de belles histoires en expliquant le pourquoi du comment, disait-il. Parmi celles que l'on racontera, le lecteur choisira l'expérience qui pourra lui être utile et, quand il refermera le livre, en tirera des leçons qui seront différentes de celles de son voisin. »

J'ai fait une grande avancée dans la compréhension de Tapie le matin où pour la première fois il m'emmena dans son bureau personnel. A côté de son ordinateur, trônait un cône en Plexiglas sur lequel était écrit le poème de Rudyard Kipling « Tu seras un homme, mon fils ». Il semblait connaître par cœur ce grand texte écrit en 1895 qui célèbre la vertu au temps de Victoria, la reine qui roula sa meule sur le Royaume-Uni entre 1837 et 1901 :

Si tu peux supporter d'entendre tes paroles
Travesties par des gueux pour exciter des sots
Et d'entendre mentir sur toi leurs bouches folles
Sans mentir toi-même d'un mot[1]...
Clin d'œil.
Si tu peux rester digne en étant populaire,
Si tu peux rester peuple en conseillant les rois...
Re-clin d'œil.
Si tu peux rencontrer Triomphe après Défaite
Et recevoir ces deux menteurs d'un même front...
Clin d'œil appuyé et sourire entendu.

---

1. Traduction par André Maurois de *If*, de Rudyard Kipling, *in* André Maurois, *Les Silences du colonel Bramble*, Grasset, 1918.

Bernard Tapie – Leçons de vie, de mort et d'amour

Au fil des séances de travail, je me rendis compte que l'exercice l'ennuyait. « Plus ça va, me dit-il un jour, moins je sens ce livre. »

Certes, j'aurais pu lui dire qu'il était stupide de sa part de vouloir faire un ouvrage académique, voire conceptuel, alors que ça ne lui ressemblait en rien, qu'il avait une psyché d'animal, qu'il marchait à l'instinct, ce qui ne l'empêchait pas d'être pourvu d'une grande intelligence. Mais il m'avait trop soûlé pour que j'aie envie d'engager une discussion de ce type avec lui.

Tapie, c'était l'homme qui voulait devenir quelqu'un d'autre. Dans ces conditions, je me fichais de faire ses Mémoires ou pas. J'avais trop de projets pour épuiser mon énergie dans celui-là. Je trouvais néanmoins dommage qu'il se refusât à publier, un jour, sous sa signature, l'incroyable roman de sa vie.

« Je ne suis certes pas Alexandre Dumas, dis-je, mais avec le matériel fascinant que constitue ton histoire, il y a de quoi faire un bouquin du tonnerre, un livre d'aventures et un vade-mecum pour réussir sa vie, les deux en un. Ça pourrait distraire et aider beaucoup de gens. »

Il me regarda sans rien dire, les dents serrées. Ce jour-là, j'ai donc écourté la séance de travail avant de prendre congé de lui avec une certaine froideur.

La journée s'écoula. Contrairement à son habitude, il m'appela tard, à vingt-deux heures passées, pour me dire sur un ton exagérément amène : « J'ai bien réfléchi. C'est mieux que tu fasses le livre tout seul. Je n'ai plus beaucoup de temps à vivre. Je ne me sens pas de ressasser sans arrêt des vieux souvenirs et de faire mes Mémoires pour dire, c'est le but du jeu,

« Ne me secouez pas, je suis plein de larmes »

que j'ai toujours été le meilleur, le plus beau, le plus intelligent, qu'on ne m'a pas compris. Tu as tous les éléments, je t'en donnerai d'autres, et tu arrangeras ça à ta sauce. »

M'impressionnait son incroyable lucidité non dénuée d'humour, comme en ce petit matin du 12 mai 2020, où il me dit, quelques jours après la liquidation de son groupe : « Je suis fini, ruiné, au bout du rouleau : l'arbitrage m'a rapporté 220 millions et il faut que j'en rembourse 560 en comptant de prétendus intérêts. Ils m'ont tué et ils veulent me donner le coup de grâce. Ah, non, pas tout à fait. Il n'y a que la santé qui va à peu près : mes médecins m'ont promis que, si le cancer ne s'enflamme pas, je pourrais tenir au moins jusqu'à la fin de l'année ! »

C'est un homme, un vrai, qui a passé son enfance et sa jeunesse dans un gourbi de dix-sept mètres carrés et demi (ou plus, si ce n'est moins, impossible d'avoir la surface exacte) avec son frère cadet et ses deux parents, près du stade municipal du Bourget, dans la banlieue nord de Paris.

Un rodomont, expert en poudre aux yeux, rouleur de mécaniques, à la mauvaise réputation et qui, après avoir été volé, piétiné, emprisonné, traîné dans la boue par les médias, s'est transformé en Monte-Cristo avant de finir en personnage marmoréen qui regarde la mort s'approcher de lui sans jamais baisser les bras ni les yeux.

Un sale gosse qui rappelle ses origines avec des airs de vieux gavroche : « Si tous les gens qui sont tout en

Bernard Tapie – Leçons de vie, de mort et d'amour

bas voulaient en même temps venir tout en haut, tu imagines le bordel dans la société. C'est pourquoi Macron a voulu calmer le jeu, un jour, en disant que les premiers de cordée tiraient les autres vers le haut. Mais dans la réalité, ça ne se passe pas comme ça : il y aura toujours des gens qui, tout en bas, voudront sauter les étapes et passer devant tous les autres. J'ai fait partie de ceux-là. »

Après ça, Tapie a eu ce grand rire rabelaisien, du genre qu'on entend retentir dans les bistrots de la région parisienne, dès qu'on s'est éloigné de Saint-Germain-des-Prés où il habite. Il y a toujours quelque chose en lui du gamin de banlieue...

J'ai toujours été frappé par l'incroyable popularité de Tapie dans le petit peuple, notamment à Marseille où il est vénéré comme un dieu vivant, longtemps après la victoire de l'Olympique de Marseille qu'il présida et porta si haut, jusqu'à lui permettre de décrocher la coupe de la Ligue des champions en 1993. Le téléphone arabe fonctionnant bien dans la cité phocéenne, les supporters du club, c'est-à-dire tout le monde là-bas, savaient que j'étais en contact avec lui et me demandaient des nouvelles de sa santé.

« Dites-lui qu'on l'aime et qu'on est avec lui », répétaient-ils. Quand je lui transmettais leurs messages, son regard se mouillait. Tapie pleure souvent. Les vrais durs sont de grands émotifs. Il est l'incarnation vivante des derniers mots d'Henri Calet écrits peu de temps avant sa mort : « Il faut se quitter déjà ? Ne me secouez pas, je suis plein de larmes. »

Il est comme nous tous, plus ou moins : un petit tas de chagrins, de nostalgies. Alors que la maladie imprime sa marque sur sa carcasse, BT ne s'est toujours pas remis

« Ne me secouez pas, je suis plein de larmes »

de la mort de ses parents, de ses proches, de ses chiens, de ses petits chihuahuas comme de ses molosses, les cane corso. Une pensée pour eux et aussitôt son regard se voile. Il les pleure plusieurs fois par jour. Parfois, il peut même éclater en sanglots.

4

Le retour du comte de Monte-Cristo

Le Tapie qui est né en 1995. « L'injustice »
qui fait déplacer les montagnes. La petite Zora

« Tu as beau donner le change, mon pote, m'a souvent dit Tapie, tu es d'abord un journaliste. »

Dans sa bouche, ce n'est pas un compliment. Je ne peux pas lui donner tort. Il y a un pacte séculaire entre les journalistes et la vérité du monde. Quand je la sens, plus rien n'a d'importance, je suis comme le cochon dont la queue frétille parce qu'il a flairé la truffe. Même si je n'oublie jamais les dernières paroles de mon premier maître en journalisme, Jean Daniel, à mon ami Jean-Paul Enthoven : « N'oubliez jamais que la vérité a un pied dans le camp d'en face. »

Tapie a un rapport complexe avec la vérité. La sienne peut être relative, voire alternative. C'est sans doute pourquoi nous avons eu des hauts mais aussi beaucoup de bas, notamment quand il était au zénith. Ma vérité, elle, est toujours contradictoire. Dans mon métier, j'essaie de m'en tenir à cette intimation : « Dès

33

Le retour du comte de Monte-Cristo

qu'on a pensé quelque chose, chercher dans quel sens le contraire est vrai. »

C'est la philosophe Simone Weil qui parlait ainsi. Juive, syndicaliste, résistante, révoltée, chrétienne et surtout christique, morte d'inanition et de tuberculose à Londres en 1943, elle a toujours été pour moi comme un double doloriste de ma mère, professeur de philosophie à Elbeuf, qui la citait tout le temps et dont *La Pesanteur et la Grâce* était le livre de chevet.

Tapie-Weil, le rapprochement peut vous paraître hasardeux, oiseux, voire obscène. Mais quand il faut se préparer à partir, la maladie rapproche tout le monde. Elle nous dépouille de tout, nous rend transparents, nous purifie plus ou moins, et nous finissons par tous nous ressembler, y compris à l'intérieur. Sous les tournoiements de la grande faux, même les baratineurs font attention, ils racontent moins de craques. L'expérience m'a appris ça.

Mais il faut reconnaître que Tapie et moi, nous n'avions pas nécessairement, dans le passé, la même conception de la vérité. Un jour, quand j'étais à la tête de la rédaction du *Figaro*, BT m'avait téléphoné depuis son bureau de ministre de la Ville pour m'annoncer qu'il viendrait dans l'heure me « casser la gueule » à cause d'un article prétendument « immonde » qui l'avait mis en fureur et dont j'avais défendu le contenu et l'auteur, Jean-Alphonse Richard, journaliste et enquêteur exceptionnel.

Du grand Tapie. Il éructait tant que j'avais l'impression de recevoir des postillons à travers le combiné du téléphone.

Bernard Tapie – Leçons de vie, de mort et d'amour

« Réfléchis bien, dis-je, un ministre qui vient tabasser un journaliste, ça ne passera pas. C'est toi qui seras en tort et tu perdras ton maroquin.

— Tu peux compter tes abattis. J'arrive, abruti ! »

Pour lui éviter le ridicule d'un scandale parisien, j'avais demandé aux huissiers du journal de ne le laisser entrer sous aucun prétexte. Mais il n'est jamais venu.

J'avais finalement aimé sa réaction : incapable de cacher ses sentiments, cet homme n'avait décidément rien d'un tartuffe, ça changeait des autres. Par la suite, j'ai souvent constaté chez lui, à mes dépens, ce trait de caractère.

C'était pourtant à moi qu'il incombait maintenant de raconter sa vie. Quand Tapie écrit (ou fait écrire) sur lui, ça peut être drôle ou vif mais c'est souvent désincarné. Théoriquement, il est en soi un sujet en or pour un livre. Mais, moralement, il n'aura jamais été assez rongé par les doutes ou les remords, ni travaillé par la haine de soi ou le besoin de revanche, pour se livrer comme le lecteur aime, avec des vantardises, vacheries et piques à gogo, retours à l'envoyeur, cinquante ans plus tard, avec les intérêts.

Dans un avant-propos à ses Mémoires parus en 1964, Charlie Chaplin avait cassé le morceau à propos des autobiographies : « Dans ce récit, je ne dirai que ce que je veux dire, puisqu'il existe une ligne de démarcation entre soi et le public. Il est des choses qui, si elles étaient divulguées, me laisseraient sans rien pour maintenir ensemble mon corps et mon âme, et ma personnalité disparaîtrait comme les eaux des rivières qui se jettent dans la mer. »

Le retour du comte de Monte-Cristo

L'éditeur français n'a pas publié cet avant-propos, pour des raisons évidentes. Une bonne autobiographie se fait au couteau, j'allais dire dans le sang. Il faut ouvrir son ventre, sortir les tripes, les étaler sur la table, déballer les derniers secrets. Sinon, elle n'a pas plus d'intérêt que les Mémoires de Chaplin ou de ces personnages qui n'ont même pas pris la peine de lire, avant d'en assurer la promotion, le livre qui paraît sous leur nom sans qu'ils en aient écrit une seule ligne. Elle distille le même ennui qu'un discours de fin de banquet proféré par un notable couperosé et content de lui.

Tout le contraire de ce que je voulais faire avec Tapie. Je comptais débiter de belles tranches de vie bien saignantes, pleines de rebondissements et dont chacun d'entre nous pourrait ensuite tirer les leçons. Je voulais qu'il apporte des réponses à toutes les questions qu'on se posait à son propos.

Comment avait-il pu susciter autant d'amour mais aussi autant de haine, la haine frénétique du Tout-Etat parisien et de ses porte-drapeaux, *Le Monde* ou *Mediapart*, qui l'avaient pourchassé pendant plus d'un quart de siècle, comme s'ils voulaient voir sa tête tranchée sur un plateau ? Pourquoi avaient-ils continué à s'acharner quand il était à terre ? Méritait-il son sort ? Quel était son ressort ? La cupidité menait-elle ses pas ? Pourquoi s'était-il battu avec une telle rage au lieu de mettre un pied à terre et de demander grâce ?

Le 25 février 2015, alors que nous déjeunions dans une petite pizzeria de Saint-Germain-des-Prés, le

Bernard Tapie – Leçons de vie, de mort et d'amour

lendemain d'une décision de justice qui lui était défavorable, il semblait démoli, le visage défait, comme quelqu'un qui aurait pleuré de rage toute la nuit. Il ne savait pas encore que le cancer était à l'œuvre dans son corps mais, rétrospectivement, c'était l'évidence.

« C'est quoi, ta vie aujourd'hui ? lui demandai-je. Pour rien au monde je ne l'échangerais contre la mienne. Tu aimes trop le fric. C'est ça qui te perd. »

Il m'a fait la tête du boxeur avant l'uppercut.

« Décidément, tu ne comprends rien.

— Ce que je comprends, c'est que la machine judiciaire est en train de te broyer. Et, comme elle est à la botte de l'Etat, tu n'as aucune chance de t'en sortir. Au lieu de passer tes journées en réunions d'avocats pour récupérer ton fric, ne crois-tu pas que tu devrais conclure un accord à l'amiable avec l'Etat, lui prendre un peu d'argent ou lui demander simplement d'éponger tes dettes fiscales, et prendre enfin du bon temps, profiter de tes dernières années au bord de la Méditerranée ? »

Dans les bandes dessinées, en ce genre de circonstances, le personnage fabrique de la fumée qui sort par les trous de nez, les oreilles. Après avoir donné un coup de poing sur la table, Tapie s'est levé en hurlant :

« T'as vraiment rien compris ! Je ne fais pas tout ça pour le fric...

— Un peu quand même.

— Non, je fais ça pour mon honneur qui a été bafoué ! Mon honneur, MON HONNEUR ! Comprends-tu ce que veut dire ce mot ? Je veux qu'on me le rende ! Je ne suis pas un escroc !

— Ce n'est pas une raison pour se gâcher la vie.

Le retour du comte de Monte-Cristo

— L'INJUSTICE, C'EST IN-SUP-POR-TA-BLE !
Quand je suis sorti de prison, la banque, qui m'avait
ruiné, me mettait, en plus, sur le dos 500 millions de
dettes. J'étais toujours coupable ! C'est ça qui me motive.
C'est ça qui fait déplacer les montagnes. »

C'est à ce moment-là que j'ai enfin saisi la vérité de
cet homme qui se laissait mener par sa rage pour ne pas
mourir sous les coups qui pleuvaient sans répit sur lui.
J'avais, soudain, envie de l'embrasser. Je me retins. On
nous regardait.

Dans la pizzeria, les conversations s'étaient arrêtées.
Les clients nous observaient avec une certaine gêne,
comme s'ils étaient témoins d'une querelle d'argent et
qu'il en avait après moi. J'avais souri, ce qui avait décuplé
son ire. Je ne le fais pas exprès : les colères m'amusent
toujours, les siennes en particulier.

Comment n'avais-je pas compris ça avant ? Peut-
être parce qu'il était hors de lui, son discours finit
de me convaincre, tant il était frappé au coin du bon
sens :

« En 1995, l'Etat était si pressé de m'abattre que ma
liquidation de biens a été prononcée avant même celle
de ma société. En principe, ça n'est pas possible. Pour
moi, si. Le montant de mes crédits représentait 20 %
du montant de mes actifs. Avec un pourcentage pareil,
on ne vous met pas en liquidation. C'est pourquoi le
tribunal de commerce s'était contenté de me mettre en
règlement judiciaire. Mais Pierre Méhaignerie, le garde
des Sceaux de l'époque, en a jugé autrement. C'est un
scandale ! s'est-il exclamé. Il faut que monsieur Tapie
soit mis en liquidation judiciaire !

Bernard Tapie – Leçons de vie, de mort et d'amour

A la grande surprise des connaisseurs de la chose judiciaire, Michel Rouger, le président du tribunal de commerce, a aussitôt transformé le règlement judiciaire en liquidation de biens. Oh ! surprise, quinze jours plus tard, Alain Madelin, ministre de l'Economie, le nommait président du CDR[1]. On aurait pu estimer ça louche mais personne n'a rien trouvé à redire puisque tout le monde, de l'extrême droite à l'extrême gauche en passant par le PS, voulait me faire la peau. »

Tapie est né cette année-là, en 1995 : il a soudain changé de dimension. En tout cas, à mes yeux. Sans cela, je ne me serais sans doute pas intéressé à ce point à ce personnage, aussi mirobolant ou charismatique fût-il. Soudain, il passa du statut de « prédateur », ce qu'il n'était déjà pas, à celui de victime expiatoire, condamné à perpétuité, ennemi public numéro un.

« Depuis cette année-là, reprit-il en baissant la voix, je suis toujours en liquidation de biens. Aussi incroyable que ça puisse paraître, je reste un "liquidé" et je n'ai même pas retrouvé mes droits civiques, ce qui aurait été la moindre des choses. Dans la foulée, j'ai même perdu, tiens-toi bien, mes droits de paternité. Depuis tout ce temps, l'Etat m'a traité comme un grand criminel, un bandit de grand chemin. Je crois que je suis le seul cas en France. »

L'ire était retombée. Les conversations reprirent peu à peu leur cours dans la pizzeria, tandis qu'il

---

1. Consortium de réalisation. Structure de défaisance, chargée de gérer le passif du Crédit lyonnais après sa quasi-faillite de 1993, le CDR avait une vocation liquidative.

Le retour du comte de Monte-Cristo

m'assurait sur un ton apaisé que, contrairement à beaucoup d'autres, il n'avait jamais volé l'Etat ; qu'il avait acheté sa voiture, une Renault, avec ses propres deniers quand il était devenu ministre ; qu'à l'époque, il prenait alors lui-même « son » essence et non celle du ministère ; qu'il ne touchait jamais à l'enveloppe mensuelle de fonds secrets que lui remettait chaque mois sa directrice de cabinet, comme c'était l'usage ; qu'il versait, on l'a vu, à la Fondation Abbé Pierre les revenus considérables – « 12 ou 13 millions de francs », d'après lui – que générait, dans les années 1980, son émission culte, *Ambitions*, sur TF1.

« En fait, affirma-t-il avec l'expression du savant qui vient de faire une immense découverte, je crois que je suis le contraire de l'image que je donne. »

Comme je souriais, sans doute par réflexe, sourire du journaliste ontologiquement incrédule, Tapie insista, furax, ses deux yeux plantés dans les miens : « Oui, tu peux rigoler, je suis le contraire d'un marlou. J'ai passé ma vie à distribuer, à partager, à essayer de faire des trucs bien, et c'est moi qu'on veut faire passer pour un salaud cupide, un type malhonnête, obsédé par le fric ! C'est vrai que je n'ai jamais monté, comme d'autres, des reportages dans *Paris Match* pour mettre en valeur mes bonnes actions. La vérité, c'est que je suis un couillon, un pauvre con hypersensible. »

Tous ceux qui le connaissent peuvent en témoigner : il y a chez Tapie une sensibilité, voire une sensiblerie, peu commune qui l'amène à fondre en larmes devant quelqu'un qui souffre ou qui est victime d'une injustice. Les méchants diront que c'est celle des grands caïds, un

Bernard Tapie – Leçons de vie, de mort et d'amour

dérivatif ou une compensation du sentiment de culpabi-
lité que sa culture judéo-chrétienne l'amène à éprouver
parfois.

Mais quand j'ai commencé à le fréquenter de plus
près, il m'est apparu bien meilleur que j'aurais pu le
penser, meilleur et pire, souvent le contraire de sa vieille
caricature, celle d'un roi de l'épate et de la tchatche,
VRP de lui-même, expert en carambole fiscale, affairiste
hâbleur, égocentrique.

Un jour, son fils Laurent m'a parlé de la petite
Zora, une jeune fille d'une quinzaine d'années d'origine marocaine, qui avait adressé à BT, en 1986, une
lettre à laquelle était jointe une photo de lui qu'elle lui
demandait de retourner dédicacée. Elle souffrait d'un
cancer du poumon et laissait entendre que ça n'allait
pas fort. Emu par son courrier, le couple Tapie était
allé lui rendre visite à l'hôpital de Boulogne où elle se
trouvait, en soins palliatifs.

Grâce à l'information que m'avait donnée Laurent, j'ai
pu faire parler son père qui m'a raconté : « En sortant,
on était émus aux larmes, ma femme et moi. Dans son
lit, on aurait dit une petite gazelle toute fragile. Elle
était complètement chauve. Quand, après la visite, on
avait demandé aux médecins combien de temps ils lui
donnaient à vivre, ils avaient répondu : "Trois ou quatre
mois, pas plus." Sa famille étant restée à Troyes où elle
vivait dans une sorte de bidonville, Zora était seule à
l'hôpital. On a décidé, avec l'accord de ses parents, de
la prendre chez nous. »

Tapie la mit entre les mains de son ami le docteur
Christian Duraffourd, le roi de la phytothérapie, qui
décida d'arrêter la chimiothérapie et de la traiter à sa

Le retour du comte de Monte-Cristo

manière, avec des plantes. Le cas de Zora était désespéré mais, grâce à ce traitement, la phase terminale dura finalement un an et demi.

Entre-temps, Zora a fait partie, jusqu'à sa mort, de la famille Tapie. « Elle retournait régulièrement chez ses parents, rapporte Laurent qui avait alors douze ans, mais elle vivait avec nous, elle était comme ma grande sœur. On l'a emmenée aux sports d'hiver à La Sauze, on est aussi allés au Maroc avec elle. »

En fouillant autour de lui, j'ai glané plein d'histoires comme celle-là mais, rassurez-vous, j'ai récupéré aussi les moins reluisantes. Il faut de tout pour faire une biographie. Et ceci n'est pas le récit édifiant, à la façon de *La Semaine de Suzette*, des bonnes actions de saint Bernard Tapie. C'est l'histoire d'un personnage dont « la carrière hétéroclite », comme l'a dit un jour Nicolas Bedos, « semble avoir été inventée par un type ivre mort entre deux prises d'ecstasy ».

C'est aussi une fable française, sur fond de curée, mélange des genres, délires médiatico-judiciaires qui peuvent rappeler, la guillotine en moins, la Terreur de 1793. C'est enfin le roman d'aventures d'un hors-venu incroyable, sorti de la banlieue, monté trop vite, trop haut, qui faisait fi des codes et que le système a décidé un jour de massacrer.

On peut donner au parcours dément de Tapie tous les titres que l'on veut. Bateau : *Grandeur et décadence*. Nietzschéen : *Le Crépuscule du dieu*. A la Tom Wolfe : *Le Bûcher des vanités*. A la Alexandre Dumas : *Le Retour du comte de Monte-Cristo*. Ou bien à la Tapie : *Le Voleur volé*, titre qu'il m'a fourni un jour en rigolant.

Bernard Tapie – Leçons de vie, de mort et d'amour

C'est l'histoire d'une ascension puis d'une dégringolade, qui met au jour tous les maux de notre pays, ses collusions, ses folies, ses dérives. Tapie aura été tout à la fois le profiteur, la caricature, la victime et le symptôme du mal français. Commençons par la fin, autrement dit par le cancer.

5

Le jour où il a découvert qu'il était mortel

*Fin de vacances à Saint-Tropez. Un bouquet
pour Brigitte Bardot. Comme une arête dans le gosier*

Que peut-on souhaiter à son pire ennemi, sinon des
vacances à Saint-Tropez ? Hors saison, c'est le paradis.
En juillet et août, l'enfer sur terre. Le métro aux heures
de pointe sur le port, des mirliflores et des m'as-tu-vu,
les uns sur les autres.

C'est à Saint-Tropez que les Tapie passent leurs
vacances chaque été, dans un décor de rêve il est vrai :
à La Mandala, une villa de cinq cents mètres carrés sur
un parc de deux hectares, avec piscine et accès direct
à la petite plage des Graniers, au pied du versant sud
de la Citadelle.

De leur villa, les Tapie voient La Madrague, le refuge
de Brigitte Bardot, leur héroïne, madone des chiens perdus, des bêtes d'abattoir et des petits vieux. Devant la
fenêtre de sa chambre, il y a du matin au soir un grand
rassemblement de bateaux d'estivants. Sans parler de
ceux des tour-opérateurs avec des commentaires en
anglais, allemand, etc.

Bernard Tapie – Leçons de vie, de mort et d'amour

On dirait la foule rassemblée sur la place Saint-Pierre du Vatican quand elle attend l'apparition du souverain pontife au balcon. Sauf que sainte Brigitte Bardot n'apparaît jamais au sien. Sauvage, elle est confinée à quelques kilomètres de là, avec ses bêtes, à La Garrigue, sa résidence de jour, en attendant que les vacanciers repartent.

Cet été-là, les Tapie ont envoyé un splendide bouquet de fleurs à Brigitte Bardot, comme ça, pour le principe, pour la beauté du geste : ils partagent son culte des animaux et ont fait de leur maison de campagne à Combs-la-Ville un refuge qui ressemble à La Garrigue. Cet été-là aussi, Tapie se rend compte qu'il a de plus en plus de mal à avaler ses repas. C'est comme si une grosse arête dans le gosier bloquait tout. Dans les deux sens.

« Comme je mange très vite, dit-il, et que j'ai la manie de parler tout le temps en mangeant, il m'arrive souvent, à la fin des repas, d'avoir de l'air dans l'estomac. Alors, je rote. Mais là, je n'arrivais plus à roter. »

Ne fumant pas et ne buvant pas d'alcool, il ne comprend pas pourquoi chaque déglutition est une épreuve. Mais il ne s'inquiète pas outre mesure. Il est convaincu que ça va s'arranger : son hygiène de vie (pas d'alcool ni de tabac mais beaucoup de sport) ne le rend-elle pas immortel ? La preuve, il n'a pas de médecin traitant.

Les problèmes de déglutition empirant, il se décide finalement à appeler un vieil ami, le docteur Jean Duby, fils de l'historien Georges Duby, qu'il connaît depuis quarante ans et qui a soigné les joueurs de l'OM de 1986 à 1995. Le médecin lui recommande de faire une

Le jour où il a découvert qu'il était mortel

fibroscopie sans attendre. Le lendemain, bien sûr, ça va mieux. Mais Duby insiste. Il faut voir un spécialiste.

Tapie se rend à Nice où est diagnostiqué, grâce à la fibroscopie, un cancer de l'estomac et de l'œsophage. « On va encore faire des prélèvements, lui dit-on, mais il n'y a aucun doute, c'est un cancer. » De retour dans sa villa de Saint-Tropez, il vivra la soirée comme un conseil de guerre et une veillée funèbre. Il prétend qu'il n'était pas abattu. C'est possible.

« J'ai tout de suite dégainé, assure-t-il. Au premier obstacle, je dégaine toujours. C'est un réflexe depuis que je suis sorti de ma banlieue où l'on veut tout le temps me renvoyer. On n'a pas arrêté de me faire payer de ne pas être resté dans le même tiroir et en plus d'avoir osé ouvrir ma gueule. Je suis un combattant et je ressens ce soir-là ce que j'ai ressenti quand on m'a mis en liquidation. »

Il fanfaronne. Quelque chose a changé, cependant, qu'il finit par m'avouer : « Tu passes ta vie à te croire immortel. Observe comme on recule sans cesse l'échéance. A vingt ans, la mort est une insulte, un gros mot. A quarante ans, on se convainc qu'il sera temps d'y songer… quand on en aura soixante. Arrivé à soixante ans, tu commences à avoir quelques doutes mais tu essayes de ne pas trop y penser, on verra ça à quatre-vingts. Et à quatre-vingts ans, tu te dis : "Eh bien, je crois que je vais tenir jusqu'à quatre-vingt-quinze ans !" Avec le cancer qui peut frapper à tout âge, d'un seul coup, tu te sens mortel ! »

Quand il reçoit la nouvelle, le premier réflexe du cancéreux est toujours le même : pourquoi moi ? Après quoi, il cherche le responsable. Tapie le connaît. C'est le

Bernard Tapie – Leçons de vie, de mort et d'amour

stress, c'est-à-dire l'acharnement des juges et des médias qui le pourchassent depuis plus de vingt ans.

Le docteur Jean-Philippe Spano, l'un de ses oncologues, une sommité française, le dit sans ambages : « Si le stress n'est pas en soi un facteur de risque, il peut accélérer le processus de carcinogenèse déjà présent dans l'organisme. »

« Je peux mettre des noms sur tous ceux qui m'ont fait ça », dit Tapie. La liste est interminable. Des haineux et des parasites qu'il veut continuer à narguer jusqu'à son dernier souffle. Des banquiers, des magistrats ultra-politisés ou simplement aux ordres, des journalistes-perroquets, autant de chevaliers à la bouche tordue. Il n'est pas question qu'il leur fasse le plaisir de mourir. Les jobastres !

Il sait très vite où il ira se soigner. « Je ne connais personne dans le milieu médical, dit-il. Je fais comme tout le monde, quand on ne connaît personne : je me renseigne et très vite j'ai la conviction que l'hôpital le plus adapté pour les problèmes digestifs est la Pitié-Salpêtrière. »

Le lendemain, Tapie prend l'avion pour Paris. « Et là, soupire-t-il, clin d'œil du destin, je tombe sur Pierre Arditi qui, dans *Hommes, femmes, mode d'emploi*, le film de Claude Lelouch, interprète un médecin qui m'annonce que j'ai un cancer de l'estomac. "Eh bien, maintenant, c'est vrai, ce n'est plus du cinéma, j'ai le même cancer, lui dis-je. — Non ! s'exclama-t-il. — Je sais ça depuis hier soir." »

C'est ce jour-là que Tapie me téléphone pour m'annoncer la nouvelle. Normal. L'âge aidant, je suis devenu un professionnel de la maladie. Après un cancer de la prostate, puis de la peau, je prodigue

Le jour où il a découvert qu'il était mortel

volontiers mes conseils en père fondateur du club des cancéreux que j'avais baptisé NTC pour Nique Ton Cancer dans mon roman *Un très grand amour*, et dont Lance Armstrong, le champion cycliste maudit, était le héros : quasiment condamné par la médecine qui lui avait diagnostiqué un cancer testiculaire métastatique, il avait vaincu la maladie et gagné, dans la foulée, sept tours de France.

Lance Armstrong est le saint patron des cancéreux. Ils lui pardonnent tout, ses dopages, ses mensonges. Il n'aura pas été le premier ni le dernier grand sportif à les aligner. Preuve vivante que l'on peut survivre à un cancer mortel et en sortir plus fort, quasiment invincible, il nous a donné du courage à tous. Quand j'ai eu mon premier cancer en 2003 et 2004, son image m'avait beaucoup aidé et je m'étais même remis à la bicyclette par mimétisme, chevauchant les côtes de Provence en pensant à ses exploits.

A l'époque, j'avais commis l'erreur de considérer cette maladie comme une personne : le mépris eût été une meilleure attitude. Je m'en suis rendu compte, quelques années plus tard, en lisant *Vivre en mourant*[1], le récit saisissant de Christopher Hitchens, un journaliste britannique qui avait une bonne descente, pardonnez l'euphémisme, et avec lequel j'avais beaucoup sympathisé dans les années 1970 quand il travaillait pour le *New Statesman*, un hebdo de gauche, avant de partir aux Etats-Unis où il devint une icône de l'athéisme.

---

1. Flammarion, 2013.

Bernard Tapie – Leçons de vie, de mort et d'amour

Dans un passage de *Vivre en mourant*, Christopher Hitchens se reprochait d'avoir attribué à sa tumeur à l'œsophage « certaines qualités d'une chose vivante » en la décrivant comme une « étrangère aveugle et sans passion ». « Pour exister, observait-il, un cancer a besoin d'un organisme vivant, mais il ne peut même pas *devenir* un organisme vivant. Toute sa malignité – voilà que je recommence – réside dans le fait que le mieux qu'il puisse faire, c'est de mourir avec son hôte. »

Il faut certes haïr le cancer, mais à quoi bon valoriser cette chose « suicidaire » et en faire l'arbitre de nos vies ? La première fois que j'ai parlé de mon cancer et de ce qu'il allait changer dans mon existence avec mon ami le professeur Bernard Debré, urologue et oncologue, une belle personne, je lui avais fait part de mon intention de ralentir mon rythme de vie, d'apprendre à me reposer.

« Pfuitt, c'est le contraire qui va se passer, avait-il prédit. Si tu te sors de cette épreuve, tu verras, tu auras une énergie folle, un mental de vainqueur, tu vas te déchaîner dans le travail. »

Bernard Debré avait raison. On n'aime jamais autant la vie que quand on veut vous la retirer. J'étais fasciné par la colère de Lance Armstrong contre la maladie. Elle tirait les traits de son visage. Elle lui donnait des ailes. Elle m'en donnait aussi et, sur mon vélo, j'améliorais sans cesse mes performances.

« Prends exemple sur Lance Armstrong, dis-je à Tapie.

— J'ai quand même un sale truc.

— C'était aussi le cas de Lance Armstrong.

— Je ne dois pas me voiler la face, soupire-t-il. Je me suis renseigné : j'ai peu de chances de réchapper d'un double cancer comme celui-là.

Le jour où il a découvert qu'il était mortel

— Sauf si tu te bats. Tu dois sortir la grosse artillerie le plus vite possible. Penses-y tous les jours à partir de maintenant. Le combat entre le cancer et toi sera sans pitié : à la fin, ce sera toi ou lui. C'est une guerre à mort, comme disait Mitterrand. »

Des grosses banalités. Tapie savait déjà tout cela, mais, l'expérience aidant, je me suis rendu compte qu'elles font toujours du bien à ceux qui vous appellent pour vous annoncer qu'ils ont un cancer. Je les débite chaque fois.

Avec Tapie, c'était cependant inutile. J'ai vite compris qu'il ne serait jamais un malade comme les autres. Déjà très informé, il parle de son cancer comme un oncologue, non comme un patient. Je suis surpris par son réalisme olympien (il connaît le taux de mortalité de ce double cancer) comme par sa liberté de parole (il me dit tout, en entrant dans les détails les plus triviaux, comme si je faisais partie du petit cercle de ses intimes).

D'ordinaire, je conseille aussi aux nouveaux cancéreux de ne pas se reposer complètement sur leur oncologue qui a déjà tant d'âmes à porter, à consoler. Je me suis abstenu de dire ça à Tapie, mais c'eût été de toute façon inutile : je savais déjà qu'il prendrait le contrôle de tout, qu'il n'en ferait qu'à sa tête, que ses médecins deviendraient ses amis, ce qui n'a pas manqué d'arriver.

En revanche, je lui ai fermement recommandé de garder le secret sur sa maladie. S'ils l'apprenaient, ça décuplerait les forces des vautours judiciaires et de tous ceux qui, depuis plus de deux décennies, font la danse du scalp autour de lui. Je lui rapporte ce que m'avait dit Bernard Debré quand il m'avait reçu à l'hôpital Cochin pour me donner son avis sur mon dossier médical :

Bernard Tapie – Leçons de vie, de mort et d'amour

« Quand tu as une position de pouvoir, il vaut mieux ne parler de ton cancer à personne. Sinon, tu es mort dans le regard des autres. »

Tapie est frappé par cette formule : « Mort dans le regard des autres », répète-t-il. Dans sa situation, ajoutai-je, il ne fallait surtout pas montrer ses faiblesses.

« Il ne faut jamais montrer ses faiblesses, reprend-il. En tout cas devant la meute. »

A la fin de notre conversation téléphonique, je suis sûr que je l'ai rallié à la théorie de la loi du silence. Le lendemain, je reçois un coup de téléphone d'un des patrons du *Point*, mon ami Jérôme Béglé.

« Tu es au courant pour Tapie ?

— Non. Que se passe-t-il ?

— Il a un cancer.

— Ah bon ?

— Du genre très compliqué. Estomac et œsophage.

— Ça m'étonnerait. Il m'en aurait parlé. »

Un silence et Jérôme Béglé laisse tomber :

« C'est lui qui vient de me le dire. »

En quelques heures, Tapie a parlé de son cancer à tellement de monde que tout le microcosme est au courant. Pour paraphraser Sacha Guitry, je dirais que c'est une erreur de croire qu'il ne sait pas garder un secret. Il le peut, mais avec tout le monde...

6

Itinéraire d'un cancéreux incognito

Vivre sans nerfs vagues. Comme dans un film de guerre.
102,6 km à bicyclette chaque week-end

Après avoir pris rendez-vous avec un médecin de la Pitié-Salpêtrière, Tapie se retrouve dans sa salle d'attente avec une douzaine de personnes. Incognito, patient lambda.

Il est très fier de son statut de malade anonyme. Quand son tour arrive, le médecin s'exclame, l'air étonné :

« Ah, c'est vous !

— Ben, oui, c'est moi.

— Je n'avais pas fait le rapprochement.

— Tant pis. »

Au cours de cette première consultation, il apprend que ce genre de cancer se traite presque toujours de la même façon : le malade subit six ou sept chimiothérapies avant l'opération et, selon les cas, d'autres après.

Il supportera très mal les chimios. Pendant cette période, Tapie évite de me voir mais je l'ai de temps en temps au téléphone et, quand il revient de ses séances

Bernard Tapie – Leçons de vie, de mort et d'amour

à l'hôpital, il me parle d'une voix absente. Il semble au fond d'un trou. Il répète souvent la même chose.

Quatre mois plus tard, c'est l'opération. Auparavant, « par la grâce du système de santé français », il a rencontré son chirurgien, le professeur Emile Sarfati, une pointure, l'un des plus grands dans sa discipline, qui lui retirera les trois quarts de l'estomac et plus de la moitié de l'œsophage.

Dans *Le Point*[1], le docteur Sarfati décrit ainsi l'opération qui a duré cinq heures : « Pour respecter le diaphragme, il faut passer à la fois par la voie abdominale et la voie thoracique. » Pour dire les choses en termes plus crus, la cage thoracique est ouverte et un poumon sorti, le temps de sectionner l'œsophage. Sérieusement malmené comme c'est la règle, ce poumon fera longtemps souffrir Tapie.

A la fin, dit le docteur Sarfati, « l'œsophage a été remplacé avec le morceau d'estomac restant ». En sortant du bloc opératoire, Tapie n'a donc plus qu'un ersatz d'estomac et il a perdu, comme prévu, son nerf vague, surnommé le dixième nerf crânien.

En fait, il y a deux nerfs vagues, l'un à gauche, l'autre à droite, qui partent du crâne et cheminent le long de l'œsophage. Dans l'encyclopédie de la santé du *figaro. fr*, on peut apprendre qu'ils sont appelés aussi nerfs pneumogastriques et gèrent, entre autres, la sécrétion d'acétylcholine, substance qui « ralentit la fréquence des battements cardiaques, diminue le calibre des bronches, renforce la contraction des muscles lisses du tube digestif et augmente la sécrétion de salive et des sucs digestifs ».

---

1. Du 8 mars 2018.

Itinéraire d'un cancéreux incognito

Les nerfs vagues ont un rôle-clé. Ils assurent la régulation de sécrétion des glandes surrénales, du pancréas, de la thyroïde, des glandes endocriniennes, etc. Ils transmettent aussi des informations gustatives. Comment est-il possible de faire sans eux ?

« Quand tu vois une pomme qui te plaît et que tu vas manger, dit Tapie, ton cerveau envoie l'information à ton estomac, par le biais des nerfs vagues. Quand tu ne les as plus, ton corps improvise. Un coup, il arrive à se débrouiller et tu passes une bonne journée. Un coup, il se plante et ce sera une journée de merde. Ce qui te réussit un jour ne marchera pas le lendemain, sans que tu saches pourquoi. C'est la loterie et c'est angoissant. »

Nous sommes là dans l'intime. Je fais semblant de ne pas avoir compris et Tapie fait semblant de croire que je n'ai pas compris.

« Quand j'avale quelque chose, reprend-il, ça va tout de suite dans mon petit bout d'estomac qui reçoit la bile et commence à le dissoudre pour le transformer en bouillie. Mon problème, c'est qu'entre ma bouche et mes intestins, il n'y a quasiment plus rien, désormais. Souvent, pour ralentir le cycle et empêcher des accélérations dérangeantes, il faut que je m'allonge mais attention, je dois veiller à ce que la tête soit plus haute que le sternum. Sinon, le mélange repart dans l'autre sens, vers la bouche. Il faut vraiment aimer la vie pour supporter tout ça. Eh bien, je l'aime de plus en plus. »

Il ne ment pas. Plus il sent la vie lui échapper, plus il a envie de se battre pour la garder. Pour cela, il entend tout savoir, même le pire. C'est pourquoi il est convaincu qu'il faut tout dire au malade sur son état.

Bernard Tapie – Leçons de vie, de mort et d'amour

« Je n'ai aucun reproche à faire aux médecins qui ne méritent d'ailleurs pas qu'on leur en fasse, dit Tapie. Un point me gêne cependant : quand certains prétendent qu'on ne peut pas dire la vérité à tous les malades. Il ne faut pas prendre les gens pour des cons, tout le monde peut la supporter. Même quand des patients assurent qu'ils n'ont pas de cancer alors qu'ils sont en chimio, ils savent. Certes, ça peut mettre plus ou moins de temps à entrer dans leur tête, mais au bout d'un moment, ils n'ont plus de doute et il est vital, pour les aider à résister, de leur mettre toutes les cartes en main.

— Même quand ils ne veulent rien entendre et rester dans l'illusion ?

— Ceux-là, hélas, sont souvent condamnés à canner. Un cancer, c'est une bagarre à l'intérieur de toi. Ce n'est pas un microbe ni un virus qui vient d'ailleurs pour tout perturber chez toi. Ce sont certaines de tes propres cellules qui déconnent et dégénèrent avec une seule obsession : bouffer les bonnes cellules et leurs alliées. Quand il te transmet toutes les informations sur ta maladie, le médecin te donne en même temps la force de te battre contre tes mauvaises cellules. Quand un type est sur une embarcation qui coule, mieux vaut lui dire : « Démerde-toi pour vider l'eau ou ton bateau va couler. » Si tu le laisses s'asseoir et regarder l'eau qui monte, tu sais comment ça va finir pour lui.

— Tout le monde n'a pas la même rage de vivre.

— Oui, mais comment le savoir ? Souvenons-nous de la guerre de 14-18. Il y avait des mecs improbables d'un mètre soixante sans personnalité ni charisme qui se transformaient en héros dès qu'ils sortaient des tranchées et puis des champions de lutte, portant beau et grandes

Itinéraire d'un cancéreux incognito

gueules, qui chiaient dans leur pantalon sous les balles. Nous ne sommes pas égaux devant la mort. Ni devant la maladie. »

Je range évidemment Tapie dans la catégorie des « mecs improbables ». Mais il dira – en souriant – qu'il n'a aucun mérite : « Qu'il s'agisse de mon cancer ou de mes démêlés avec la justice, ma vie se déroule comme dans un film de guerre, sur un piton rocheux, cerné de toutes parts. »

Essayiste et conseil en entreprise, mon vieux frère Alain Minc, qui habite sur une autre planète, ne cache pas sa fascination : « On peut tout dire de lui, sauf qu'il n'a pas une sacrée grosse paire de couilles. »

Que serait Tapie sans tous ces combats qu'il mène à la chaîne ? Un champ de ruines, une morne plaine, un mouroir dans un hôtel particulier de Saint-Germain-des-Prés. Il a besoin de bataille comme de l'air qu'il respire. Sinon, il suffoque.

S'il fallait trouver un personnage qui lui ressemble, il aimerait sans doute qu'on le compare à Blériot, Tabarly, Fangio, Superman, mais le premier nom qui me vient à l'esprit, c'est celui de Forrest Gump, non parce que celui-ci est un simple d'esprit mais parce qu'il ne s'arrête jamais. Il court toujours.

A la grande époque, Tapie pilotait ses Falcon (7 700 heures de vol, excusez du peu). Aujourd'hui, il pédale. Chaque vendredi, qu'il pleuve ou qu'il vente, il monte sur son vélo et quitte son hôtel particulier de la rue des Saints-Pères à Paris pour se rendre dans sa résidence secondaire de Combs-la-Ville, à 51,3 kilomètres, avant de faire le chemin en sens inverse le dimanche après-midi. Soit 102,6 kilomètres par week-end. Avec cinquante pulsations cardiaques par minute.

« Avec mes soixante-dix-sept ans et mon cancer métastatique, rigole-t-il en 2020, le jour de la mort du chanteur Christophe, alors qu'il sort d'une énième séance d'immunothérapie, je suis prêt à prendre des jeunes de cinquante, de quarante et même de trente ans et on verra si je me laisse distancer par tous ces petits cons ! Et dire que c'est moi, à cause de ma tranche d'âge, que le président du comité scientifique de mes deux veut confiner à cause du coronavirus ! C'est-y pas injuste, la vie ? »

Rire. Rien ne pourra l'empêcher de monter sur sa bicyclette, ni son âge, ni son cancer. Il y a là-dedans quelque chose de magnifiquement juvénile. Même sur son lit de mort, Tapie continuera à se prendre pour un champion, quitte à pédaler sous les draps.

Les champions ne s'arrêtent jamais. C'est même à ça qu'on les reconnaît.

7

Un cancer bien à plaindre

*Contre la civilisation Doliprane. Un ouragan dans le salon.
Sa thérapie : rester vivant jusqu'à sa mort*

Quand, après son opération, Tapie ouvre les yeux en salle de réveil, une infirmière lui met une pompe dans la main et lui explique qu'il devra la presser chaque fois que la douleur deviendra insupportable : « Vous risquez d'avoir très mal. C'est de la morphine. Ça vous soulagera. »

« Je ne suis pas un surhomme, dit Tapie. Au cours de la première nuit, j'ai appuyé deux fois sur la pompe et quand je me suis réveillé au petit matin, j'étais un peu ensuqué, comme tous les malades autour de moi. Mon expérience dans le sport de haut niveau m'a appris que la morphine est un poison, qu'elle vous désarme, qu'elle met vos défenses par terre, qu'il vaut mieux s'en passer. »

Tels sont les effets de la civilisation Doliprane. Un bobo, un comprimé et oubliée la douleur, on ne ressent plus rien. Sinon, morphine. Tous ceux qui tiennent bon passent pour des masochistes alors que, comme me l'avait dit Mitterrand en plein cancer : « N'abusez

Bernard Tapie – Leçons de vie, de mort et d'amour

pas des antidouleurs dans les premiers temps. Comme ils agissent de moins en moins au fur et à mesure que vous en prenez, il faut les garder pour le début de la fin, quand vous en aurez vraiment besoin, pour vous empêcher de hurler. La morphine, ça, c'est pour les derniers jours. Jamais avant. C'est la meilleure façon de la faire durer plus longtemps. »

A qui Tapie a-t-il parlé pour arriver au même raisonnement ? Il me regarde comme si je lui avais jeté un glaviot en peine figure : « Mais enfin, je n'ai jamais eu besoin de parler à quelqu'un pour refuser la morphine. C'est une évidence, c'est toute ma vie qui dit non. »

« Surtout, reprend-il, je n'empêche pas mes glandes surrénales de remplir leur fonction en me gavant d'opiacés, d'anti-inflammatoires. Je refuse d'être dépendant de tous ces trucs. Quand j'ai besoin de soulager ma douleur, on me fait des piqûres pour stimuler mes surrénales. C'est ce qu'on appelle la mésothérapie. »

Au médecin venu faire le point avec lui dans la salle de réveil, Tapie assurera, sur le ton de Monsieur Je-Me-Mêle-de-Tout : « Pourquoi ne profitez-vous pas de cette épreuve pour mettre vos malades dans le combat ? Il faut leur apprendre à résister, serrer les dents. S'ils se laissent aller, ils risquent de se retrouver rapidement en soins palliatifs. Quand tu refuses la morphine, tu as plus de chance de t'en sortir, au moins de raccourcir les délais. La preuve, je suis resté trois jours en réanimation au lieu de sept et, dès le premier jour, parce que je n'étais pas dans le coaltar, je faisais popo sur un siège roulant avec un trou au milieu. »

Dans le milieu médical, les rumeurs les plus alarmistes ont circulé, pendant des mois, à son propos. Je rassurais

Un cancer bien à plaindre

mes interlocuteurs avec la même formule : « Ce n'est pas Tapie qu'il faut plaindre, c'est son cancer, parce que son cancer va en baver. »

Il faut aussi plaindre les médecins, soit dit en passant. Mais si la majorité d'entre eux l'adorent, ils ont affaire, avec lui, au type de patient qu'ils détestent. La tête de lard qui prend tout en main. Il décide même, à la fin de l'été 2018, un an après la découverte de son cancer, d'arrêter les chimios, sous prétexte qu'il ne les supporte pas, tout en assurant qu'il prépare son grand retour au théâtre dans six mois.

« Il y a plusieurs types de cancers, dit-il. Celui où, par exemple, une tumeur s'est installée sur un organe : on te la retire et, hop, tu es guéri. Celui, comme le mien, que je qualifierais d'envahissant, avec des cellules circulant dans le sang. Après les chimios, je n'ai plus eu de nouvelles de mon cancer qui, apparemment, était parti. Tous les trois mois, pour vérifier, on me faisait faire un scanner et il n'y avait rien. En mai 2019, au quatrième scanner, toujours rien. J'étais heureux. Champagne !

Douze jours après ce scanner, je me réveille et je n'ai plus de voix. On me fait une ponction : un ganglion plein de métastases paralyse une corde vocale. Dans la foulée, on me fait un TEP-scan qui consiste à injecter du sucre fluoré, légèrement radioactif, pour repérer les cellules cancéreuses, qui adorent le sucre. Et voilà qu'on découvre deux autres récidives, ce qui fait trois métastases en tout. Les autorités médicales de notre pays ont décidé que tout allait bien tant que les ganglions ne faisaient pas plus d'un centimètre. C'est une connerie. Si la tumeur ne m'avait pas rendu muet, le cancer aurait explosé avant le scanner suivant, prévu en octobre.

Bernard Tapie – Leçons de vie, de mort et d'amour

Le docteur Jean-Marc Gornet, mon cancérologue de l'hôpital Saint-Louis, m'envoie chez un médecin extraordinaire, le docteur Jean-Philippe Spano, qui me met sur un programme nouveau. Rebelote, re-chimio. Et là, j'en chie, mon pote. Après ça, il me dit : "J'ai une mauvaise nouvelle. On va être obligé de finir le travail avec des rayons mais pour qu'ils soient d'une précision absolue, ça ne peut pas être ici, on n'a pas la machine, elle est à l'Institut Paoli-Calmettes, à Marseille." »

Quand il a dit Marseille, ses yeux se sont voilés. Tous les chemins mènent toujours à la cité phocéenne. Quelques mois plus tard, pour repousser de nouveaux assauts du Crabe, Tapie, le cancéreux errant, est allé suivre un nouveau traitement d'immunothérapie à Louvain, en Belgique. Il peut s'effectuer un peu partout en Europe mais pas en France qui, sous le joug d'une bureaucratie sanitaire vétilleuse, tarde toujours à donner les agréments. « Quand on a demandé au labo américain qui l'a mis au point si on pouvait essayer de faire une exception et de l'expérimenter en France, on nous a répondu : "Impossible. Il faudrait deux ans au moins pour obtenir une réponse !" »

Tapie est comme Cambronne qui disait : « La Garde meurt mais ne se rend pas. » Merde au cancer. Merde au Crédit lyonnais. Merde au Parquet national financier. Tapie entend rester bien vivant jusqu'à sa mort. Pour conjurer celle-ci, il a transformé son salon en QG. Je ne sais s'il se voit en ministre, président à la retraite ou patron de presse, mais, en tout cas, il semble un personnage important, une sorte d'éminence grise de

Un cancer bien à plaindre

la République, même si c'est toujours lui qui descend l'escalier pour venir vous ouvrir.

Quand vous allez le voir dans son hôtel particulier de la rue des Saints-Pères, vous ne pouvez croire que vous rendez visite à un grand malade. A cause de la voix qui ordonne, discourt, tempête. C'est un ouragan perpétuel. Tapie a son avis sur toutes les grandes questions du moment et le formule en faisant des moulinets et les cent pas entre ses canapés occupés par ses chiens avachis.

Je me souviens de la table de cuisine de ma mère quand le cancer enfonçait ses dents dans son ventre ou du bureau élyséen de Mitterrand quand la mort en marche lui arrachait des cris de douleur. C'était comme si on avait vidé dessus des armoires à pharmacie, des cimetières de boîtes, de flacons. Chez Tapie, pas de trace d'infirmière ni de médicaments.

« J'ai textoté à Macron qu'il devait recadrer ses ministres sur les Gilets jaunes, déclare-t-il un jour. Ce sont des gens formidables, à l'image de cette extraordinaire aide-soignante, Ingrid Levavasseur. Alors, qu'on arrête de leur taper dessus ! Je vais le dire ce soir sur TF1, je fais le 20 heures. Ces pauvres gens ont beaucoup de choses à dire, il faut les écouter. Mais ils doivent avoir le courage de condamner les black blocs qui, avec leurs exactions, discréditent leur mouvement. Sinon, il partira en vrille. J'ai écrit une lettre en ce sens à l'un des leaders qui vient me voir demain. Il faut qu'on se parle tous, que le pays s'en sorte par le haut. Oh ! pardonne-moi, c'est Christophe Castaner qui m'appelle... Allô, oui, Christophe... »

Une fois terminée la conversation avec le ministre de l'Intérieur, Tapie me dit :

Bernard Tapie – Leçons de vie, de mort et d'amour

« C'est quelqu'un que j'aime beaucoup, Christophe. Tiens, je viens de recevoir un texto de Jean-Luc Mélenchon. Je l'aime aussi beaucoup, malgré nos désaccords. Il me le rend bien, d'ailleurs. Sais-tu ce qu'il m'a dit à propos de mon cancer ? "Je t'aime." Oh, pardon, c'est BFM. »

Les médias le sollicitent sans arrêt. La chaîne d'info en continu souhaite qu'il accepte, ce dimanche, un entretien avec Apolline de Malherbe, alors que le *JDD* vient de lui proposer une interview qui fera toute la une et que RTL l'a invité à sa matinale du lendemain. Que voulez-vous, Tapie fait de l'audience : « Dire qu'il y a des cons qui croient que je fais de la retape pour passer à la télé. Souvent, j'y vais parce que je me dis que je ne peux pas tout refuser tout le temps ! »

En plus de tout ça, il est en train d'organiser la récupération d'un chien qu'il vient d'adopter dans un refuge de la SPA. On se dit qu'il faudrait lui servir une verveine, il risque d'avoir une attaque, le cœur va lâcher. Mais le cœur ne lâche pas, il ne lâche jamais.

Comme dans le célèbre spot publicitaire, Tapie est toujours sur pile, une pile qui ne s'use que si l'on s'en sert. Bientôt, il sera à l'affiche d'une comédie musicale dans laquelle il jouera le rôle-titre : *Al Capone*. À moins que ce ne soit Don Quichotte dans *L'Homme de la Mancha* ou un dingo dans la reprise de *Vol au-dessus d'un nid de coucou*.

Oh, j'oubliais. Il prévoit aussi de racheter *Nice-Matin* et de quitter Paris pour déménager dans le Sud, à Marseille ou à Aix-en-Provence, qui aurait finalement sa préférence : on y trouve plus de villas avec des parcs, ce qui lui permettra de rapatrier toutes les bêtes de sa

Un cancer bien à plaindre

maison de campagne de Combs-la-Ville, une condition sine qua non. Madame et Monsieur n'abandonneront jamais leurs animaux.

Tapie regarde la mort en face. Il en parle comme s'il vivait en concubinage avec elle. Mais il ne la laisse jamais prendre le contrôle de sa vie, de sa tête. Sans cesse, il élargit devant lui l'horizon qu'elle devrait rétrécir peu à peu.

Souvent, quand je sors de son hôtel particulier, secoué comme un arbre après la tempête, je me dis que je n'aimerais pas être à la place de son cancer.

8

Se soigner par le rire

« La tragédie de la vie n'est pas la mort,
disait Norman Cousins. C'est ce qui meurt en nous
quand nous vivons. »

Quand j'ai su que j'avais attrapé un cancer, en 2003, je me répétais souvent pour me donner du courage certaines des meilleures blagues de Pierre Desproges qui en est mort : « Moi, je n'ai pas le cancer, je n'en aurai jamais, je suis contre. » Ou encore : « S'il n'y avait pas la science, combien d'entre nous pourraient profiter de leur cancer pendant plus de cinq ans ? »

Je respecte ceux qui ont envie de pleurer après avoir appris qu'ils ont un cancer, mais pour ma part, j'avais décidé d'en rire. Longtemps auparavant, j'avais lu le livre culte de Norman Cousins, un grand journaliste américain, patron du célèbre magazine intello *The Saturday Review* auquel mes grands-parents américains m'avaient abonné quand j'étais ado.

Ecrivain à ses heures, Norman Cousins est l'auteur d'une grande formule qui a fait florès : « La tragédie de la vie n'est pas la mort. C'est ce qui meurt en nous

Se soigner par le rire

quand nous vivons. » Le titre de son livre, tout un programme, est lui aussi entré dans la légende : *Comment je me suis soigné par le rire*. Il y racontait son parcours du combattant après avoir appris, en 1964, qu'il était atteint de spondylarthrite ankylosante, une maladie incurable qui calcifie tout, les vertèbres, les articulations.

Ses médecins lui ayant annoncé une fin rapide, Norman Cousins décida de conjurer le sort et de se prendre lui-même en charge. Il quitta l'hôpital dont l'ambiance anxiogène lui pesait et s'installa à l'hôtel où il commanda un projecteur, ainsi qu'un stock de films comiques qu'il visionna. Sous l'effet de l'endorphine fabriquée par le rire, ses douleurs retombèrent. Il s'endormait jusqu'à leur réveil pour retourner alors s'esclaffer devant les Marx Brothers ou quelque chose de ce genre. Et ainsi de suite. Dodo-cinéma-dodo et absorption de hautes doses de vitamine C. Apparemment, sa maladie ne survécut pas à ce régime.

Rassurez-vous : je ne suis pas en train de vous vendre une « Méthode Cousins par le rire » pour guérir les maladies mortelles. Cet auteur ne nous présente au demeurant pas une formule magique. Soutenu dans son expérience par son médecin personnel, il se contente de nous faire l'éloge du rire, de l'optimisme, de l'effet placebo : tous ont, selon lui, des vertus thérapeutiques.

Nous savons tous qu'il est souvent difficile de combattre son cancer seul, sans amour, sans un regard bienveillant sur lequel on peut compter. Nous subodorons tous que les passions tristes selon Spinoza (la haine, l'envie, les ressentiments, etc.) sont ses meilleurs amis. Devenu professeur adjoint à l'école de médecine de l'université de Californie, Norman Cousins travailla plus tard sur la biochimie des émotions avant de mourir en 1990 d'une insuffisance cardiaque contre laquelle il lutta avec les mêmes armes.

Son credo : ne laissons pas la maladie nous gâcher la vie plus que de raison. Il se lamente, par exemple, de notre ignorance au sujet de la douleur contre laquelle nous avons toujours tendance à surréagir. Or, nous rappelle-t-il, c'est le moyen le plus efficace qu'a trouvé le corps pour envoyer des messages au cerveau. Il faut donc écouter la douleur, l'apprivoiser. Les lépreux aimeraient souffrir pour savoir ce qui leur arrive. Au lieu de quoi, ils perdent les doigts des mains ou des pieds sans jamais rien ressentir.

Ce que nous dit Norman Cousins, c'est que les pires maladies, les plus sournoises et les plus douloureuses, n'ont pas toujours raison de nous et qu'il est temps, par exemple, de dédramatiser le cancer. Même si les choses se sont améliorées au cours des dernières décennies grâce aux incroyables progrès de la médecine, le cancéreux est encore trop souvent ostracisé comme le pestiféré d'autrefois. Il fait peur. Finissons-en avec le Moyen Age en nous !

Le jour où Tapie m'a annoncé son cancer, je lui ai conseillé de lire, toutes affaires cessantes, le livre de Norman Cousins. Bien sûr, il ne l'a pas fait.

En vérité, Tapie n'avait nul besoin de lire ce livre. Instinctivement, il faisait du Norman Cousins sans le savoir. Mis à part la période de chimio, la maladie n'avait quasiment jamais entamé sa bonne humeur. Hormis mon vieux camarade du *Figaro*, André Frossard, saint homme

Se soigner par le rire

rigolard, attaqué de toutes parts par une armée de maladies mortelles, j'ai rarement vu quelqu'un rire autant, criblé de perfusions sur son lit de souffrances.

Une fois, alors que le polype niché sur une corde vocale lui a fait perdre sa voix, en 2019, Tapie me souffle :

« Il faut me parler très fort. J'entends très mal, je suis en train de devenir sourd.

— Oh merde, il ne manquait plus que ça. »

Alors, Tapie, avec un grand clin d'œil : « Non, je m'en fous. C'est la métastase aux cordes vocales qui m'inquiète. J'adore parler, tu sais bien. En revanche, écouter, non, ça n'est pas mon truc. Je n'écoute jamais personne, la perte de l'audition n'est pas quelque chose qui me fait peur. Je préfère de loin ma voix à mon oreille qui me soûle un peu et que je suis prêt à laisser en échange. »

Il rit d'un petit rire grêle. Une autre fois, il m'annonce une nouvelle offensive de son cancer :

« C'est une horreur, une invasion de métastases. Après les poumons, j'en ai à nouveau dans le cou et puis en voilà une qui est venue se nicher sur mon épaule, figure-toi.

— Console-toi, tu n'en as pas dans le cerveau.

— Je n'en ai pas dans les couilles, surtout. C'est la seule partie saine de mon corps. Après ça, qu'est-ce que j'en ai à foutre du reste, hein ? »

Il rit encore, du même petit rire grêle. Contre le cancer, s'il fait la guerre, c'est en rigolant. Il ne faut rien prendre au tragique, ni la vie, ni la mort.

Parfois, Tapie n'est pas flambard, il s'en faut. Je songe aux vers de Georges-Emmanuel Clancier, superbe poète méconnu, l'ange du Limousin, auteur du *Pain noir*, la joie de vivre incarnée, mort à cent quatre ans avec un

Bernard Tapie – Leçons de vie, de mort et d'amour

grand sourire, dans un de ses ultimes recueils, *Vive fut
l'aventure*[1] :

> *Du monstre
> en lui-même tapi
> prenant le masque invisible
> il contrefait
> le rauque accent*
>
> *Et soudain
> entre espérance
> panique et raillerie*
>
> *pour conjurer
> toute vilenie
> du sort*
>
> *surgit
> des profondeurs
> hors de l'espace
> hors du temps*
>
> *bleu,
> souverain,
> le chant.*

---

1. Gallimard, 2008.

9

Le taudis originel du 93

*Sauvé par les Allemands. Allaité par sa mère
jusqu'à deux ans. Un père au PC. La Seine-Saint-Denis
au temps du communisme*

Un jour, Laurent, alors ado, accompagne son père à un match de l'OM contre Auxerre, au stade de l'Abbé-Deschamps, du nom du prêtre fondateur du club auxerrois. L'Olympique de Bernard Tapie gagne 1-0, dans une ambiance électrique.

A la sortie du stade, les Tapie père et fils tombent sur une centaine de supporters d'Auxerre pour la plupart pompette, qui bloquent leur voiture, la secouent et s'attaquent à elle à coups de pied.

Si c'est une rixe, elle est à un contre cent. Tapie sort de la voiture, furax : « Vous voulez faire les malins ? Si vous avez des couilles, prenez-moi à la loyale, un par un ! »

Ils acceptent. Tapie les prend donc un par un, les cogne ou les bouscule, puis les jette par terre. « On aurait dit Moïse ouvrant la mer en deux », raconte son fils.

70

Bernard Tapie – Leçons de vie, de mort et d'amour

Grattez Tapie, sous l'écorce, vous trouverez toujours la banlieue. C'est pourquoi, au lieu d'appeler la police, il fait volontiers le coup de poing. Si cette grande gueule a toujours résisté à tout, aux fâcheux, à la prison, aux débines, jusqu'à en faire tant voir à ses cancers, c'est parce qu'elle n'oublie jamais d'où elle vient, ni les comptes qu'elle entend régler avec son enfance.

Quand on lui pose des questions qui le gênent sur son comportement, ses manières de caïd notamment, il rappelle volontiers qu'il a été élevé « dans un taudis de quatorze mètres carrés et demi. » Que ledit taudis soit plus grand ou plus petit, cela ne change rien : les Tapie sont serrés les uns sur les autres, comme des sardines à l'huile dans leur boîte.

Chez les parents Tapie, c'est tous les jours confinement. Sans parler de la promiscuité. Il n'y a pas de meubles chez eux et la vie quotidienne tourne autour « d'un seau et d'une cuvette ». « Le seau, dit-il, c'était les toilettes où l'on faisait nos besoins, papa, maman, mon frère et moi. La cuvette, c'était notre salle de bains. »

Il ne fait pas du Zola et on n'est pas dans *Germinal*. D'ailleurs, ses parents ne se plaignent pas. Chez ces gens-là, on ne se plaint pas, monsieur, on travaille tout le temps. Jean, son père, est ouvrier, ajusteur-fraiseur très exactement : à son poste soixante-dix heures par semaine, il enchaîne les kilomètres sur son vélo pour aller à l'usine et en revenir. Couturière à ses heures, Raymonde, sa mère, est aussi aide-soignante : elle fait les piqûres à domicile.

Le « taudis » originel du Bourget, en Seine-Saint-Denis, dans la banlieue nord de Paris, est l'un des premiers ressorts de Tapie. Au XIᵉ siècle, la ville abritait une

Le taudis originel du 93

léproserie. Depuis les années 1930 jusqu'à aujourd'hui, elle accueille les prolos. « J'ai un an quand je commence à me faire remarquer, raconte-t-il. En 1944, c'est la guerre et j'attrape une otite. A l'époque, ce n'est pas parce que tu as mal dans l'oreille qu'on appelle le docteur. Ça se transforme donc en mastoïdite. Je tombe dans le coma et on m'emmène dans un hôpital tenu par les Allemands où je suis opéré par un chirurgien allemand qui va me faire un trou dans le crâne pour extraire le pus qui est à un millimètre du cervelet. J'ai donc été sauvé par les Allemands ! Déjà, je me distinguais ! »

Son premier souvenir ? « J'ai trois ans et demi. Ma grand-mère, le deuxième personnage de ma vie dans l'ordre de l'affection que je porte aux gens, m'emmène au cimetière où elle va se recueillir, comme souvent, sur la tombe de feu son mari, engagé volontaire en 1914 et mort à vingt-six ans au champ d'honneur, la laissant élever seule ses quatre enfants. "C'est là que ton grand-père est enterré", m'a-t-elle dit. "Enterré ? Pourquoi ?" je demande. Alors, elle : "Parce que quand on est mort, on vous met dans un trou." Tout à coup, j'ai pris conscience que j'étais mortel et toutes les nuits, jusqu'à l'âge de six ou sept ans, je pleurais avant de me coucher. C'étaient des crises d'angoisse : quand je m'endormais, j'avais la trouille de ne pas me réveiller le lendemain. »

A l'époque, le petit Bernard vit un deuxième traumatisme : le retour du père. « A la guerre, il avait été fait prisonnier par les nazis et envoyé en Allemagne où il était resté deux ans et demi. Quand arrive à la maison ce monsieur que maman me demande d'appeler papa, je ne veux pas entendre parler de lui et je me réfugie sous la robe maternelle. Il est vrai que j'ai un rapport fusionnel avec ma mère qui m'a donné le sein jusqu'à vingt-cinq mois, ce qui n'est pas banal. Mon père va me la voler, lui prendre du temps et, en plus de ça, lui faire un bébé. Ce sera mon petit frère, Jean-Claude, que j'adore et que, de toute évidence, il préfère à moi. »

Voilà encore un moteur, m'écrié-je intérieurement, comme le psychologue à la manque qui aurait enfin trouvé le chaînon manquant. « Mon père était très dur avec moi, beaucoup plus dur qu'avec mon frère, confirme BT. Quand ça ne va pas, il me donne des corrections à coups de ceinture. Mais je l'admire. Donc, je cherche sans cesse à l'épater, à le séduire, ce que je n'ai pas besoin de faire avec ma mère qui est conquise d'avance : à quatorze ans, je lui faisais encore des câlins sur ses genoux. »

Faut-il parler de rejet du père ?

« Non, au contraire, mais j'ai rejeté sa méthode. Mon père ne disait jamais de choses gentilles. Il aimait ma mère, par exemple, il le lui montrait, ça ne faisait aucun doute, mais il n'exprimait jamais ses sentiments avec des mots. Des décennies plus tard, alors qu'il est avec elle et un couple d'amis pour fêter je ne sais quoi, dans l'appartement qu'ils habitent à Marseille, il lève son verre en direction de son copain : "Tu sais, j'ai eu une femme formidable." Et là, il meurt d'une crise cardiaque. Il s'est éteint à quatre-vingt-dix ans dans la seconde qui a suivi l'unique compliment qu'il ait jamais fait à ma mère. Autant te dire que je suis à l'opposé : je chouchoute, je félicite, je gratouille, j'embrasse sans arrêt ma femme, mes enfants, mes petits-enfants… »

Le taudis originel du 93

Le père du petit Bernard est communiste, ce qui n'a aucun rapport. Le modèle de Jean Tapie dans la vie, c'était le patron de la cellule locale du Parti. Mieux valait être dans ses petits papiers. « A l'époque, si tu n'étais pas coco, tu pouvais toujours courir pour obtenir un logement HLM. Le communisme, en ce temps-là, c'était la convivialité prolétaire, et puis aussi une source extraordinaire de relations humaines, d'entraide quotidienne. Un type coulait une bielle et, hop, on se retrouvait fissa à cinq autour de sa voiture pour la réparer.

Aujourd'hui, si tu as un pépin, les communistes ou ce qu'il en reste dans nos banlieues te laissent te débrouiller avec toi-même. Ils ont déserté le terrain de la solidarité sociale. Celui-ci n'est plus occupé que par les militants du Front national ou par les islamistes qui, quand tu t'es fait cambrioler, viennent te demander si tu n'as pas besoin de quelque chose.

Chaque année, papa, maman, mon frère et moi, on allait à la Fête de l'Huma et on rêvait de gagner le premier prix de la loterie : une quatre-chevaux Renault. C'était le seul moment où l'on se retrouvait autour du sentiment d'appartenance à une classe sociale. Moi, je suivais ça de très loin, même si je me souviens de la violence des relations entre les communistes et les socialistes.

Mon père était beaucoup plus antisocialiste qu'anti-gaulliste. Les communistes et les socialistes disaient à peu près la même chose sur le partage, l'égalité des chances. C'était sur l'Union soviétique qu'ils n'étaient pas d'accord. Il y avait aussi une différence sociale : les

Bernard Tapie – Leçons de vie, de mort et d'amour

socialistes, c'étaient des communistes qui avaient réussi. Ils parlaient bien, ils travaillaient dans l'enseignement, c'étaient les bobos d'aujourd'hui. »

Quand Joseph Staline meurt, en 1953, le petit Bernard a dix ans. Titre à rallonge de la une de *L'Humanité* sur « l'homme d'acier », criminel contre l'humanité, responsable de la mort d'au moins vingt millions de personnes : « Deuil pour tous les peuples qui expriment, dans le recueillement, leur immense amour pour LE GRAND STALINE ».

La famille Tapie n'est pas vraiment en deuil : « Ma mère, qui n'est pas communiste, ne se sent pas concernée. Quant à mon père, il accuse le coup, mais sans plus. En fait, il n'en a quasiment rien à foutre. Son communisme est franco-français.

Dans l'ensemble, le communisme des années cinquante, celui que j'ai connu à travers mon père, avait quelque chose de bonasse. Il ne se nourrissait pas de la haine catégorielle, de la dénonciation du capitalisme, du patronat, des injustices. Ma famille était soumise : elle n'avait aucun droit, que des devoirs. Chez nous, il n'y avait pas d'envie, ni d'aigreur. Le défaut de ce système, c'est qu'il ne te donnait pas envie d'en découdre, de changer de condition. Tu finissais par tout accepter…

— Quoi, par exemple ?

— Par exemple, d'être fringué comme on l'était. On faisait comme tout le monde dans le quartier : on n'achetait jamais nos vêtements dans les magasins, on n'avait pas les moyens. Ma mère cousait, tricotait, reprisait, rapiéçait, rapetassait tout et je ne dis pas comment on était habillés ! En plus, on se changeait seulement une fois par semaine pour la lessive du dimanche. Les vacances,

Le taudis originel du 93

c'était toujours le camping. Quand on partait, j'étais assis sur le porte-bagages du vélo de mon père, mon petit frère sur celui de ma mère, et on allait au Tréport comme ça, en trois étapes. »

A aucun moment Tapie n'est tenté par le communisme paternel : « C'était instinctif. Je n'avais aucune envie qu'on fasse mon bonheur malgré moi. Je voulais arriver par moi-même. Surtout, je croyais en Dieu et ne pouvais croire un instant au discours du communisme qui m'apparaissait comme une sous-religion avec des gourous et des solutions miracles. »

10

Dieu, le violon et moi

*Extase mystique à l'église Saint-Nicolas. La prière à genoux
du matin. Conversation hebdomadaire
devant la tombe des parents*

A la fête des écoles du Bourget, en fin d'année scolaire, le petit Bernard entend un lycéen jouer du violon.
Il a six ans, l'autre en a au moins le double. C'est une
révélation.

Qu'est-ce qu'un violon ? Selon la définition humoris-
tique du journaliste-écrivain américain Ambrose Bierce,
« un instrument destiné à chatouiller l'oreille par le frot-
tement de la queue d'un cheval sur les boyaux d'un
chat. » Selon BT, plus sérieux, « un archet sur une corde
qui rit, qui pleure, qui peut exprimer tous les sentiments
du monde ».

Dès qu'il entend du violon à la radio, le petit Bernard
devient comme fou. Il veut apprendre à jouer de cet
instrument qui parle, émeut, dialogue avec l'orchestre et
l'au-delà. « Mes parents ont été adorables, dit-il. Dès que
j'ai manifesté l'envie d'apprendre le violon, leur soutien
a été sans faille.

Dieu, le violon et moi

A l'époque, dans les municipalités de gauche de la région parisienne, dans le 93 notamment, ce n'était pas trop compliqué de suivre des cours de danse, de chant, de violon. Tout était gratuit, accessible. Mais mes parents supporteront sans broncher toutes mes séances d'entraînement dans notre taudis et ils iront assister religieusement à mes concerts.

J'allais suivre des cours de violon deux fois par semaine avec un très bon prof. Un jour, j'entends le *Mouvement perpétuel* de Paganini, un flot de notes jouées sur un tempo rapide, le cauchemar des violonistes amateurs, un morceau qui semble avoir été écrit par quelqu'un qui avait peur de rater son train tellement ça galope. Sous le choc, je pense que je n'aurais le droit de dire "Je suis", comme Descartes, que lorsque j'arriverais à le jouer et, un jour, je l'ai joué. Assez vite, j'ai commencé à me produire dans les églises, notamment à Saint-Nicolas, au Bourget, où l'on faisait souvent appel à moi pour la messe du dimanche ou des événements familiaux. »

Le petit Bernard aura sa consécration quand il se présentera salle Gaveau, au concours Nérini, du nom du violoniste Emmanuel Nérini. « J'étais le seul fils de prolo, dit-il, et j'étais très nerveux en attendant mon tour. J'avais tellement tripoté ma partition qu'elle était chiffonnée et ne tenait pas sur mon pupitre. Les organisateurs ont été gentils, ils m'en ont donné une autre. Je m'en suis sorti avec un accessit et, dans mon souvenir, une mention bien. »

Il sait qu'il ne rivalisera jamais avec Yehudi Menuhin ni David Oïstrakh, les grands virtuoses de l'époque. Il ne prétend pas entreprendre une carrière de musicien. Il est déjà emporté par toutes sortes de pulsions, passions, envies contradictoires. Mais il y a un rapport quasi mystique entre le violon et la foi qui l'habite. Il se sent transporté, « en communion avec les notes », quand il joue dans « la merveilleuse église Saint-Nicolas ».

« Ça m'ouvrait des portes sur l'immatériel, l'invisible, dit-il. Je ne crois pas que Dieu existe, je le sais, c'est une évidence qui s'impose à moi. Même si je ne pense pas que l'on ait le droit de croire en Dieu "par intérêt", j'ai fait instinctivement le pari de Pascal. Depuis, alors que j'en parle rarement, la foi ne m'a plus jamais quitté. Je vis avec. Si, demain, je ne l'éprouvais plus, je filerais vite à l'église pour la retrouver, comme on retourne au bercail. »

Il est croyant, comme sa mère. Chez ses parents, on respecte les traditions. On se marie à l'église et on est baptisés, même si le paternel dit volontiers que « tout ça, c'est des conneries ». Le petit Bernard est donc allé au catéchisme, mais il a jeté l'éponge avant sa première communion. « Je n'en pouvais plus qu'on m'explique que si tu es en panne d'essence en plein désert, il suffit de faire une prière et, miracle, ton réservoir se remplit tout seul. Je trouvais que les curés prenaient les enfants pour des cons, comme les politiques, je le découvrirais plus tard, prenaient les adultes pour des cons. »

Après ses extases au violon à l'église Saint-Nicolas, il est pratiquant, mais à sa manière : à la fois fervente et rebelle aux règles. « Crois et tu comprendras, dit saint Augustin. La foi précède, l'intelligence suit. » C'est une citation pour Tapie. Il a la religion charnelle, instinctive, pas conceptuelle. Il porte toujours un crucifix sur lui, le plus souvent dans la poche de son pantalon.

Dieu, le violon et moi

S'il n'est pas un pilier d'église, BT prie, depuis son adolescence, tous les jours que Dieu fait. « Le matin, quand je me lève, c'est mon premier geste : je me mets à genoux.

Moi : Tu as des échanges avec Dieu ?

Lui : Oui, tout le temps.

Moi : Lui parles-tu à haute voix ?

Lui : Jamais, et ensuite, je ne raconte rien de ce qu'on s'est dit, même pas à ma femme, à qui je dis tout.

Moi : Qu'est-ce que tu lui demandes ?

Lui : Secret personnel, je répète. Mais c'est un rapport désintéressé. Je ne suis pas superstitieux. Par exemple, je ne suis pas du genre à prier à genoux pour demander à gagner un match de l'OM.

Moi : Il t'arrive d'évoquer ton cancer avec lui ?

Lui : Forcément. Je compte sur la médecine, bien sûr, mais je te dis la vérité : sans lui, je ne peux pas gagner ce combat.

Moi : Combien de temps est-ce que ça dure, une prière ?

Lui : Cinq minutes, parfois trente.

Moi : Est-ce que tu as des preuves que Dieu t'accompagne ?

Lui : Sans arrêt. Souvent, j'ai été au fond du trou, cerné par tous ces gens qui veulent ma mort, y compris ma mort physique – quand j'étais en prison, j'ai quand même trouvé un jour une corde dans ma cellule. A un moment donné, il y a toujours un fil qui apparaît, une main qui se tend, une porte qui s'ouvre et hop ! j'échappe à mes persécuteurs. Ça ne peut pas être que la chance.

Bernard Tapie – Leçons de vie, de mort et d'amour

Moi : Donc, c'est Dieu le Créateur…

Lui : Je te vois venir : tu veux que je lui mette une barbe et que je te dise la couleur de ses yeux… Vous êtes vraiment des abrutis de vouloir toujours rabaisser le divin, le surnaturel. Il y a, au-dessus de nous, des choses qui nous dépassent et qui, selon toute vraisemblance, resteront toujours incompréhensibles.

Moi : Pour être plus précis, crois-tu à l'immortalité de l'âme, à la résurrection des morts ?

Lui : Tu ne dois pas être croyant pour poser une question pareille. C'est comme si je te demandais à quoi tu crois quand tu es amoureux. On peut dire la même chose avec l'amour : ça ne s'explique pas !

Moi : Tu crois donc à l'immortalité de l'âme pour aller te recueillir chaque week-end sur la tombe de tes parents, près de ta maison de campagne de Combs-la-Ville ?

Lui : J'ai besoin de les voir, de leur parler, d'être avec eux. Et puis j'ai aussi des photos de mes quatre enfants près de moi et il ne se passe pas de semaine sans que je prie pour au moins l'un d'entre eux. »

Soudain, j'entends un claquement de mâchoires. Son visage s'est assombri.

« Allez, on arrête là, j'en ai assez dit. Le reste, je le garderai pour moi, si tu veux bien. »

11

La pierre qui roule

Le clown de la classe. Les dieux du stade municipal du Bourget. L'inné et l'acquis

Avec la foi en Dieu et la révolte contre sa condition, le tonus est le troisième élément constitutif du petit Bernard. Aussi volcanique soit-elle, son énergie ne se déploie pas particulièrement à l'école Edgar-Quinet qu'il fréquente. « Je n'étais pas un bon élève, dit-il, mais je n'étais pas mauvais non plus. En tout cas, je n'avais aucune de ces qualités qui peuvent caractériser quelqu'un de spécial.

L'aurais-je été, ça n'aurait rien changé. A quatorze ans, dans ces banlieues-là, on était tous destinés à suivre le même cursus : certificat d'études, centre d'apprentissage et CAP pour finir ouvriers. Tous ! Les écoles du 93 étaient des usines à fabriquer des ouvriers. Ce qui ne m'empêchait pas d'aimer beaucoup les profs, pour la plupart des gens exceptionnels. Ils nous traitaient comme si on était leurs propres gosses. Donc, ils nous punissaient, comme le faisaient les parents à l'époque, à coups de gifles, de pieds au cul, de règles sur les doigts. Ils m'aimaient bien. Je n'étais pas un meneur mais un

82

Bernard Tapie – Leçons de vie, de mort et d'amour

candidat à tout, un amuseur qui ne tenait pas en place. Une sorte de clown de service.

Ma grande chance fut que le taudis familial donnait sur le stade municipal du Bourget. Grâce à ça, j'ai eu l'enfance d'un fils Rockefeller. Il y avait, là-bas, tout ce dont un enfant peut rêver : un gymnase, une piscine de trente-trois mètres, des terrains de foot, volley, hand, où l'on pouvait pratiquer ses sports préférés, à un bon niveau qui plus est, sous la houlette d'un directeur extraordinaire, Lucien Legrand, qui était aussi le gardien des lieux. Je faisais partie de la vingtaine de mômes qui gravitaient autour de lui en passant d'un sport et d'une compétition à l'autre. Plus heureux, gâtés, pourris que nous, ça n'existait pas !

C'est au stade municipal qui portera plus tard le nom de Lucien Legrand que je vais passer 80 % de mon temps libre. J'en suis un pilier, il m'a tout donné. D'abord, j'y apprends à canaliser mon énergie. Ensuite, je découvre l'envie de gagner, d'être toujours le premier, et son corollaire, la blessure de perdre. Le sport est sans doute la seule activité humaine où l'on sait de manière objective, grâce au chronomètre ou au score sur le tableau d'affichage, si on est le meilleur ou pas.

Dans ce contexte, je refuse très vite le boulet que mon éducation va me coller au cul et qui a empêché mon père de comprendre pendant des années qu'il valait beaucoup mieux que ce qu'il croyait. Il était heureux comme ça, avec sa femme, ses enfants, ses copains et *L'Huma* tous les matins. Il avait beau être communiste, il disait à propos des gouvernants de la IVe République : "Oh ! Putain ! Je n'aimerais pas être à leur place !" Traduction : "Les pauvres ! Qu'est-ce qu'ils doivent avoir comme soucis !"

La pierre qui roule

Bon, c'est sûr, à l'époque, j'en veux un peu à mes parents de croire qu'ils ne sont pas à la hauteur et je ne comprends pas qu'ils acceptent leur sort en pliant aussi facilement devant l'autorité et tous les détenteurs du pouvoir. »

Jusqu'à ce que son père se décide enfin à sortir de sa condition et suive pendant deux ans les cours du soir à l'école des Arts et Métiers pour devenir frigoriste.

Plus de quarante kilomètres à vélo aller et retour trois fois par semaine : le père part directement de son boulot, à La Courneuve, et revient à la maison un peu avant minuit. Quand il a obtenu ses galons aux Arts et Métiers, Jean ne s'est pas contenté d'être frigoriste. Il a monté sa petite entreprise de technique du froid pour les camions qui a ensuite été dirigée par le frère cadet de Bernard, Jean-Claude, et qui deviendra l'une des plus importantes de la région parisienne avant d'être vendue à Petit Forestier.

Intelligent et persévérant, son père avait tout pour réussir mais une petite voix dans sa tête lui avait long-temps conseillé de rester à sa place, de ne pas franchir les lignes. Quand le petit Bernard lui annonce qu'il veut jouer d'un instrument de musique, Jean lui conseille de faire de l'accordéon, l'instrument par excellence des pro-los. Eh bien, non, ce sera du violon.

Le fils ne songe qu'à s'émanciper. A douze ans, il s'inscrit dans des voyages scolaires pour aller visiter le musée du Louvre. Lors des fêtes de fin d'année, dans le primaire comme dans le secondaire, il participe à sept ou huit spectacles, y compris quand ils ne sont pas pré-sentés par sa propre classe. Sportif, artiste, et puis quoi encore ? Grand cœur : en dehors des cours, il collecte

Bernard Tapie – Leçons de vie, de mort et d'amour

des produits de première nécessité, de l'huile, des pâtes, auprès des parents d'élèves, dans le cadre d'une association, et les distribue aux petits vieux indigents du Bourget le jeudi, son jour de congé. Enfant modèle : il fait aussi le charbonnier et porte les sacs de plusieurs dizaines de kilos, jusqu'à cinquante, chez les particuliers. Ce qu'il gagne, c'est, il va de soi, pour ses parents.

Tapie est déjà une page qui s'écrit tous les jours. Ecoutons-le : « Depuis que je suis petit, j'ai rarement fait quelque chose qui ait été le fruit d'une envie, d'un désir de ma part. A cause de ma vitalité, de ma créativité, de ma grande gueule, on me propose sans arrêt des trucs. J'en accepte certains, j'en refuse d'autres. C'est toute l'histoire de ma vie. »

En somme, sa vie aurait été inventée par les autres. Il serait devenu ce qu'ils voulaient faire de lui en se contentant de saisir les opportunités qu'ils lui proposaient. Ce discours revient sans arrêt dans sa bouche :

« Comme à tous ceux qui ont réussi à sortir de leur milieu social, on ne m'a rien appris d'essentiel et je suis sans cesse obligé de faire fonctionner mon inné, autrement dit mon intuition, plutôt que mon acquis, forcément déficient. Autant dire que mon cerveau gauche, celui de l'inné, carbure beaucoup plus que celui de l'acquis. Un type qui sort des grandes écoles, il ne sait que ce qu'on lui a appris. Quand on lui parle de choses qu'il ignore, il ne moufte pas, de peur de dire une connerie. Il reste toujours prudent. Celui qui vient des classes sociales d'en bas, il n'a rien à perdre, il prend des risques, il essaye ses idées. C'était ce que je faisais. Trois fois sur dix, quand je me plantais, il y avait une partie de moi qui disait à l'autre : "Alors, connard, je te l'avais bien

La pierre qui roule

dit." Sept fois sur dix, c'était l'autre qui disait : "Pauvre con ! Je t'ai bien eu !" »

Quand on observe sa carrière avec un peu de hauteur, on a du mal à trouver une ligne droite. Et si on a mauvais esprit, ce qui est humain, on pense même à la sublime formule de Charles Baudelaire qui résume l'existence de tant d'entre nous : « Cette vie est un hôpital où chaque malade est possédé du désir de changer de lit. »

Tel est Tapie : une pierre qui roule, tombe, rebondit. Sauf que, contrairement au dicton, il amasse mousse. Programmé pour rien, surtout pas pour faire carrière, il vire sans cesse de cap, au petit bonheur de ses rencontres, de ses coups de cœur, séduit, finit par en imposer, jusqu'à ce qu'un jour il bute sur un mur pour repartir dans une autre direction.

12

La vie est un roman qui s'écrit tous les jours

Elève fantôme à l'Ecole d'électricité.
Comment vendre des télés sans se fatiguer.
L'armée : « la révélation » de sa vie

Qu'aurait été Tapie sans le service militaire ? Un bouchon au fil de l'eau. Un violoniste de baptême. Un combinard d'entrepôt. Pas grand-chose. C'est l'armée, dit-il souvent, qui, après l'école et le stade, lui a fait accomplir « le grand bond en avant ».

Auparavant, après son premier bac (maths-technique), BT s'est inscrit, pour faire plaisir à son père, à l'Ecole d'électricité industrielle de Paris : « Il voulait que je sois ingénieur, il n'avait que ça en tête. Moi, je voulais faire du foot, du hand, de la musique. Mais bon, j'ai obéi et c'est le moment de ma vie où j'ai été le plus malheureux.

Je payais mes cours en travaillant pour Todisco, le charbonnier du Bourget : j'ai livré des sacs de charbon, jusqu'à l'âge de seize ou dix-sept ans, pendant mes trois mois de vacances. Sinon, je me serais senti très coupable de sécher l'Ecole d'électricité comme je le faisais. Un jour, avant que je rate mon deuxième bac, mon père

La vie est un roman qui s'écrit tous les jours

passe à l'improviste, en bleu de travail, au 1 *bis*, passage Duhesme, à la porte de Clignancourt, où je suis censé étudier.

Reçu par le directeur de l'Ecole, mon père lui demande comment ça se passe pour moi. "C'est à vous que je devrais le demander", dit l'autre. Mon père fait l'étonné. "On ne voit pas beaucoup votre fils, explique le directeur. Vous devez le savoir puisque…" Il farfouille dans un tiroir de son bureau et lui tend une liasse de mots d'excuse sur lesquels j'avais imité la signature paternelle.

Le soir, quand il rentre à la maison, mon père sort les mots d'excuse de sa salopette et il me donne une branlée. Une gifle par faux mot d'excuse, si ma mémoire est bonne. Nous sommes en 1961. Après ça, j'ai enchaîné les petits boulots. J'ai travaillé au bureau d'études du constructeur automobile Panhard. S'il s'agit d'imaginer un système où une perceuse doit creuser un trou à un demi-millimètre près, ça me va. Mais dès qu'il s'agit de le dessiner en mesurant tout, alors là, très peu pour moi, je m'éclipse.

Je me retrouve à la vente au stand Panhard du Salon de l'auto et j'adore ça, mais quand il ferme ses portes, on veut me remettre au bureau d'études. Ah, non ! Je retourne à la vente mais chez Volkswagen, avenue de la Grande-Armée, et là, je me fais rapidement virer pour avoir plaisanté avec une cliente qui se pâmait devant un coupé : "Qu'est-ce que cette voiture est belle ! — Ça ne se voit pas, hein ? dis-je. Elle est tombée du train et on l'a retapée dans la nuit."

Mon directeur des ventes n'apprécie pas cet humour à deux balles. Allez, ouste, du balai ! En retournant chez mes parents, ce jour-là, je me disais qu'il ne fallait pas que je reste un employé si je voulais continuer à vivre ma vie comme j'en avais envie, en bossant et en me marrant en même temps...

Une semaine plus tard, je suis en train de glander chez mes parents, dans leur nouveau pavillon, à Champigny-sur-Marne, en attendant d'être incorporé, quand on frappe à la porte. C'est un vendeur de télévisions. Il a mon âge. Il me demande d'une voix timide si nous avons un poste.

— Désolé, je réponds, on ne compte pas en acheter.

— On peut vous faire d'excellentes conditions et, si vous le souhaitez, vous en prêter un pendant deux ou trois jours.

On commence à parler. Il m'avoue qu'il a du mal à placer ses téléviseurs. Je lui dis qu'il s'y prend comme un manche et lui propose de procéder autrement. Je vais avec lui. On toque à une porte :

— Bonjour, madame. On fait une enquête sur les programmes télé et on voudrait savoir si vous pouvez nous répondre.

— Mais je n'ai pas la télé, monsieur !

— Qu'à cela ne tienne, on en laisse une à votre disposition, vous allez la regarder pour nous dire ce que vous aimez ou pas, et puis on repassera dans une semaine pour récupérer le poste.

C'était une façon de vendre à la coule. On n'était pas comme les autres vendeurs, le pied dans la porte, en train de forcer le client à nous acheter un truc qu'il n'était pas sûr de pouvoir se payer. Bien sûr, les sondages sur les programmes, on s'en foutait, c'était du flan, mais on avait réussi à créer un rapport de confiance avec lui. D'ailleurs, la boîte s'appelait Télé-Confiance et le patron,

La vie est un roman qui s'écrit tous les jours

Raymond Ortmann, est devenu l'un de mes meilleurs potes. On a ouvert un petit bouclard de trente mètres carrés et on vendait jusqu'à quatre cents télés par mois. Des Oceanic, une marque qui n'existe plus. »

Pendant cette période, BT disparaît des radars : il fait de l'argent, il se cherche, il s'essaye, il papillonne, la tête pleine de rêves, dans sa Volkswagen Coccinelle. Surtout, il file le parfait amour avec Michèle Layec qui est belle comme le jour. Plus tard, il aura deux enfants avec elle, Nathalie et Stéphane.

« Quelle belle chose que la jeunesse ! disait le dramaturge George Bernard Shaw. Quel crime que de la laisser gâcher par les jeunes ! » C'est l'armée qui va changer Tapie, lui mettre du plomb dans la tête et faire de lui l'homme à la mâchoire carrée qui veut avaler la mer et les poissons. Reçu au concours des élèves-officiers de réserve, le futur aspirant Tapie est affecté à Beynes, près de Houdan, dans le 93ᵉ régiment d'infanterie.

« Et là, j'ai la révélation de ma vie. Parmi les élèves-officiers, on n'est que deux fils de prolos, un certain Guilbert et moi. Les autres, issus de milieux favorisés, ont fait de belles études et je ne peux certes pas en dire autant. Très vite, alors que je n'avais jamais cherché à être le leader au Bourget, ni à l'école, ni au stade, là, je suis devenu le taulier. Pourquoi ? Sans doute parce que j'ai pris conscience qu'il n'y avait aucune raison que je reste au bas de l'échelle.

Quand tu es tout en bas et que tu vivotes dans un taudis, je peux en témoigner, tu essaies de te débrouiller comme tu peux, tu te bats les couilles du reste, tu n'es pas envieux. Mais plus tu montes dans la société, plus tu le deviens. Et quand tu es la deuxième fortune de

France, alors là, tu crèves de ne pas être la première. Mes camarades du haut du panier m'ont donné la niaque, l'envie d'être le premier. C'est à l'armée que j'ai découvert la capacité de se surpasser qu'on peut trouver en soi.

Un être humain, ça utilise 50 % de ses capacités physiques et à peine 20 % de ses capacités intellectuelles. Qu'est-ce que ça veut dire ? Quand tu fais un effort physique et que tu n'en peux plus, c'est que tu viens d'arriver à la barre des 50 %. Si tu prends sur ta douleur qui est une alerte et qui va disparaître, si, en plus, tu travailles bien ta respiration, tu peux dépasser tes limites et accomplir la plus grande partie des 50 % qui te restent à faire. Même chose pour les neurones : ce sont des petites bêtes qui ont toujours besoin d'être sollicitées, asticotées. Voilà ce que j'ai appris à l'armée. C'est elle qui m'a fait, comme m'ont fait les profs de l'école Edgar-Quinet et Lucien Legrand, le gardien du stade municipal. »

Parole de lieutenant !

13

Une force qui va

« Guérisseur » d'entreprises. Du coucou à la poupée gonflable.
Coup de foudre pour Marcel Loichot, le pape
du pancapitalisme

A sa sortie de l'armée, en 1964, Tapie est marié. Il a épousé Michèle, son premier amour, quelque temps avant la quille, le 8 février, à tout juste vingt et un ans. Ils attendent un enfant, ce sera sa « puce », Nathalie.

Sitôt libéré, Tapie recommence à vendre des téléviseurs pour Télé-Confiance avant de se mettre à son compte en ouvrant un magasin d'électroménager avec Michèle, près de la gare de l'Est. Mais ce n'est pas une vie : il se lasse vite. Il ne tient pas en place et déborde d'idées. Pourquoi tenir un magasin de seconde zone quand le monde entier est à vous ?

Me reviennent en mémoire les paroles d'une chanson de Ronnie Bird, un des grands tubes « yéyé » de l'année 1965, « Fais attention » :

Tu es trop sûr de toi
Prends garde à toi...

Bernard Tapie – Leçons de vie, de mort et d'amour

Un jour viendra
Fais attention
Yeah, yeah.

Tapie est déjà devenu Tapie. Je ne peux résister à l'envie de vous raconter cette anecdote que j'ai lue il y a longtemps dans la biographie d'Airy Routier, *Le Phénix*[1], et qui résume à merveille une partie du personnage. Un jour, dans le 11e arrondissement, BT sort de sa voiture de sport avec un ami, Pierre Landereau, quand ils sont agressés par un voyou qui brandit un couteau.

Tapie éclate de rire et jette les clés de la voiture dans un soupirail : « Si tu veux ma bagnole, il faudra aller les chercher. »

Après avoir ouvert son portefeuille pour montrer au voyou qu'il n'y a pas d'argent dedans, il feint de déboutonner sa braguette : « Si tu veux mes pompes en croco, il n'y a pas de problème, mais il faudra me sucer avant. »

Devant tant d'aplomb, le voyou s'est enfui. Rien ne peut arrêter BT, car il n'a peur de rien : il ne suffit pas d'avoir de l'appétit, encore faut-il de l'estomac. Il en a pour dix. Le magasin d'électroménager périclitant, il lance sa première entreprise dans un cent mètres carrés au deuxième étage, rue de Saint-Senoch, dans le 17e arrondissement de Paris, qu'il nomme Cercle numéro un. L'idée de départ : donner aux salariés du privé les avantages dont disposent déjà les fonctionnaires qui, grâce à des carnets d'achat, bénéficient de remises de 20 à 30 % sur toutes sortes de produits, des téléviseurs, bien sûr, mais aussi des meubles, des machines à laver, etc.

---

1. Grasset, 2008.

Une force qui va

Tapie passe des accords avec les fournisseurs et, ensuite, ses prospecteurs (dont le futur acteur Jean Reno) vendent les carnets aux comités d'entreprise qui les distribuent aux salariés. Hosannah ! Avec le Club bleu qu'il a fondé sur le même modèle, l'affaire se développe si rapidement qu'il achète, avec un associé, un immeuble rue Drouot où les produits sont exposés sur plusieurs étages.

Un an plus tard, le destin frappe à sa porte. Il a les traits de Marcel Loichot, un visionnaire sexagénaire et buriné qui, tous les jours, selon BT, « boit vingt-cinq cafés, s'enfile une bouteille de whisky et fume deux paquets de cigarettes ». « Un génie de chez génie », dit Tapie. Aussi timide qu'original, ce polytechnicien aime faire de l'argent et il est fasciné par le culot du jeunot.

Fondateur de la SEMA (Société d'études et de mathématiques appliquées), spécialisée dans le conseil en entreprise, Marcel Loichot est aussi un intellectuel, auteur, entre autres, de *La Réforme pancapitaliste*. Proche des gaullistes de gauche, il plaide contre le « financiérisme » et pour un système économique plus social. Il a notamment tenté de théoriser la participation des salariés à la marche de leur entreprise, ce qu'on appelle aussi l'intéressement, le grand projet social du général de Gaulle.

Marcel Loichot a entendu parler du « jeune dingue » du Club bleu et du Cercle numéro un. Il fait venir la bête dans sa maison de Cannes, la palpe, la jauge, la soupèse et, avec un sourire de chevillard, lui propose de travailler avec lui : « Vous dépensez beaucoup d'énergie pour votre affaire, mais vous n'irez jamais très loin de cette manière. Maintenant, il vous faut franchir un palier en vous connectant avec l'industrie et le commerce, au plus haut niveau. »

Même si BT récuse le mot, Marcel Loichot, anticonformiste débridé, sera comme un deuxième père pour lui. Le pape du pancapitalisme le prend sous sa coupe, le déniaise et lui enseigne le conseil en entreprise.

« Avec Mitterrand, dit Tapie, c'est le mec qui m'aura le plus épaté dans toute ma vie. Mitterrand avait la faculté d'imaginer tout le profit qu'il pourrait tirer d'une situation improbable et, ensuite, s'il avait osé agir, de l'assumer jusqu'au bout. Pareil pour Marcel Loichot. Il n'avait peur de rien. Quand tu t'es construit et que ta vie est derrière toi, tu te fiches complètement du regard des autres. »

Ingénieur-conseil free-lance, Tapie est censé trouver des solutions à des situations compliquées. C'est l'Inspecteur Gadget et Géo Trouvetou, les deux en un. « Je faisais marrer Loichot, dit Tapie, parce que j'avais toujours des idées iconoclastes. Par exemple, on avait un client, la Sodam, qui, quand il était en surstock, avait du mal à solder à 30 ou 35 % ses produits neufs, machines à laver, réfrigérateurs, gazinières, etc.

Pourquoi est-ce que ça ne marchait pas ? Parce que les Français sont des petits malins avec un mauvais esprit qui les incline à voir le mal partout : pour eux, si on faisait de tels rabais, ça cachait forcément quelque chose. J'ai essayé un truc : dans les entrepôts de Saint-Denis où la société réunissait ses principaux concessionnaires, on a mis 5 % de plus sur des réfrigérateurs ou des machines

Une force qui va

à laver dont on avait esquinté les portes ou sur lesquels on avait fait des rayures. Tout est parti dans la journée !

Avec ma petite équipe, à l'ombre de Loichot, je suis guérisseur d'entreprises : on vient me voir pour que je trouve des solutions. Je vais ainsi me mettre au service de Maurice Mességué, l'herboriste de Fleurance, dans le Gers, pape des plantes médicinales et précurseur de la phytothérapie. Ses produits peinant à trouver des débouchés, je lui monte un réseau de vente. On a ainsi été les premiers, avant Avon, à monter un circuit de femmes qui étaient en même temps distributrices, consommatrices et conseillères. C'était une sorte d'adaptation du système Tupperware. On allait partout en France, on passait une annonce, on recrutait nos vendeuses le matin, on les mettait en formation l'après-midi et en route !

Une fois, un mec m'appelle au secours. Il s'est fait embarquer par son fils dans de la vente par correspondance de coucous, de baromètres, de pendules murales, tout ça en bois sculpté, qui croupissent dans des hangars en Bretagne. Evidemment, ça ne marche pas. Il est au fond du trou et ne sait pas quoi faire pour s'en sortir. Je lui conseille de liquider tous ses gadgets à la con et de se reconvertir dans la vente d'objets que l'on trouve dans les sex-shops, comme des poupées gonflables. Ça l'a sauvé.

Un jour, longtemps après, un autre mec vient me voir. Il est dans une merde noire. Il a trois beaux hôtels qui perdent de l'argent, à Beaulieu, Saint-Raphaël et Megève. Après avoir étudié son cas, je lui propose de les vendre en multipropriétés hôtelières. Le principe : vous achetez votre chambre pour les dix premiers jours d'août uniquement et, pendant cette période, c'est chez vous, vous

Bernard Tapie – Leçons de vie, de mort et d'amour

n'avez rien à payer, sauf les charges hôtelières. Si vous ne pouvez pas venir à ce moment-là pour une raison ou une autre, vous percevrez un loyer. J'organisais dans les hôtels une fête avec orchestre, cocktail gratuit et tout, puis, à un moment donné, je prenais le micro pour expliquer mon affaire. On a vendu toutes les chambres ! »

Ne serait-il pas frappé du syndrome Lechat ? Dans *Les affaires sont les affaires*, la pièce désopilante d'Octave Mirbeau, Lucien, jeune et beau trentenaire, décrit ainsi son auguste patron qui prétend, entre autres, révolutionner l'agriculture, au grand dam de l'épouse du grand homme, inquiète de ses folies : « M. Lechat est très hardi... très novateur... très obstiné... Le cas de M. Lechat est [...] assez fréquent chez les gros remueurs d'affaires... Une extrême confiance en soi-même... l'habitude de la domination et du succès... le besoin de créer toujours quelque chose de nouveau... la joie grisante de l'obstacle à franchir... »

Ensuite, Lucien ajoute timidement : « Un peu trop d'orgueil aussi... un besoin d'idéal... peut-être. »

Et par-dessus tout, en ce qui concerne Tapie, une incroyable fringale de soleil, de changement, de déménagement.

14

Passeport pour le soleil

La première partie des concerts de Christophe
ou d'Hervé Vilard. « Moi, chanteur ? Les connards ! »

Quand on veut réussir sa vie, la première règle est de faire bien ce que l'on sait faire et de s'y tenir. Or, « l'homme est quelque chose qui doit être dépassé », nous a dit Nietzsche, à juste titre. Et c'est souvent ce qui fait son malheur.

Tapie a passé une grande partie de sa vie à essayer de se dépasser ou à prendre des chemins de traverse. Ce qui, quand il est entré en politique, a provoqué sa chute. Mais avant la politique, il a fait un détour dans la course automobile, ça s'est terminé dans le décor, ou dans la chanson, ce qui s'est traduit par une simple blessure d'amour-propre, et encore, ce n'est pas sûr.

Ogre, casse-cou ou feu follet ? Tapie est les trois à la fois. Ce matin-là, assis en face de lui et l'observant en train de faire des mamours à l'un de ses chiens qui a des gaz et que je surnomme « le péteur », j'ai une révélation : alors qu'il est largement septuagénaire et que j'entre à peine dans cette catégorie d'âge, BT pourrait

Bernard Tapie – Leçons de vie, de mort et d'amour

être mon fils, ce qui explique pourquoi, derrière mon dos, il m'appelle souvent « le vieux ».

Parfois, comme ce jour-là, il est un enfant pourléché d'amour maternel, bouillonnant de vie, sans cesse entre grands élans et rugissements, capable de jouer plusieurs personnages en même temps. Je lui donne alors dix-sept ans, pas plus. C'est un mélange décoiffant de Depardieu (l'exubérance), Sarkozy (la puissance), Gabin (la trogne), Bashung (la tendresse), Audiard (la gouaille). Avec un zeste de Coluche.

Le genre de personnage qui, même s'il n'est pas iden-tifié, peut provoquer des émeutes quand il se met à la terrasse des cafés. Mais oui, voyons, on l'a vu quelque part. A la télé ? Dans un film ? On ne sait pas s'il revient d'un casting, d'un tour de chant en Italie, d'un rendez-vous avec le président américain, d'un colloque à Hong Kong sur l'avenir de l'humanité, mais bon, c'était for-cément quelque chose de très important, car, avec lui, tout est toujours très important.

Une étoile veille sur lui mais, comme dirait Jean Cau[1], elle est en carton. En ce bas monde, toutes les étoiles qui nous protègent sont en carton. Je ne le jurerais pas, mais mon instinct me dit qu'il le sait. Sinon, il n'aurait pas tenté de faire chanteur. « Je n'y ai jamais pensé », jure-t-il, ce qu'on a peine à croire. Si ses titres avaient eu du succès, pourquoi n'aurait-il pas continué ?

C'est la grande époque de *Salut les copains*, l'émission d'Europe n° 1, de Daniel Filipacchi et Frank Ténot, qui a révolutionné la chanson et les mœurs. Porte-parole de la jeunesse, elle lance à peu près un titre de chanson

_____

1. *Croquis de mémoire.*

99

Passeport pour le soleil

par semaine en le matraquant sur les ondes : à peine au firmament, leurs interprètes comme Ria Bartok, Monty, Romuald ou Ronnie Bird ont déjà disparu, emportés par le tourbillon de la vie. Si ce rendez-vous des ados de dix-sept à dix-neuf heures a un tel impact, c'est qu'il incarne une révolte, des aspirations. « On a l'âge de raison, chante Michel Paje dès 1963, mais on n'a jamais raison. »

Pourquoi pas moi ? se demande Tapie. « Avant le service militaire, raconte-t-il, je faisais un petit boulot d'été comme chanteur d'orchestre à La Pastourelle, le casino de Saint-Jean-de-Monts, en Vendée. On avait un groupe qui s'appelait Les Sharks. On faisait du rhythm and blues à tout va en reprenant les succès du moment. On faisait la blague au point qu'un jour où Jacques Brel était venu chanter, son agent et homme à tout faire, Georges Rovère, m'avait dit : "Vous avez une voix et de l'énergie, vous devriez essayer de faire ce métier. — Je n'ai pas très envie, j'ai dit. — Pourquoi ? a-t-il demandé. — Parce que ce n'est pas un métier", j'ai répondu. Il m'a quand même conseillé de tenter ma chance dans un radio-crochet sur Europe n° 1, les Numéro 1 de Demain. Je m'y suis présenté quelque temps plus tard, après l'armée, et j'ai gagné. A la suite de quoi, en 1966, je suis allé voir Helyett de Rieux, la patronne de la maison de disques RCA, en me recommandant de Rovère. »

Helyett de Rieux le dira à tous les biographes de Tapie : elle est bluffée par la phénoménale assurance de l'apprenti chanteur. Au point qu'elle lui offre un beau cadeau en lui proposant une adaptation de « Ballad of the Green Berets », une chanson d'un ancien sergent des forces spéciales de l'US Army au Vietnam, Barry

Bernard Tapie – Leçons de vie, de mort et d'amour

Sadler. C'est un énorme tube aux Etats-Unis, numéro un pendant cinq semaines. Un hymne à la gloire des soldats américains au Vietnam, qui commence au son des tambours, sur un rythme de marche militaire.

Le fils de coco a un haut-le-cœur. Pas une chanson célébrant la guerre du Vietnam ! Qu'à cela ne tienne, c'est Louis Amade, le préfet poète, auteur de plusieurs grands succès de Gilbert Bécaud (« Les marchés de Provence, » « L'important, c'est la rose »), qui écrira les paroles pour en faire une chanson à la gloire du soleil, de la nature.

> *Maintenant, il est trop tard*
> *C'est parti pour le hasard*
> *Un chemin tout étoilé*
> *Vient d'ouvrir l'immensité.*

En fait d'immensité, c'est un lopin, un petit succès, que lui offre « Passeport pour le soleil » qui sort en juin 1966, avec trois autres titres moins martiaux de Barry Sadler que « Tapy » a lui-même adaptés : « Sauve qui peut », « L'enfant de ma vie » et « Je les aime toutes ». Dans cette nouvelle activité, il a cédé à la mode yéyé qui veut que l'on américanise son nom et il s'appelle désormais Tapy avec un *y* que l'on prononce à l'anglo-saxonne. Cette année-là, après ce coup d'essai, il a enchaîné les enregistrements et fait quelques télés mais ça n'a pas décollé, comme il le reconnaît lui-même : « Des gens ont dit : "Il était chanteur." Les connards ! Je ne l'ai jamais été. C'était une passion et une distraction, j'ai enregistré un ou deux trucs bien et puis d'autres qui étaient des merdes, ça ne marchait pas, ça ne valait même

Passeport pour le soleil

rien, mais franchement, je me suis bien amusé, en faisant par exemple les premières parties de chanteurs comme Christophe ou Hervé Vilard. »

Une carrière de chanteur, c'est souvent un chemin tortueux qui exige une longue patience. Celle de Tapie sera très courte. « J'ai arrêté sans regret : ça me cassait les couilles. »

Il y reviendra plus tard. En 1985, il remet le couvert avec un 45-tours qui sort sous le label d'Eddie Barclay. Roi de la nuit et homme-orchestre de la chanson française, celui-ci écrit sur la pochette : « J'ai enfin décidé Bernard, mon ami de longue date, à enregistrer un disque. Ce sont probablement ses responsabilités professionnelles qui le faisaient hésiter. Dieu merci, la France bouge, les mentalités changent. Il aura fallu néanmoins pour convaincre totalement Bernard, ajoute-t-il, que ses bénéfices dans l'opération soient versés au profit de l'opération Perce-Neige animée par notre ami commun Lino Ventura. »

Les deux titres du 45-tours ont été écrits en collaboration avec Didier Barbelivien, professionnel du tube, mais les paroles de « Réussir sa vie » sont, à l'évidence, d'inspiration Tapie :

Réussir sa vie
C'est d'abord choisir
C'est d'avoir envie
De tout devenir

15

L'apparition de Dominique

Un premier mariage qui prend l'eau. Succès fou.
Chignon et jupes longues. « Le coup du piano »

« Je veux bien être embêté par les femmes, plaisantait le journaliste et dramaturge Alfred Capus, mais pas tout le temps par la même. » Ce n'est pas ce que dirait Tapie. Même s'il n'est pas de bois, je l'ai toujours entendu plaider pour la fidélité, les valeurs familiales, il est vrai que ça ne mange pas de pain.

A mon âge, j'ai le droit de me citer : après avoir décrété naguère, dans mon roman *Un très grand amour*, que l'homme est le seul animal qui a sa queue devant et qui court après, je suis en mesure de vous confirmer que, dans les années 1960, Tapie, avec sa fougueuse vitalité, fait partie de cette espèce qui fut longtemps la mienne.

Tous ceux qui l'ont connu à cette époque diront qu'il était l'archétype du dragueur yéyé chanté par Christophe dans « Succès fou » :

L'apparition de Dominique

Avec les filles, j'ai un succès fou, ouh
Le charme, ça fait vraiment tout, ouh
Un p'tit clin d'œil pour un rendez-vous, ouh

Michèle et lui ont maintenant deux enfants : après Nathalie, Stéphane est arrivé. Mais c'est à peu près tout ce qu'ils ont en commun, désormais : leur mariage prend l'eau. Femme de Tapie n'a jamais été un métier facile mais à l'époque, c'est comme si on avait épousé un courant d'air. On le trouve à peu près partout, sauf chez lui.

« Je vivais avec Michèle, dit-il, comme il ne faut pas vivre avec une femme. Dans la semaine, je dormais à un endroit, elle à un autre et on ne se voyait que le week-end : cela n'a aucun sens. » D'autant qu'il ne cesse de courir le guilledou...

Même si elle est restée plus ou moins dans le clan Tapie jusqu'à sa mort, au terme d'une leucémie, Michèle a mal vécu le délitement puis la séparation, tout comme les enfants, Stéphane notamment, auquel son père a dit, le jour de l'enterrement de sa propre mère, Raymonde : « J'ai enfin compris ce que tu as ressenti quand tu as perdu ta mère. »

Dévore-t-il la vie ou bien la vie le dévore-t-elle ? Tapie appuie à fond sur le champignon de ses voitures de luxe, notamment la dernière Lamborghini Miura, un « avion », plus de 300 chevaux, que se sont offerte aussi les chanteurs Christophe, Dutronc et Sinatra.

Je n'ai jamais éprouvé la moindre passion pour les voitures de luxe mais leur culte est un marqueur des années 1970. Toutes les stars de l'époque, à commencer par Johnny Hallyday, en font une consommation

Bernard Tapie – Leçons de vie, de mort et d'amour

frénétique et Tapie est une star, en tout cas dans son quartier. En plus, il adore la vitesse.

Ingénieur-conseil et multicartes, cavalant à pleins gaz d'une affaire à l'autre, BT vient au demeurant de démarrer, après son tour de piste dans la chanson, une nouvelle carrière : coureur automobile de Formule 3, sur des Lotus ou des Ferrari. On se frotte les yeux : encore une « faute de goût » sur son curriculum. Plusieurs journalistes ont même refusé de croire à cette histoire qu'ils ont mise sur le compte de sa mythomanie.

Vérification faite, BT a pourtant bien couru quelques grands prix de F3 jusqu'à un violent accident, à Troyes, qui l'a conduit à raccrocher. Il n'a pas été Gilbert Bécaud, il ne sera pas non plus Jean-Pierre Beltoise, le champion du moment, avant Alain Prost.

A défaut, sera-t-il Edouard Leclerc, le fondateur des supermarchés du même nom ? En tout cas, il passe à la vitesse supérieure en lançant, avec le soutien de Marcel Loichot, le Grand Dépôt, un entrepôt qui vend de la hi-fi et de l'électroménager à une clientèle titulaire d'une carte. Pour résumer, un grand centre de discount.

Un jour, Tapie apprend le licenciement d'une jeune fille qui travaille au service « Approvisionnement, Administration générale » d'une de ses sociétés : elle refusait les avances de son supérieur. Du #MeToo avant l'heure. Il l'avait remarquée, même si, engoncée dans ses chignons et ses jupes longues, elle faisait tout pour qu'on ne la calcule pas. Il demande à regarder son dossier. Bien qu'elle ne semble pas passionnée outre mesure par son travail, tout est parfait : la ponctualité, l'orthographe, etc.

Il convoque le petit chef indélicat pour une explication de gravure, lui dit qu'il n'y aura pas de seconde

L'apparition de Dominique

fois et lui annonce qu'il transfère la jeune femme dans son service, sous son autorité. Elle s'appelle Dominique Mialet-Damianos et c'est sa future épouse. Tapie m'a assuré qu'il ne s'était rien passé avec eux pendant plusieurs mois, qu'il ne l'aurait même jamais draguée.

Il a néanmoins un petit béguin mais on ne peut pas dire que ce soit réciproque. Venant d'une famille modeste et rangée du 17e arrondissement, Dominique n'est pas du tout séduite par ce rodomont qui vient au travail en Ferrari jaune et qui, quand il entre dans la cour de l'entreprise, fait ronfler son moteur comme s'il était sur un circuit de Formule 1. Un jour, il décide de la ferrer : « Je peux vous raccompagner. J'ai une Ferrari. Etes-vous déjà montée dans une Ferrari ? »

Alors, Dominique : « Désolée. Mon fiancé vient me chercher. Il a une Austin. Je préfère. C'est moins vulgaire. »

Et puis arrive ce voyage à Genève où BT doit animer une soirée pour un client américain, une société d'investissement, qui organise un séminaire. Il embarque son assistante avec lui : dans son équipe, elle est la seule bilingue.

Quand il voit arriver Dominique qu'il attend avant d'aller à la soirée, à l'entresol de l'Intercontinental de Genève, c'est le coup de foudre, c'est-à-dire les pupilles dilatées et le temps qui s'arrête pendant que le cœur bat du tambour. « Elle n'avait plus de chignon, se souvient-il, et ses cheveux étaient défaits. Une métamorphose totale. C'était une bombe atomique. »

Une apparition. Quand BT en parle, cinquante ans plus tard, il a – je le jurerais – le regard que devait avoir Thérèse de Lisieux quand elle racontait les visites de la Vierge et qu'elle griffonnait sur son lit de mort, à vingt-quatre ans : « O Marie, si j'étais la Reine du Ciel et que vous soyez Thérèse, je voudrais être Thérèse afin que vous soyez la Reine du Ciel ! »

Ne croyez pas que je me moque, je ne fais là qu'un rappel de journaliste consciencieux à la foi de Tapie, à sa religiosité, même si j'entends d'ici BT m'agonir d'injures.

« Après la soirée, dit-il, j'ai invité Dominique dans ma suite et je lui ai fait le coup du piano. On a bu un verre, puis deux, et je lui ai joué plein d'airs que je connaissais, au grand dam du concierge de l'hôtel qui m'a rappelé à l'ordre : "Monsieur, il est plus d'une heure du matin, vos voisins se plaignent. Ne pourriez-vous pas jouer un peu moins fort ?" Il ne s'est rien passé entre nous ce soir-là. Après, on ne s'est plus quittés, on est devenus fusionnels et ça fait près d'un demi-siècle que ça dure. »

Contrairement à ma génération et à la précédente, je n'ai pas une grande passion pour ce raseur de Gide. Mais j'ai été marqué, moi aussi, par la lecture des *Nourritures terrestres*, superbe hymne panthéiste à la gloire du désir, de l'éveil des sens. Même s'il ne l'a jamais lu, Tapie ressemble à ce Nathanaël à qui ce livre est destiné et on dirait qu'il en a retenu toutes les leçons.

Tapie est celui qui ne veut s'arrêter nulle part. Il ne semble pas attaché à grand-chose sur cette terre, hormis lui-même, et « promène une éternelle ferveur à travers les constantes mobilités ». Chaque nouveauté le trouve toujours tout entier disponible. Cela va continuer encore longtemps comme ça. Sauf en matière sentimentale. Parce que c'était elle, parce que c'était lui.

Le voici, soudain, converti à la fidélité : « Je n'ai aucun mérite. Quand tu as trouvé ce que tu cherches et qui

L'apparition de Dominique

te remplit le cœur, le cerveau, le reste, pourquoi aller voir ailleurs ? » Sur ce plan, désormais, Tapie n'est plus Tapie : il vivra *tout le temps* avec Dominique qu'il épousera et avec laquelle il aura deux enfants, Laurent et Sophie. Surtout, elle exercera une réelle influence sur lui qui, pourtant, semble laisser rarement de prise. D'une discrétion totale mais souriante, elle est sans doute la seule personne qu'il écoute vraiment : l'Alter Ego.

Quand Tapie avait acheté le quotidien *La Provence*, en 2013, je l'avais taquiné :

« Acheter le quotidien régional, crois-tu que ce soit le meilleur moyen pour toi de devenir maire de Marseille ? On n'est plus au temps de Defferre.

— Mais je t'assure que je n'ai pas l'intention de me présenter. Jamais de la vie !

— Allons, tu ne penses qu'à ça. C'est dans ta logique de comte de Monte-Cristo.

— Tu te plantes ! Je ne serai pas candidat parce que ma femme m'a dit qu'elle me quitterait si je me présentais. »

C'était dit comme on ferme une porte.

16

Dallas, ton univers impitoyable

Les Trente Glorieuses. Une Rolls au casino.
Quand Tapie se fait rouler

Jusqu'à présent, il s'était beaucoup cherché et peu trouvé. Le voici enfin sur des rails et parti pour aller loin. Formé par Marcel Loichot, mentor ficelle, BT se lance désormais dans la conquête frénétique d'entreprises en tout genre. Il en rachète certaines à la casse, dans le caniveau ; il en crée aussi de nouvelles.

Rien ne le rassasie. Il est vrai que c'est l'époque du « Par ici, la bonne soupe ! ». Nous sommes dans ce qu'on appelle les Trente Glorieuses, expression inventée par l'économiste Jean Fourastié, éditorialiste au *Figaro* et auteur prolifique : ce chrononyme définit la période, de 1946 à 1975, pendant laquelle la France a enregistré une croissance de 5,1 % par an – avec un pic à 7,9 %, excusez du peu !

Lancée en 1978, alors que les Trente Glorieuses avaient succombé à deux chocs pétroliers, la série télévisée *Dallas* incarne bien cet état d'esprit que résume la chanson du générique :

Dallas, ton univers impitoyable

Dallas
Ton univers impitoyable
Dallas
Glorifie la loi du plus fort
Dallas
Et sous ton soleil implacable
Dallas
Tu ne redoutes que la mort

Quand je suis venu au journalisme par dépit, mes complexes m'empêchant d'embrasser le métier de romancier, j'avais une admiration sans borne pour les écrivains-journalistes qu'étaient Norman Mailer, Tom Wolfe, Hunter Thompson, Antoine Blondin, François Caviglioli, etc. Or, je ne vois aucun d'entre eux, sauf Wolfe ou Caviglioli, qui savaient tout faire, raconter la résistible ascension de BT.

« La vie d'un patron, il n'y a rien de plus emmerdant, dirait Norman Mailer. Surtout s'il réussit. » Fastidieux sont souvent les récits de success-stories et il y en a quelques-unes, comme Look ou La Vie Claire, dans le parcours de BT. Ce genre d'exercice consiste souvent à faire passer les marlous pour des enfants de chœur ou des bienfaiteurs de l'humanité, même s'il y a aussi des princes et des seigneurs dans les affaires qui – j'ai pu le vérifier – ne sont pas seulement peuplées de tocards, grigous, rapiats aux couilles huilées, dont la cupidité mène les pas.

BT fait-il partie de la dernière engeance ? Un jour, au volant de sa nouvelle Rolls-Royce Silver Shadow, une 200 chevaux, il se rend à Luc-sur-Mer, une charmante petite station balnéaire au bord de la Manche, non loin de Caen, pour obtenir la concession du casino en difficulté. Il séduira tout le monde, le personnel, le conseil municipal, mais la Brigade mondaine lui refusera finalement l'agrément.

C'est pendant les années 1970 que Tapie a commencé à acheter à tout-va des entreprises qui, comme ce casino, battaient de l'aile ou étaient condamnées, à l'article de la mort. Quarante, cinquante, plus encore, Dieu sait. Il est devenu une sorte de ferrailleur ou de chiffonnier des affaires. Il retape, il recycle, il requinque aussi. Plus rapide que le passe-muraille de Marcel Aymé, il est à peine dans les lieux qu'il en est déjà sorti.

Tapie a beau se targuer d'avoir sauvé des entreprises promises à une mort certaine, on répétera que le métier de repreneur sent l'abattage, l'échaudoir, la boyauderie. Et que je te déshabille la viande, que je te la découpe, que je te la pare avant de la revendre ! C'est par cette étape que sont passées toutes les grandes fortunes ou presque. Si on l'a oublié, c'est qu'à un moment donné, contrairement à BT, elles se sont passionnées pour une ou plusieurs de ces entreprises et, après les avoir remontées, les ont développées.

En se limitant à cet aspect, on passe à côté d'une dimension essentielle : la griserie du redresseur qui, en quelques mois, a sauvé une affaire morte sur le papier. Il ressent certes une forme de gloriole mais aussi, quand il n'est pas totalement cynique, un sentiment d'utilité sociale. Il n'est pas superflu de rappeler que tous les salariés des entreprises en faillite acquises par Tapie auraient perdu leur travail s'il ne les avait reprises à la barre des tribunaux de commerce avant que leur liquidation soit prononcée.

Tapie se félicite d'avoir redonné confiance en elles-mêmes à des entreprises qui étaient « foutues ». Pour ce faire, il a toujours utilisé la même stratégie : « D'abord, tu t'entoures des meilleurs. Tu ne gagneras jamais sans eux. Ensuite, tu prends avec eux le temps de la réflexion et, quand on a décidé ce qu'on doit faire, on ne lâche plus rien. Toi, tu n'es là que pour donner l'impulsion. C'est ainsi que Look, entreprise de fixation de ski, est devenue l'une des grandes marques mondiales de l'accessoire de vélo. Aujourd'hui, la plupart des champions roulent sur Look ! »

Comment BT trouve-t-il les entreprises à reprendre ? Là encore, il met en avant la chance : ce sont elles qui viennent à lui. Elles seraient tombées toutes crues dans son bec grand ouvert. Et quand elles sont bonnes, il les avale en moins de temps qu'il ne faut pour le dire. Mais ça ne se passe pas toujours ainsi. Pour dénicher les bonnes affaires, il a aussi besoin de rabatteurs, parmi lesquels figurera bientôt un sémillant avocat, Jean-Louis Borloo, qui rôde dans les tribunaux de commerce.

Il y a longtemps, quand il était ministre, alors que je lui demandais quel avait été son meilleur critère pour reprendre une entreprise à la ramasse, Tapie me répondit, ce qu'il refusa de réitérer plus tard : « La bonne affaire ? Quand le patron est complètement con ou qu'il a un actionnariat composé d'héritiers débiles ou divisés. Alors là, tu peux foncer. En revanche, si l'équipe en

Bernard Tapie – Leçons de vie, de mort et d'amour

place est excellente, vaut mieux rétropédaler tout de suite, il n'y a rien plus à faire. »

A croire les meilleures biographies[1] qui lui sont consacrées, presque toutes à charge, son activité s'apparente à celle d'un virtuose de la carambouille, opérant dans des culs-de-basse-fosse. Certes, il reste dans la légalité en faisant jouer à plein la loi du 13 juillet 1967 sur le règlement judiciaire et la liquidation de biens, qui permet de s'asseoir sur les créances des fournisseurs et des prestataires de services. Mais il ne fait pas de sentiment, il n'a pas le temps.

Il n'est nul besoin d'avoir lu Benjamin Constant pour le comprendre : « C'est un grand avantage dans les affaires de la vie que de savoir prendre l'offensive : l'homme attaqué transige toujours. » Face aux banques qui ont hâte de tout vendre à la casse, Tapie agit vite, passe rapidement du dépôt de bilan au règlement judiciaire, rachète une partie de la dette et rééchelonne l'autre. A peine le temps de comprendre ce qui s'est passé qu'il est déjà installé dans le bureau du président, les pieds sur la table.

Ce Tapie-là est un professionnel de l'efficacité, rapide comme un coup d'épée, pourfendeur des bourgeois décadents. En regardant la pile branlante des dossiers qui me toisent, je suis déjà fatigué d'avance à l'idée de faire le récit de ces reprises de sociétés et je crains de vous fatiguer aussi. Je vais donc casser la chronologie et raconter les plus significatives.

---

1. Par ordre alphabétique d'auteurs, *L'Aventure Tapie* par Christophe Bouchet, Le Seuil, 1992 ; *Notre ami Bernard Tapie*, par Ian Hamel, L'Archipel, 2015 ; *Tapie : les secrets de sa réussite* par Isabelle Musnik, Plon, 1986 ; *Le Phénix* par Airy Routier, Grasset, 2008 ; *Le Mythe Tapie* par Jeanne Villeneuve, La Découverte, 1988.

Dallas, ton univers impitoyable

Quand le chat n'est pas là, dit la sagesse populaire, les souris dansent sous la table. Ses absences ont coûté cher à Tapie. Après le fiasco du Grand Dépôt qui s'est traduit par la liquidation judiciaire de l'entreprise, une enquête pour abus de biens sociaux et une fâcherie avec Marcel Loichot, BT sait qu'il doit faire ses preuves. Il s'implique, il s'applique comme il peut.

« Le premier coup qui m'a appris ce qu'était le monde des affaires, dit-il, c'est l'histoire des Comptoirs français. Une prestigieuse chaîne d'épiceries en règlement judiciaire, fondée jadis par le Rémois Edouard Mignot, dont on me propose d'organiser la vente. Les Comptoirs français appartiennent à une dame très distinguée menant grand train, avenue Foch. L'affaire périclite à cause du développement de la grande distribution. Au point qu'après un audit, il m'apparaît qu'elle est fichue et qu'il faut la vendre d'urgence, à la casse, pour payer les dettes. Je me fais fort d'en tirer quelque chose en échange d'une commission de 5 % du montant de la vente. Trois groupes tournent autour. Je choisis celui d'André Mentzelopoulos, propriétaire de la chaîne de magasins Félix Potin. Un type génialissime, charismatique, portant beau, doublé d'un gros filou. Il me demande si j'ai d'autres contacts. Je lui réponds que je ne crois pas que ses deux concurrents soient sérieux mais que j'ai une touche en Suisse, "un gros client". Je dis que j'ai une lettre de lui. C'est du flan et il mord. Pour cette entreprise, j'ai obtenu un prix miraculeux qui équivaudrait à 15 millions d'aujourd'hui. Eh bien, pour me faire payer ma commission de 5 % par la propriétaire qui aurait dû se sentir redevable, ce fut la croix et la bannière. Après

Bernard Tapie – Leçons de vie, de mort et d'amour

des chèques et des virements bidon, j'ai fini par obtenir quelques rogatons.

— La morale de tout cela ?

— C'est qu'il faut toujours prendre ses précautions et tout bordurer pour ne pas laisser aux gens la tentation de mal se comporter. Au Bourget, l'honnêteté m'avait toujours semblé naturelle : le prolo qui manquait d'argent pour payer son pot de miel le prenait quand même, la maison faisant crédit, et revenait le lendemain pour s'acquitter de sa dette. Mais plus tu montes dans la société, ai-je découvert, plus tu as affaire à des faisans, des crapules, des aigrefins. Ils ont perdu le sens de la mesure, ils sont toujours mécontents de leur sort, ils essaient de te faire les poches. »

Tapie est plus que jamais ce qu'il restera toute sa vie, jusqu'à son dernier souffle : une caricature d'homme occupé. Toujours en excès de vitesse dans ses voitures de luxe, se rongeant les ongles, dormant quatre heures par nuit, parlant haut et fort, il va et vient, étranger à son propre destin, comme une poussière qui tourne en rond dans son tourbillon.

Dans *La Brièveté de la vie*, Sénèque écrit que les « hommes occupés » perdent leur vie qui est « extrêmement courte » : « Examine l'emploi que ces gens-là font de leurs jours, et compte ce qu'en absorbent de vils calculs, des artifices, des appréhensions, des soins à rendre, à recevoir, des cautions à donner ou à prendre, des festins, devenus aujourd'hui d'importants devoirs, tu verras comme ni dans leurs maux, ni dans leurs biens, ils n'ont le temps de respirer. »

Dallas, ton univers impitoyable

Ce Tapie-là ne sait pas cela et il fait pitié. Qu'est-il d'autre qu'un demi-sel des affaires ? Un ludion de passage ? Un éphémère, toujours à faire le marle pour trois francs six sous ? Sa femme n'en peut plus qu'il dorme chez lui « quarante nuits par an », passant, dans la même journée, du commerce des poupées gonflables aux soldes de machines à laver. Même s'il ne circule qu'en Rolls, Ferrari, Mercedes ou Lamborghini, ce n'est pas une vie.

« Ce serait bien, lui dit un jour Dominique, que tu trouves un métier comme tout le monde où tu rentrerais le soir.

— Je risquerais de m'emmerder.

— Au lieu de faire gagner de l'argent aux autres, il est temps que tu te mettes à ton compte. Que tu deviennes ton propre patron. »

A l'époque, BT a un nouveau « Loichot », Claude Colombani, qui lui tient exactement le même discours. Directeur juridique et financier de la Fiduciaire de France, une grosse société spécialisée dans les transactions d'entreprises, c'est un ancien militant d'extrême gauche, très malin, Mozart du montage acrobatique. « Un homme génial qui m'a beaucoup apporté », dit Tapie.

Il lui a notamment apporté la première pierre de son futur groupe.

17

« A nous deux, la France ! »

Le roitelet du papier et du brochage. « Wonder ne s'use que si l'on s'en sert. » « C'est ça ou tu meurs ! »

C'est une histoire en forme de conte de fées que Tapie m'a racontée cinq ou six fois. Toujours la même version avec les mêmes expressions, les mêmes répliques. Je la connais par cœur et peux la réciter sans consulter mes notes.

Mais j'ai beau me concentrer, je ne suis pas assez intelligent pour la comprendre. Au diable les complexes ! Le journalisme ne consiste-t-il pas à expliquer aux autres ce qu'on ne comprend pas soi-même ? C'est en tout cas la définition de lord Northcliffe, un magnat de la presse britannique du début du XXe siècle.

Il s'agit là de la genèse de la saga Tapie. L'acte fondateur. Jusque-là, c'était un petit artisan, bricoleur d'entresol, entremetteur d'escalier, Cid Campeador de café du coin. Avec cette affaire, il est passé, soudain, au stade industriel. A partir de là, tout s'est enchaîné. Il y a plusieurs versions de cet épisode mais ne chipotons pas, écoutons la sienne :

« A nous deux, la France ! »

« Quand j'étais ingénieur-conseil pour Marcel Loichot, j'avais donné un coup de main au patron des Papeteries Duverger et d'autres sociétés comme Brochage Express. Un été, il meurt d'une crise cardiaque et sa veuve, Mme Kantor, me demande aussitôt de vendre ses entreprises. Je rame pendant des semaines. "Pourquoi ne les reprenez-vous pas ?" me demande-t-elle un jour. Je lui réponds que je n'ai pas un rond. "Qu'à cela ne tienne, dit-elle, vous paierez quand vous aurez l'argent." Et voilà comment j'ai commencé. »

Par un prodigieux tour de passe-passe, faut-il préciser. Il est signé Claude Colombani. Mme Kantor a fixé le prix des sociétés à 9 millions de francs. Après avoir paraphé l'acte de vente, Tapie lui cède aussitôt l'immeuble parisien qui appartient aux Papeteries Duverger et en récupère 5. Reste à trouver 4. Il achète pour un franc Diguet-Denis, une société de reliure et de brochage en faillite, qu'il vend 2,5 millions de francs à la Société de banque de crédit (SBC). Le montant du chèque est remis aussitôt aux héritières Kantor. Il ne manque plus que 1,5 million mais elles ont confiance et font crédit.

Quelques heures plus tard, Tapie rachète Diguet-Denis qu'il venait de céder à la SBC pour la somme de 2,8 millions de francs (soit une plus-value de 300 000 francs pour la banque) au nom des Papeteries Duverger dont il est l'heureux propriétaire. Et voilà le travail, du travail de prestidigitateur de la finance, en toute légalité…

Le voici désormais roitelet du papier et du brochage. Pendant qu'on y est, pourquoi ne deviendrait-il pas l'empereur des piles en mettant la main sur Wonder ? Fleuron français, fondé en 1914 par Estelle Courtecuisse, une antiquaire parisienne, l'entreprise a fourni les armées

Bernard Tapie – Leçons de vie, de mort et d'amour

britannique et française pendant la Première Guerre mondiale avant de connaître un essor foudroyant dans le grand public avec l'arrivée du transistor. Fameuse pour l'un des slogans publicitaires les plus célèbres du XXᵉ siècle (« La pile Wonder ne s'use que si l'on s'en sert »), elle est alors en pleine déconfiture.

« Quand j'examine le dossier Wonder qu'on m'a présenté, dit Tapie, je comprends tout de suite qu'avec sa technologie, l'entreprise n'a aucune chance de s'en sortir. Elle fabrique des piles salines alors que les piles alcalines durent trois fois plus longtemps. Il faut donc tout revoir. C'est une grosse boutique, avec beaucoup de salariés, donc dure à bouger. »

Le 6 novembre 1984, le tribunal de commerce lui donne Wonder. La situation y est pire encore que tout ce qu'il avait imaginé.

« J'ai alors l'idée d'acheter Saft Mazda que la Compagnie générale d'électricité était en train de vendre à Philips. C'est une entreprise plus petite que Wonder mais qui a la bonne technologie. A moi d'associer ensuite les deux boîtes. Pour acquérir Mazda qui est une belle affaire, je n'ai pas assez de surface financière. Il me faut un partenaire solide. Ce sera Francis Bouygues.

On déjeune ensemble chez son fils Martin, avec Patrick Le Lay, le patron des diversifications de son groupe. Tout de suite, j'adore ce mec. Entier, insupportable mais prodigieux. Il me dit en se marrant : "Ça vaut le coup d'essayer avec vous, on va voir si vous êtes à la hauteur de votre réputation de voyou." Traduire : je sais ce qu'on dit de vous mais je m'en branle. "Je veux être majoritaire", ajoute-t-il. J'ai un coup de sang. Hors de question, même pas en rêve ! "C'est moi qui

« A nous deux, la France ! »

vous apporte l'affaire, dis-je, ce n'est pas la peine d'y penser." A la fin du repas, Francis Bouygues me propose cinquante-cinquante. "Avec un type beaucoup plus riche que moi, c'est risqué, je lui réponds. Bon, je marche !" »

Chez Wonder, BT donne de sa personne. Après la reprise de l'entreprise, il arrive en hélicoptère dans la cour de l'usine de Saint-Ouen et tient, devant les cadres désemparés, ce discours rapporté par Jacques Séguéla[1] : « En général, le repreneur dans une affaire, on ne le voit pas. Moi, je suis venu vous dire ceci : mon holding est une société en nom collectif, j'en suis donc responsable sur mes biens personnels. Si je réussis, je suis riche. Si je perds, je suis ruiné. J'ai cautionné un demi-milliard de dettes. Des gens qui ont cinq cents millions, il y en a plein en France, mais ils vont les mettre en Suisse. D'ailleurs, ce sont les trois quarts du temps ceux à qui j'achète leur entreprise. Alors, dites-vous bien une chose, nous allons gagner. »

Il est tellement impliqué qu'il se mettra en scène pour la pub Wonder. Jacques Séguéla, le S de l'agence publicitaire RSCG, a trouvé un scénario autour du slogan : « Qu'est-ce qui fait marcher la vie ? » Tapie, incarnation de l'énergie, avance à toute vitesse devant une équipe épuisée, qui traîne les pieds. « Mais qu'est-ce qui vous fait marcher ? » demande sa secrétaire. « Moi ? répond-il. Je marche à la Wonder. »

« Il y a quelque chose qui me gênait dans le scénario de base, raconte Tapie. Je dis à Jacques Séguéla : "Je fais trop caïd, trop Zorro. Il faut quand même que je me foute un peu de ma gueule. A la fin, si tu veux bien,

---

1. *Coups de pub*, Pygmalion, 2015.

Bernard Tapie – Leçons de vie, de mort et d'amour

je vais me retourner, ma secrétaire va retirer une des deux piles que j'ai dans le dos et, alors, je m'écroulerai par terre. Mais comme je ne veux pas faire plaisir à tous ceux qui me détestent, je ferai un clin d'œil au public pour montrer que je suis toujours vivant. Ce sera la dernière image." » La pub sera un vrai succès et relancera les ventes. « Elle a aussi redonné une certaine fierté aux salariés de l'entreprise, dit BT, elle les a valorisés. C'est quelque chose que j'ai toujours à l'esprit quand je reprends une boîte, motiver les équipes : il n'est de richesses que d'hommes.

— Et c'est une affaire qui t'a sacrément enrichi, dis-je sournoisement en regardant mes mocassins beurre frais.

— Avec Bouygues, on avait mis un paquet sur la table pour racheter Mazda, un autre pour restructurer Wonder et, au bout de trois ans, toutes les dettes étaient remboursées, l'ensemble était redressé. Quelque temps plus tard, on l'a vendu plus d'un milliard à Union Carbide. J'ai un peu honte de dire le prix, on n'en revenait pas, même si le groupe américain avait besoin de se refaire une virginité après des histoires de contamination au mercure, et qu'on avait beaucoup avancé dans le domaine des piles vertes, écologiques.

— Pourquoi avoir vendu Wonder, qui faisait partie du patrimoine français, à une multinationale américaine ?

— Je ne collectionne pas les boîtes, comme d'autres. Ma vocation, c'est de remettre d'aplomb des entreprises qui ne vont pas bien et de les vendre dès qu'elles sont restructurées. Après, ça ne m'amuse plus. »

Je ne peux m'empêcher de faire le journaliste et de lui demander comment il peut abandonner, chaque fois,

« A nous deux, la France ! »

des gens qui ont cru en lui. Moi, dis-je, ça me fendrait le cœur.

« Je n'arnaque personne, répond-il. J'arrive quand les entreprises sont à l'agonie, quasiment mortes, et qu'elles ne trouvent pas de repreneurs. Je ne dis pas aux salariés que je suis là pour toujours. Au contraire, je les préviens que je resterai seulement le temps que l'entreprise renoue avec les bénéfices et paye ses dettes. Moi, je redresse. La gestion au long cours, ça n'est pas mon métier. Chacun le sien.

— Le tien a fait beaucoup de morts.

— Toujours le même procès dégueulasse ! La plupart des entreprises que j'ai reprises étaient cliniquement et juridiquement quasi mortes. Donc, tous les salariés devaient être licenciés. Tous ! Evidemment, quand tu reprends une entreprise pour la restructurer, tu laisses des gens sur le carreau. Mais au moins, tu sauves beaucoup d'emplois et, ensuite, tu en crées de nouveaux, quand l'entreprise est repartie. Moi, je n'ai pas fermé cyniquement des boîtes, comme d'autres qui ont aujourd'hui pignon sur rue. J'ai toujours fait en sorte qu'après mon passage les gens gardent un emploi pérenne. Vérifie. Ce fut le cas chez Terraillon, chez Look ou à La Vie Claire. Certes, on m'accuse toujours d'avoir liquidé Manufrance, mais c'est une pure calomnie : je n'ai jamais eu les clés de cette entreprise, même si j'avais fait une proposition de reprise qui a été refusée par la CGT et la mairie communiste de Saint-Etienne, sous prétexte que je prévoyais trois cents suppressions d'emploi. Ils ont préféré la fermer plutôt que de la sauver ! »

Bernard Tapie – Leçons de vie, de mort et d'amour

Ses ennemis ont beau tourner la chose dans tous les sens, le fait est que Tapie a racheté les entreprises à la casse, quand elles étaient sur le point de cesser leur activité, et qu'il les a remises en état de marche. Comment s'y est-il pris ? Quel est son secret ?

« Avant de racheter, dit-il, je fais comme n'importe quel candidat à la reprise d'une boîte : j'analyse les bilans, le poids de la dette, j'essaie de comprendre pourquoi elle est dans la merde, d'imaginer son avenir avec de nouveaux produits, d'évaluer le montant des investissements nécessaires pour la relancer. Après, quand j'arrive, je mets en place deux équipes, généralement composées de femmes parce que je ne travaille quasiment qu'avec des femmes, à commencer par Noëlle Bellone, mon bras droit. Une première équipe analyse les postes et imagine l'organigramme idéal de l'entreprise, jusqu'à son président, en prenant en compte des nouveaux métiers que nous avons décidé de développer. Il y a une vingtaine de cases mais pas de nom, simplement un profil idéal.

Dans le même temps, une deuxième équipe analyse les gens déjà sur place : elle reçoit les principaux cadres pour comprendre leur profil et leur fonction, en essayant d'évaluer leurs points faibles, leurs points forts. A la fin, les deux équipes échangent les résultats de leur travail et les cases de l'organigramme idéal vont se remplir peu à peu.

Dans la majorité des cas, la bonne personne est à la bonne place. Mais en règle générale, il faut quand même reconvertir plus d'un tiers du personnel d'encadrement. C'est comme une équipe de foot, finalement. Par exemple, quand il est arrivé à l'OM, Eric Di Meco

« A nous deux, la France ! »

était ailier gauche, on l'a mis latéral gauche et là, c'est devenu une star énorme, il a fini en équipe de France ! »

Fidèle à mon personnage de « journaliste tordu », j'évoque, les yeux toujours baissés, la casse sociale, les centaines et centaines de licenciements de Wonder.

« C'est ça ou tu meurs ! Je suis conscient des dégâts et c'est pour ça que j'ai lancé des écoles de formation. Mais tu n'as pas le choix. Quand tu arrives dans une entreprise, même quand elle est en perdition, on te dit sans arrêt qu'il ne faut toucher à rien, qu'on n'avait jamais fait avant ce que tu proposes de faire, etc. Or, ton travail à toi est de tout reprendre à zéro. Quand tu as les résultats du travail des deux équipes, tu t'aperçois qu'il y a pas mal de personnes qui ne sont pas à leur place. Si elles sont en trop, tu t'en sépares. S'il y en a qui manquent, tu les recrutes. »

Au lieu de rester chez Wonder, BT a préféré réaliser une plus-value, que dis-je, une culbute, et partir pour de nouvelles aventures. Comme son compère Francis Bouygues, il avait acheté sa part 30 millions pour la revendre 500 millions quatre ans plus tard. C'est le casse du siècle.

Il a toujours des colonies de fourmis dans les jambes. « Pour s'améliorer, disait Churchill, il faut changer. Donc, pour être parfait, il faut changer souvent. » Puisque rien, jamais, ne lui résiste, pourquoi ne pas aller chercher son destin plus loin, plus haut ?

Le 17 avril 1985, au Club de la presse d'Europe 1, alors qu'il a acheté Wonder un an plus tôt, quand on lui demande s'il pourrait envisager d'être candidat à la présidence de la République, il répond sans ambages : « Si, dans dix ans, il m'apparaissait trois choses : que

Bernard Tapie – Leçons de vie, de mort et d'amour

j'ai les hommes pour le faire, parce que, président de la République, il faut quelques hommes avec soi ; que les problèmes posés sont de nature à être résolus par moi tel que je le sens ; qu'il y a vraiment une volonté populaire à ce que je le sois, je serais vraiment le roi des couillons de ne pas accepter de l'être. »

En attendant, BT va se faire les dents sur le dossier Boussac, sur lequel il se les cassera : un magnifique empire à la dérive contrôlé par les quatre frères Willot et qui comprend de nombreux trésors (Christian Dior, Le Bon Marché, Peaudouce, La Belle Jardinière, etc.), mais un autre grand repreneur de l'époque est déjà sur le coup et va le lui souffler : Bernard Arnault qui, lui, n'a jamais manifesté son intention de se lancer en politique et qui deviendra un jour l'un des hommes les plus riches du monde.

18

Elle est pas belle, La Vie Claire ?

David contre Goliath : le crève-cœur de Cœur Assistance.
Une secte de végétaliens qui avait trente ans d'avance
sur tout le monde.

« Je ne suis pas un tueur d'entreprises, hurle souvent Tapie devant un tribunal imaginaire. Statistiquement, seulement 5 % des sociétés qui ont été reprises après un dépôt de bilan sont encore vivantes cinq ans plus tard. 5 % ! A deux exceptions près, toutes celles que j'ai reprises vivent encore, mais, c'est vrai, parfois sous un autre nom, comme Wonder. »

Pourquoi tant de Français sont-ils convaincus du contraire ? Sans doute parce qu'il suffit de répéter des mensonges pour qu'ils deviennent des vérités. La cause est apparemment perdue mais Tapie continue de batailler comme Don Quichotte contre les moulins à vent.

De la même façon, devant le même tribunal imaginaire, Tapie clame qu'il a laissé « gratuitement » une partie du capital à ceux qui avaient participé à la résurrection de leur entreprise, comme chez Look ou à La

Bernard Tapie – Leçons de vie, de mort et d'amour

Vie Claire. Qu'il a lui-même créé des entreprises. Enfin, pardon, une entreprise, Cœur Assistance.

Un soir, Tapie me rappelle après un rendez-vous de travail sur « notre » livre, que son absence de concentration et une mauvaise humeur de sa part m'avaient contraint à écourter. Il craint que j'oublie d'y évoquer une entreprise qui est morte mais qu'il est fier d'avoir portée sur les fonts baptismaux : Cœur Assistance. « C'était très important pour moi, cette histoire m'a déchiré le cœur. »

A l'origine, il y avait la formule d'un grand cardiologue français, le professeur Jean Lenègre, à propos de l'hécatombe cardiaque annuelle. Ces milliers et ces milliers de victimes d'infarctus prises tardivement en charge étaient, selon lui, des « morts illégitimes », car évitables, avait dit le médecin avant de mourir lui-même en 1972, à soixante-sept ans, des suites d'un malaise cardiaque.

Système d'intervention d'urgence lancé à Paris par Tapie et des médecins trois ans après la mort de Jean Lenègre, Cœur Assistance a été inventé pour secourir le plus vite possible, en cas d'alerte, toute personne qui a des coronaires ou des ventricules à problème. Il suffit de s'abonner. Au premier appel, des médecins cardiologues volants bondissent sur leur moto et déboulent auprès des malades avec un défibrillateur qui va les sauver. C'est grâce à l'un de ces docteurs du cœur qu'a été tiré d'affaire André Mentzelopoulos, le patron de Félix Potin, à qui BT avait vendu les Comptoirs français.

Le démarrage de la société est laborieux et, entre les associés, l'affaire tourne au vinaigre après que le Conseil national de l'Ordre des médecins a refusé, tout comme le ministère de la Santé, de laisser des praticiens hospitaliers

Elle est pas belle, La Vie Claire ?

travailler pour une société privée. « Quand tu innoves, t'as tous les connards contre toi, c'est normal ! » tonne encore Tapie aujourd'hui.

Prêt à faire un bras d'honneur au « système », Tapie ne se laisse pas impressionner. Il se bat. Mais s'il aime déjà jouer les David, il ne pourra rien contre ce Goliath-là qui va le broyer. Conseiller de Cœur Assistance, il est traîné devant le tribunal avec les fondateurs et les dirigeants de la société. Il sera condamné à une lourde amende et à douze mois de prison avec sursis pour publicité mensongère et infractions aux lois sur les sociétés, peines qui seront amnistiées, comme toutes les autres, par François Mitterrand après son élection à la présidence, en 1981.

Des décennies plus tard, alors que la blessure est toujours intacte, Tapie dit, beau joueur : « On avait inventé quelque chose et on nous a fait arrêter le truc pour qu'il soit repris par le SAMU. Au final, l'essentiel est que ça existe. »

Avec Cœur Assistance, la mort-née, l'une des affaires dont il est le plus fier reste La Vie Claire. « C'était, dit-il, une entreprise qui fonctionnait comme une secte de végétaliens. Elle avait été fondée par un homme extraordinaire et très attachant, Henri-Charles Geffroy, auteur de tas d'ouvrages sur la diététique. Sévèrement gazé à l'ypérite pendant la Première Guerre mondiale, quasi condamné par les médecins, il aimait dire qu'il avait été sauvé par son régime alimentaire d'où étaient exclus, notamment, tous les produits d'origine animale, y compris le lait et les œufs. C'était un pionnier qui militait pour la consommation de céréales et la cuisson à l'étouffée. Avec ça, un apôtre de la permaculture avant l'heure.

Bernard Tapie – Leçons de vie, de mort et d'amour

Une fois, bien avant qu'on fasse affaire, il m'avait tenu des propos de visionnaire : "L'agriculture est entre les mains de lobbies qui finiront par nous empoisonner tous avec leurs produits chimiques alors qu'elle pourrait obtenir les mêmes résultats sans rien, en évitant les pesticides, en laissant jouer la nature. Nous, on le fait avec nos maraîchers bio, ça marche, mais personne ne veut me croire." Je lui avais répondu : "Quand vous aurez besoin d'un associé, appelez-moi." Et, un jour, son fils m'appelle… »

Il y a d'autres candidats à la reprise de La Vie Claire et même du lourd comme Jean-Noël Bongrain, le grand manitou du fromage, qui, devant les actionnaires, fait l'éloge de son invention, le Caprice des Dieux, une sorte de camembert industriel à pâte molle et croûte fleurie. Stupeur et tremblements chez les véganes. Tapie emporte aisément le morceau, d'autant qu'Henri-Charles Geffroy l'a à la bonne et que BT a su multiplier les égards pour la famille fondatrice en lui laissant, notamment, un quart des actions de la société.

« Quand j'arrive, je trouve une boîte poussiéreuse, repliée sur elle-même, mais avec des gens pleins de cœur qui ont la foi. Je réunis une centaine de distributeurs et je les secoue : "Vous dites à vos clients qu'il ne faut pas regarder la télévision plus d'une heure par jour. Très bien. Mais quel est le rapport avec les pommes et les poires qu'ils viennent acheter chez vous ? Etes-vous sûrs qu'ils s'approvisionnent dans vos magasins bio pour entendre ce genre de prescriptions ?" Les boutiques, pas toutes rentables, prêchaient en effet des flopées d'interdits. Le concept était d'avant-garde, il avait trente ans d'avance sur tout le monde, j'y adhérais

Elle est pas belle, La Vie Claire ?

complètement, il fallait simplement ouvrir l'entreprise sur le monde, la sortir de son carcan. C'est ce que j'ai essayé de faire. »

Quasi inconnue des Français, La Vie Claire va ainsi accéder bientôt à la célébrité grâce... au Tour de France.

19

Bienvenue chez les dieux du Tour de France

Une histoire d'amour avec Bernard Hinault.
Le choc des Titans du Tour de France.
Le record de la traversée de l'Atlantique à la voile

Esclave affranchi et poète latin très apprécié de
Sénèque, Publilius Syrus disait : « L'occasion parfois
vient sans être attendue, mais qui la perd l'a pour longtemps perdue. » BT est toujours à l'affût, disponible,
prêt à bondir, excellentes dispositions pour un homme
d'affaires.

Comme il le dit souvent, il n'a pas à faire trop d'efforts : ce n'est pas Tapie qui va vers le monde, c'est le
monde qui vient à lui. Chaque fois, il saisit sur-le-champ,
quand elle lui plaît, l'occasion ou la proie qui se présente.
C'est, depuis longtemps, sa manière de faire, d'avancer. La preuve, encore, par Bernard Hinault. Comment
aurait-il pu laisser passer une opportunité pareille ?

« La première fois que je me suis lancé dans le sport
de haut niveau, en 1983, dit-il, ce n'est pas moi qui
appelle Bernard Hinault et lui propose de monter une
équipe avec lui pour le Tour de France, c'est exactement

Bienvenue chez les dieux du Tour de France

le contraire qui se produit. Souffrant d'une tendinite au genou attrapée au Tour d'Espagne, il s'est fait opérer. Ça ne va pas fort et il refuse d'être mis au rancart.

Quand on est au sommet, mieux vaut ne pas trébucher : dès que le genou a flanché, Renault-Elf qui sponsorisait son équipe a commencé à regarder du côté de la jeunesse, incarnée par Laurent Fignon et Greg LeMond. En plus, les relations déjà mauvaises d'Hinault avec Cyrille Guimard, son directeur sportif, sont devenues quasi exécrables. Après qu'il a remporté quatre Tours, en 1978, 1979, 1981 et 1982, c'est fini, l'équipe le traite comme s'il ne valait plus un clou. »

J'imagine la rencontre entre les deux monstres. Deux têtes de lard teigneuses, solaires et insomniaques face à face, la mâchoire carrée, détestées par une partie de la population, adulées par l'autre, parce qu'elles ont trop la niaque. Tapie et Hinault n'habitent pas la même planète mais ils partagent la même rage, la même volonté de revanche. Contre la terre entière pour BT. Contre Renault-Elf pour Hinault.

Hinault n'est pas un humain. C'est ontologiquement impossible, tant son sport est inhumain. Pour le pratiquer, les coureurs sont forcément des dieux tombés du ciel. Au collège, je leur donnais, avec mes copains, des surnoms issus de la mythologie grecque : Zeus (Anquetil), Sisyphe (Poulidor), Prométhée (Bahamontes), Adonis (Altig), etc. Quand je chevauchais la côte qui partait d'Elbeuf pour mener sur le plateau du Roumois, dans la ferme de mes parents, je me croyais sur l'Olympe.

Bernard Tapie – Leçons de vie, de mort et d'amour

Le Blaireau, c'est Orphée qui avait toujours la gagne quand il est descendu aux Enfers pour chercher son Eurydice, jusqu'à en mourir, et dont la tête doit encore chanter dans son tombeau, à l'heure qu'il est. Chef-d'œuvre en péril, il sait qu'il n'est pas éternel et que son compte est bon. Mais le Breton veut sortir de la compétition par la grande porte, pas par la buanderie, à coups de lattes.

« Je suis en lévitation, poursuit Tapie. Le grand champion est là, devant moi, le Blaireau, la légende du cyclisme, et, au fur et à mesure qu'il parle, j'ai des flashs dans la tête : "La Vie Claire !", "La Vie Claire !", "La Vie Claire !" Le vélo est un sport de crevards payés comme des smicards, sans doute le plus dur mais aussi le plus populaire. Si nous sponsorisions une équipe autour de Bernard Hinault, ça donnerait un sacré coup de jeune à la boîte. Et puis il y a autre chose qui me séduit tout de suite : l'homme.

Il est venu me voir avec des béquilles. Je lui demande comment il compte courir dans cet état. N'importe quel autre champion m'aurait dit : "Ah, ça ? Non, ne vous en faites pas, ce n'est rien, ça sera fini dans un mois." Au lieu de quoi, Hinault me répond avec une sincérité stupéfiante, en me regardant droit dans les yeux : "D'après les médecins, j'ai une chance sur deux de pouvoir courir à nouveau mais si j'y parviens, je vous assure que je gagnerai le Tour de France."

"Oh ! le mec ! je dis. Banco ! On va le faire." Et c'est sous les couleurs de La Vie Claire qu'il gagnera son cinquième Tour deux ans plus tard, en 1985. Mais auparavant, je lui ai demandé des garanties : "Si un des coureurs de notre future équipe fait le con en se dopant,

Bienvenue chez les dieux du Tour de France

ce n'est pas seulement la carrière du sportif qui serait finie, ça pourrait être mortel pour La Vie Claire. Je veux un engagement sur l'honneur de votre part. — Ne vous inquiétez pas, fait le Blaireau. Notre directeur sportif sera Paul Köchli, connu pour être très hostile au dopage." »

L'aventure du Tour de France est à mes yeux le plus beau moment de la résistible ascension de Tapie. Là, il y a comme une grâce et j'ai envie de faire une pause avec vous pour profiter du spectacle de cette épopée plébéienne que les chroniqueurs comme Antoine Blondin dans *L'Equipe* ou Pierre Joly dans *Paris-Normandie* nous racontaient naguère avec des accents homériques comme si c'était le choc des Titans, la Chanson de Roland ou la guerre de Cent Ans.

Comment Tapie gère-t-il le Breton qui n'en fait qu'à sa tête, pardonnez la tautologie ? Son coéquipier Jean-François Bernard décrit Hinault, perdu dans ses pensées, en train de dessiner ostensiblement sur un papier pendant que BT donne ses instructions à ses coureurs. Foutraque, le Blaireau est incapable de se conformer à la discipline des entraînements : « Quand il devait faire cent bornes, il en faisait zéro, et quand il devait en faire cinquante, il en faisait deux cents. »

Mais bon, Tapie est sous le charme. Le voici qui, au lieu de chercher à épater les autres, est ébahi par le monde qu'il découvre : des légions de petits gars aux mâchoires serrées, le regard christique, le dos en clé de voûte, qui sont prêts à endurer un martyre pour des clopinettes, un bouquet de fleurs et la bise de la reine de beauté du coin. « Ces types-là vont toujours au-delà des limites, dit-il. Il faut les voir, après une étape du Tour.

Ils sont essoufflés pendant deux heures, ils souffrent le martyre pendant cinq heures et aucun ne se plaint jamais.

— Allez, après les étapes, Jacques Anquetil, le héros normand de ma jeunesse, quintuple vainqueur du Tour, faisait souvent la fête et le champagne coulait à flots.

— Oui, mais c'était avant. Regarde les moyennes des années soixante. Aujourd'hui, Jacques Anquetil, il arriverait avec vingt minutes de retard sur le peloton. Il a gagné le record du monde sur piste à 46,1 km/h. Aujourd'hui, le record est à plus de 55 ! »

Tout fascine Tapie chez les coureurs qui sont souvent son contraire. Leur ascétisme, leur persévérance, leur extrême solitude. « Le mec est tout seul. Il ne vit pas comme dans une équipe de foot avec un entraîneur, un soigneur. Il ne peut compter que sur lui et, l'hiver, même s'il tombe des cordes, il se tape tous les matins ses cent cinquante bornes. Tout ça pour pas un rond ! Comme sportifs, les cyclistes gagnent que dalle, à l'époque. Et comme métier, ils font fraiseurs, boulangers ou agriculteurs. Ils ne chôment pas. »

La jonction se fait très vite entre l'équipe cycliste et Look, un fabricant de fixations de ski, que Tapie vient d'acheter. « C'est une belle entreprise, raconte-t-il, mais elle fait un métier très saisonnier avec seulement trois mois de vente. J'ai donc demandé à son bureau d'études d'utiliser son savoir-faire pour imaginer des pédales de vélo qui se déchausseraient facilement quand tu tombes, sur le modèle des fixations de ski. Hinault vient voir les gars sur place, à Nevers. Il fait les essais, leur dit ce qui va, ce qui ne fonctionne pas. Porte-drapeau de La Vie Claire sur le Tour de France, il devient l'ambassadeur de Look. Tout le monde, dans le groupe, se met soudain à

Bienvenue chez les dieux du Tour de France

travailler en osmose. A la fin, Look deviendra le leader mondial de la pédale automatique tout en produisant à grande échelle, sur une idée d'Hinault, des vélos avec des cadres en carbone. Alléluia ! »

En l'écoutant s'enthousiasmer, longtemps après, sur les exploits en tout genre de Bernard Hinault, je me dis que Tapie avait sans doute trouvé là sa vocation : patron de La Vie Claire, de Look et d'une équipe de coureurs cyclistes qu'il sait électriser, fanatiser. Sans oublier de casser les prix : les siens sont d'or. Ça a vite marché très fort pour lui. C'est sans doute pourquoi il s'est lassé.

En 1984, pour son premier Tour de France, l'équipe de La Vie Claire sauve l'honneur. S'il est remporté par Laurent Fignon, Bernard Hinault arrive deuxième, à dix minutes et trente-deux secondes, devant Greg LeMond.

En 1985, les choses se présentent mieux, le genou d'Hinault est complètement rétabli et BT a débauché Greg LeMond, l'étoile montante de l'équipe de Guimard. « J'ai passé un pacte avec LeMond, dit Tapie. La première année, il acceptait de se mettre au service d'Hinault. L'année suivante, ce serait le meilleur des deux qui gagnerait. »

Tout se passera comme prévu. Le Tour de France 1985 sera gagné par Bernard Hinault, suivi de près par Greg LeMond, à une minute quarante-deux secondes. « Mais l'année suivante, bien sûr, ce sera la guerre entre eux, reprend Tapie, et, très vite, je comprends qu'elle pourrait profiter à un troisième larron : le Suisse Urs Zimmermann qui est très dangereux.

Bernard Tapie – Leçons de vie, de mort et d'amour

Avant l'ascension de l'Alpe d'Huez, je réunis mes deux coureurs avec Köchli et je leur dis qu'il faut arrêter les conneries : l'étape du lendemain déterminera le vainqueur à Paris. Après ça, il n'est plus question de pièges et de querelles entre eux ! Sinon, notre équipe risque de perdre le Tour de France. Ce sont des mecs raisonnables, intelligents, ils sont d'accord. Mais je ne te cache pas que mon cœur bat pour Hinault.

— LeMond est quand même très sympathique, non ?

— J'aime LeMond : c'est un type super. Mais j'adore Hinault qui est un baroudeur, un sanguin, une tête brûlée. Je ne supporte pas l'idée qu'il puisse être humilié. Or, avant l'ascension de l'Alpe d'Huez, c'est la Bérézina générale, tout le monde est éliminé, il ne reste plus que trois coureurs : Hinault, LeMond et Zimmermann que les deux premiers vont tout faire pour fatiguer. Ils y réussissent si bien que le coureur suisse est explosé. Mais depuis la voiture de Köchli d'où je suis la course, je comprends que LeMond va gagner. Il est plus jeune, plus frais, plus fort, et je lis dans les yeux de Bernard que tout est perdu pour lui, que LeMond va donc le larguer à la première accélération. Comme fin de carrière, y a mieux. Alors, je leur crie : "Allez, Greg, on s'arrête au classement de ce matin et on considère que t'as gagné le Tour. Mais je ne veux pas que des tarés de spectateurs te fassent tomber. Alors, Bernard, tu passes devant Greg et tu le protèges des mauvais coups possibles." Et LeMond a gagné l'étape mais ils ont passé la ligne d'arrivée la main dans la main ou presque. Tu ne peux pas empêcher les cons d'être cons, ils ont donc écrit que j'avais favorisé la victoire de LeMond pour pouvoir

Bienvenue chez les dieux du Tour de France

attaquer le marché américain avec Look, alors que je voulais seulement empêcher LeMond de s'échapper ! »

Les méchants ont dit aussi qu'en faisant monter les enchères pour acheter les coureurs, Tapie avait perverti le cyclisme. Fadaises ! Si le dopage a longtemps été l'une de ses plaies, on ne peut pas en dire autant de l'argent qui n'a jamais fait que passer, entre deux portes, parce que le cyclisme lui est étranger, j'allais dire allergique. Rouler purifie les corps, lave les âmes, nettoie tout. « J'aime la bicyclette pour l'oubli qu'elle donne, écrit Emile Zola. J'ai beau marcher, je pense. A bicyclette, je vais dans le vent, je ne pense plus, et rien n'est d'un aussi délicieux repos. »

A la même époque, Tapie est attiré par d'autres vents. Des vents marins. Il rachète le *Club Méditerranée*, conçu par le navigateur mythique Alain Colas. Un quatre-mâts de soixante-douze mètres, devenu une épave qu'il a fait retaper de la quille au rouf et qu'il rebaptisera le *Phocéa*. C'est sur ce navire qu'il entreprend, en 1988, de battre le record de la traversée de l'Atlantique en voilier mono-coque, avec une équipe de dix-neuf professionnels.

Au troisième jour, le vent tombe, le *Phocéa* n'avance plus. Tapie s'en prend au capitaine en lui demandant comment il a pu empéguer le bateau dans ce « merdier ». Et, pour ne rien arranger, voilà que la station météo annonce une tempête. Il faut la contourner et changer de cap pour l'éviter.

Le détour fera encore perdre du temps. Mais si le *Phocéa* change d'itinéraire, il risque de se fracasser sur des icebergs : le radar du bateau sera incapable de les

Bernard Tapie – Leçons de vie, de mort et d'amour

localiser ; les avions des autorités maritimes n'ont pas encore pu les « métalliser » en versant de la limaille dessus.

J'imagine Tapie en train de tonner : « Une tempête ? Des icebergs ? Mais qu'est-ce qu'on en a à foutre ? On fonce ! » Ce ne sont pas ses mots mais c'est l'esprit. Et il prend, le cœur au ventre, les commandes du *Phocéa*. « Je n'étais pas d'accord avec le capitaine, déclare-t-il, je l'ai donc remplacé. »

L'équipage du *Phocéa* n'est pas rassuré. Avec la brume, la visibilité ne dépasse pas cinq cents mètres. « On n'est pas dans une croisière mondaine, dit-il à l'équipage, on est là pour battre le record du monde. »

Face à des vagues qui peuvent faire quelques étages, le bateau résiste bien avant de gîter. « Il s'est couché quatre, cinq fois en douze heures, se souvient l'un des participants. Mais Tapie s'en foutait, il voulait son record. »

Ça commence à râler, sur le pont, et il y a comme de la mutinerie dans l'air mais elle n'a pas le temps de monter, le bateau est déjà arrivé à Saint-Malo. La transat a été bouclée en huit jours, trois heures et vingt-neuf minutes, soit quatre jours de moins que Charlie Barr qui détenait le record depuis 1905.

Tout Tapie est là. Une détermination au bord de l'inconscience, quitte à se mettre en danger, avec tout l'équipage. Sur les routes comme sur l'océan, rien n'est en mesure de l'arrêter, mieux vaut ne pas se mettre sur son chemin.

Il y a peu, BT était déjà à la tête d'un petit empire de quarante-deux sociétés qui réalisait un chiffre d'affaires de plus de 5 milliards de francs. Pas mal, mais pourquoi s'arrêter là ? La traversée de l'Atlantique, Hinault,

Bienvenue chez les dieux du Tour de France

LeMond, les pédales Look, les produits bio de La Vie Claire, les balances Terraillon, les piles Wonder et le reste, tout cela ne pouvait suffire à rassasier l'estomac de l'homme qui avait toujours envie d'avaler les montagnes, les océans, et dont, depuis quelque temps, le cœur battait de plus en plus pour Marseille.

20

Le roi de Marseille

La cité phocéenne, capitale du mauvais esprit.
Les canons de Louis XIV pointés sur la ville.
La marseillitude de Tapie

La chance n'existe pas, il n'y a que des concours de circonstances. « Je n'aurais jamais songé à reprendre le club marseillais, dit Tapie, si Mme Edmonde Charles-Roux, l'épouse de Gaston Defferre, ne m'avait interpellé, lors d'un dîner à l'ambassade de Russie à l'invitation de Mikhaïl Gorbatchev, le 4 octobre 1985 : "C'est incroyable, ce que vous avez fait avec Bernard Hinault. Pourquoi ne viendriez-vous pas à Marseille remonter l'OM ?

— Mais l'OM a déjà un président.

— Oui, mais il n'arrive pas à s'imposer et le club est au bord de la faillite. Je vais en parler à mon mari." »

Ecrivaine de qualité et femme de caractère au chignon strict d'infirmière militaire, Edmonde Charles-Roux se mêle volontiers des affaires de Marseille pour le compte de son maire de mari. A ce moment-là, le club de football va à vau-l'eau. Or, c'est lui qui, traditionnellement,

141

Le roi de Marseille

fait battre le cœur de la ville. Quand il n'est pas en forme, la cité phocéenne déprime, elle se languit. Il faut trouver quelqu'un pour le réveiller. « Après ce premier contact, dit Tapie, un rendez-vous fut fixé avec Gaston Defferre et, hop, je suis arrivé à l'OM après l'avoir acheté un franc. »

Souvent, les biographes de Tapie contestent cette version, convaincus qu'ils sont que BT serait venu à Marseille de son propre chef, sur un coup de flair. Ils sous-estiment le rôle-clé d'Edmonde Charles-Roux dans le « système Defferre » : tout à la fois entremetteuse, poisson-pilote, recruteuse de talents et tour de contrôle, elle s'est assigné pour tâche de faire venir les « meilleurs » dans la cité phocéenne. Elle prépare l'avenir.

Car il y a le feu dans la maison Defferre. « Tout homme a tendance à aller jusqu'au bout de son pouvoir », disait Thucydide. C'est ce qui est arrivé à l'époux d'Edmonde Charles-Roux. Il tient tout, la mairie, le département mais aussi le grand quotidien régional, *Le Provençal* : en 1944, une des grandes figures du milieu marseillais, Nick Venturi, s'est emparée pour le compte de Gaston, les armes à la main, avec des collègues, des locaux du journal précédent, *Le Petit Provençal*, qui avait trempé dans la collaboration avec les nazis. La saga Defferre a commencé ainsi : par un braquage.

Maire de Marseille le matin, Gaston passe presque tous ses après-midi au *Provençal* qu'il dirige d'une main de fer de tyran domestique. Impatient de nature, il s'est fait attribuer son propre ascenseur, à son usage unique, après qu'il a méchamment endommagé, à coups

Bernard Tapie – Leçons de vie, de mort et d'amour

de pied, la porte en métal de celui du personnel, sous prétexte que celui-ci le faisait attendre. Il règne par la peur, particulièrement ces temps-ci. Quand vous êtes une personnalité de la ville qui n'a pas l'heur de lui plaire, vous disparaissez de toutes les photos publiées par son journal. On vous floute, on vous noircit ou on découpe votre trogne, dans la grande tradition de la *Pravda* soviétique.

Souvent, dans les démocraties, quand on a tous les pouvoirs, c'est qu'on n'en aura bientôt plus. Tout ce qu'a construit le maire de Marseille pendant trente ans est en train de partir en biberine, comme on dit ici. Le visage défait, la tête ailleurs, il porte la mort en lui. Quant à ses vieux adjoints, après avoir laissé des traces de doigt sur tant de pots de confiture, ils sont usés jusqu'à l'os, alors que s'écroule au même moment l'empire de Gaëtan Zampa, le chef de la pègre locale, réputé proche de la municipalité, et que monte l'étoile d'un jeune avocat socialiste ultra-cultivé, brillantissime, Michel Pezet, qui fut longtemps le dauphin de Gaston et la coqueluche d'Edmonde, mais qui est en train de s'émanciper et dont, comme c'est bizarre, on ne voit plus jamais le nom ni la photo dans *Le Provençal*.

Edmonde a compris que, pour protéger son Gaston à la triste figure des fins de règne, il faut faire venir à Marseille des personnes de talent. Des loups dans la bergerie. Eh bien, en voici un, un grand intrépide, affamé de surcroît. Femme de gauche et du monde, elle est emballée par Bernard Tapie, sa gouaille, son énergie, ses origines, ses manières carnassières. Elle et son mari lui donnent les clés d'entrée mais, chose étrange, l'homme

Le roi de Marseille

d'affaires n'en a pas besoin : il est tout de suite chez lui à Marseille, comme s'il avait toujours été d'ici.

Il y a un problème. Quand Gaston Defferre lui dit qu'il doit réaliser à l'OM ce qu'il a su faire avec l'équipe de La Vie Claire dans le Tour de France, Tapie répond : « Mais le foot, ça n'est pas le vélo. Je ne connais rien au foot. »

Mais que connaissait-il au vélo avant de se lancer avec Hinault ? Il est tellement courtisé qu'il ne peut résister. Autochtone sans l'accent, BT s'est rapidement glissé, sinon fondu, dans le paysage marseillais. Cacou ramenard mais en blazer, pas en tee-shirt, il parle avec les mains et fait le mia comme un pilier du Vieux-Port. Reprenant une formule de Mark Twain qui s'appliquait aux fous, Marcel Pagnol a écrit un jour : « Tous savaient que c'était impossible. Est arrivé un imbécile qui ne le savait pas et qui l'a fait. »

Tapie est sans doute plus proche du fou de Twain que de l'imbécile de Pagnol. Mais il est, d'entrée de jeu, marseillais. Redresseur de l'OM, l'ancien minot du 93 n'a pas eu à se forcer pour le devenir. Quand il parle des intérêts supérieurs de Marseille, il dit « nous ». On l'a vu, le jour où il m'a annoncé qu'il venait suivre pour son cancer un traitement à l'Institut Paoli-Calmettes de Marseille, le seul en France à pouvoir alors procéder à des radiothérapies très précises sur les tumeurs, il était ému aux larmes : « C'est un signe… Marseille a toujours été là, à tous les rendez-vous de ma vie. »

Sans doute Tapie s'est-il coupé davantage et pour de bon des « élites parisiennes » en embrassant la cause de Marseille qui l'a si vite adopté. La haine de la cité phocéenne est si frénétique, si obsessionnelle, dans les hautes

144

Bernard Tapie – Leçons de vie, de mort et d'amour

et basses sphères de l'Etat, qu'elle a tôt fait d'englober toute personne qui a le tort de l'aimer, de la célébrer, de l'incarner.

« Bon enfant et rigolarde » : ainsi Blaise Cendrars, l'auteur de *L'Or*, voyait-il la ville qu'il trouvait aussi « sale et mal foutue ». Marseille est en tous points l'opposé de Paris. De tempérament contestataire, elle ne se prend pas au sérieux et, en plus, elle a le soleil, la mer, la sieste, la joie de vivre. L'arrogance des grosses huiles et des petites frappes du microcosme parisien, toujours en train de baver contre la cité phocéenne, n'est pas sans rappeler la morgue de Louis XIV.

L'annulation des élections locales par Louis XIV, en 1658, n'empêcha pas Marseille de voter et de porter à sa tête de nouveaux magistrats auxquels le jeune roi défendit d'exercer leurs fonctions. En vain. Le 6 janvier 1659, convoqué à la cour avec une délégation de la ville, Gaspard de Glandevès de Niozelles et son frère, le commandant de Cuges, deux des chefs de file de la cause des libertés marseillaises, refusèrent de s'agenouiller devant le souverain, comme le leur avait demandé le monarque par la voix du comte de Brienne.

Le 2 mars 1660, quand il entra à Marseille, Louis XIV, escagassé par son mauvais esprit, passa non pas par l'une de ses portes mais, avec le cardinal Mazarin, par une brèche qu'il avait fait percer dans le rempart, comme s'il pénétrait dans une ville rebelle et vaincue. Il refusa ensuite les clés de la ville que lui offrait le viguier, en symbole de fidélité. Dans la foulée de sa visite, furent construits deux forts, Saint-Nicolas puis Saint-Jean,

Le roi de Marseille

au-dessus desquels les canons furent pointés sur la ville, et non sur la mer !

Sur la première pierre du fort Saint-Nicolas fut gravée cette inscription : « De peur que la fidèle Marseille, trop souvent en proie aux criminelles agitations de quelques-uns, ne perdît enfin la ville et le royaume, ou par la fougue des plus hardis, ou par une trop grande passion de la liberté, Louis XIV, roi des Français, a pourvu à la sûreté des grands et du peuple, en construisant cette citadelle. »

Si vous me dites que je suis hors sujet, c'est que vous n'y êtes pas : c'est ce mélange d'indiscipline et d'insoumission qu'incarne Tapie ; il n'a pas besoin de faire le moindre effort pour entretenir, d'entrée de jeu, un rapport fusionnel avec Marseille et son petit peuple. Dans la cité phocéenne, nous sommes à des années-lumière de Paris : ici, tout le monde est quelqu'un, comme je l'ai souvent écrit, que mes vieux lecteurs me pardonnent. Au Prado, à l'Opéra, sur la Canebière ou à La Plaine, les putes vous prennent de haut. Preuves vivantes que la « misère serait moins pénible au soleil », comme dit la chanson, les pauvres diables de la Belle de Mai vous regardent souvent droit dans les yeux.

Certes, comme partout, les comptes en banque y sont plus ou moins bouffis, selon les quartiers, les classes sociales. Si les riches n'habitent pas avec les misérables, ces derniers font toujours comme s'ils savaient qu'ils seraient un jour, comme dit la Bible, les premiers. En plus, rien n'est grave, à Marseille, même la mort. Un minot peut se faire dessouder, avenue de la Corse, les perruches continuent à chanter dans les micocouliers et chacun passe son chemin.

Bernard Tapie – Leçons de vie, de mort et d'amour

A Marseille, on hurle, on s'insulte, parfois on se fume ou on s'étripe mais tout passe. La ville est comme la poissonnière du Vieux-Port, toujours à râler en rigolant, le verbe gouailleur, le cœur sur la main. Le jour où la cité phocéenne aura pris son indépendance, ce qui ne manquera pas d'arriver, je prends le pari que le sourire sera obligatoire sur les passeports.

Il y a quand même quelque chose qui fait perdre son sourire à Marseille : la nostalgie de sa grandeur passée, perdue depuis longtemps, en vérité depuis Napoléon III et la pluie de monuments que le Second Empire a fait tomber sur elle : le palais du Pharo, commandé par son époux pour l'impératrice Eugénie, mais aussi la basilique Notre-Dame-de-la-Garde, la cathédrale de la Major, la gare Saint-Charles, le port de la Joliette, le palais de la Bourse, le palais Longchamp, le palais de justice, l'hôtel de préfecture, le percement de l'avenue du Prado et de la rue de la République.

Signe de ce vague à l'âme non dénué de mégalomanie, diront les Parisiens : l'inscription en latin qui figura longtemps sur la façade de l'hôtel de ville. « Marseille est fille des Phocéens, lisait-on. Elle est sœur de Rome ; elle fut la rivale de Carthage ; elle a ouvert ses portes à Jules César et s'est défendue victorieusement contre Charles Quint. »

Qu'est-ce qui peut redonner la foi et la fierté à Marseille ? Jean-Claude Gaudin, maire emblématique, expliquait par l'OM la cohésion sociale qui maintenait ensemble les morceaux de cette ville multiethnique, composée de villages et de communautés. A peu près partout en France, si on demande aux enfants de la première génération d'immigrés s'ils se sentent français,

Le roi de Marseille

beaucoup répondront non, qu'ils sont d'abord algériens, marocains, tunisiens. « Ici, déclarait Gaudin, ils se disent tous marseillais. » Le football est un repère identitaire très fort. Si vous en doutez, allez voir un match au stade Vélodrome.

Après avoir relancé la carrière du Blaireau, Tapie va requinquer le club marseillais qui végète en bas de classement. Surtout, il redonnera à la cité phocéenne le goût de la gloriole qu'elle avait perdu depuis longtemps. « Il y a deux catégories de gens, dit une vieille blague. Il y a ceux qui sont marseillais et ceux qui rêvent de le devenir. » BT semblait l'avoir été déjà depuis longtemps et même avant sa naissance.

21

Le match du siècle

Papa poule et mère fouettarde des joueurs de l'OM.
Le coup de tête mythique de Basile Boli.
Les ennuis commencent

Quand Bernard Tapie arrive à l'OM, le club marseillais stagne, derrière le club de Laval, à la quatorzième place du championnat de France. La saison suivante (1987-1988), il est sixième. Celle d'après (1988-1989), il passe en tête et conserve la première place cinq années d'affilée jusqu'en 1993. Pas banal.

Comment BT est-il arrivé à un tel résultat ? « C'est très simple, dit-il, j'ai pris les meilleurs. Je les ai choisis et, ensuite, je les ai convaincus de venir, ce qui n'est pas toujours le plus facile. » Et il énumère la liste des directeurs sportifs, entraîneurs, capitaines, joueurs qu'il a recrutés. Que du gratin, le dessus du panier.

Dans le désordre : Franz Beckenbauer, Michel Hidalgo, Raymond Goethals, Didier Deschamps, Alain Giresse, Chris Waddle, Basile Boli, Eric Di Meco, Abedi Pelé, Fabien Barthez, Eric Cantona, Marcel Desailly, Jean

Le match du siècle

Tigana. Sans parler de Jean-Pierre Papin, l'artiste qui a inscrit à lui seul cent trente quatre buts pour l'OM.

Le succès de l'OM, ce n'est pas seulement une histoire de casting. Tapie est derrière, toujours présent, prégnant. Il y a longtemps, il m'avait dit à propos des joueurs de football : « Je les aime beaucoup mais on n'a rien compris à leur fonctionnement mental si on ne sait pas que ce sont des gosses, prêts à faire toutes les conneries possibles dès qu'on a le dos tourné. »

« Ma façon de faire ? Comme dans toutes mes boîtes, je ne cherche pas à faire plaisir, je dis les choses crûment et, en même temps, j'apprends, je change facilement d'avis. Je me souviens que l'OM a été battu par l'Etoile rouge de Belgrade après que, les jours précédents, j'ai imposé aux joueurs un régime quasi militaire en leur mettant une pression dingue. Mais ces gars-là n'ont pas besoin qu'on leur mette la pression. Avant les grands matchs, ils l'ont toujours ! J'en ai tiré la leçon. Quand on a gagné la Ligue des champions, c'était après deux jours de rigolade à Munich où se déroulait le match ! »

Avec ses joueurs, Tapie est à la fois le père et la maman, papa poule et mère fouettarde, jouant de son charme, de la menace mais aussi du martinet quand il faut. Il ne les lâche pas. « Quand il n'était pas là, dit un de ses anciens joueurs, c'était le Club Med. »

Un jour, BT a failli en venir aux mains avec le joueur irlandais Tony Cascarino qui avait raté deux occasions pendant la première mi-temps d'un match contre l'Olympiakos Le Pirée, le port d'Athènes. Un incident qui a fait dire à Cascarino, des années plus tard, qu'il n'avait jamais joué « pour un président aussi fou ».

150

Bernard Tapie – Leçons de vie, de mort et d'amour

Avant le match, Tapie l'a vu parler avec un homme. Jugulaire au menton, il se précipite sur Cascarino pendant la pause et lui hurle dessus : « Combien ce mec t'a-t-il payé pour que tu manques deux occasions ? Combien ? — *Fuck off*, répond l'Irlandais avec mépris. Il ne m'a rien donné, c'est un journaliste anglais. »

Le *fuck off* (va te faire foutre) ne passe pas : BT retire sa veste pour se battre et il faut séparer les deux hommes. Le lendemain, le patron de l'OM dira en souriant à Cascarino : « Eh bien, toi, tu as une grosse paire de couilles. »

Avec les joueurs, Tapie est très présent et, quand il s'agit de les recruter, il ne laisse rien au hasard, il est même prêt à tous les mensonges. En 1987, il voulait recruter le joueur ghanéen Abedi Pelé, un génie du ballon qui avait finalement cédé aux sirènes de Monaco.

Alors que Pelé s'apprêtait à passer la visite médicale avant de signer avec le club monégasque, BT lui dit au téléphone : « On fait presque toujours une prise de sang aux joueurs africains, alors quand tu passeras la visite, tu vas refuser, dire que ça n'est pas normal, que tu ne supportes pas ça. »

Il glisse ensuite à un des dirigeants de l'OM dont les liens avec Monaco sont connus : « Dire qu'on a failli prendre Pelé. Ç'aurait été la cata ! Sais-tu qu'il est séropositif ? » L'autre fait aussitôt passer l'information et le club monégasque décide finalement de ne pas s'offrir Pelé, qui signe le lendemain avec le club marseillais.

Tapie dira que le mensonge est consubstantiel au football et que ce n'est pas un monde de Bisounours : tout le monde y ment allègrement, même les parangons de

Le match du siècle

moralité, à commencer par les Allemands, la preuve, ça rime : « Au moment des transferts de joueurs, il ne faut jamais croire un mot de ce que nous racontent les uns et les autres. Ils nous font tout à l'envers ! »

Pourquoi faudrait-il s'en priver ? Quand ils n'adoucissent pas les mœurs, les mensonges peuvent aussi servir les bonnes causes. BT les enchaîne donc et tout le monde ou presque les lui pardonne : il a mis sur pied une équipe exceptionnelle et les résultats sont là, ébouriffants. Le voici devenu l'égal de Giovanni Agnelli, le charismatique patron de Fiat et de la Juventus de Turin. Ou bien de Silvio Berlusconi, magnat de la télé, de l'immobilier, taulier de l'AC Milan avant de devenir, un jour, président du Conseil.

Journaliste au *Nouvel Observateur* avant de présider l'OM pendant deux ans puis de prendre la mairie de Tours, Christophe Bouchet, l'un de ses pires contempteurs, écrit dans sa biographie[1] que Tapie a bâti seul « la meilleure équipe de club que la France ait jamais eue » et que « les victoires lui reviennent de plein droit » : c'est lui et personne d'autre qui a « décidé, recruté, composé, bouleversé son équipe, motivé ses joueurs ». « En cinq ans, ajoute-t-il, il a donné à l'Olympique de Marseille un palmarès que des clubs n'ont pas obtenu en un siècle d'existence. »

Marseille est à ses pieds. Sophie, la fille cadette des Tapie, passe sa vie au stade Vélodrome. « Quand j'étais toute petite, c'était ma maison, se souvient-elle. J'ai passé là les plus beaux moments de ma vie et c'est ainsi que je suis devenue puis restée marseillaise. J'étais la fille

---

1. *L'Aventure Tapie, enquête sur un citoyen modèle.*

Bernard Tapie – Leçons de vie, de mort et d'amour

du super-héros de tous mes copains d'école, ça ne peut pas s'oublier. »

Le week-end, BT visionne avec son père et son frère des vidéos de matchs pour repérer les bons joueurs à recruter. Il est nuit et jour « sur la bête », remettant toujours tout en question. « Tapie, se souvient le défenseur Manuel Amoros[1], quand ça ne lui convenait pas, il changeait d'entraîneur, de kiné, d'adjoint, de médecin. Il changeait beaucoup, beaucoup de choses. »

Tapie n'hésite jamais à répéter que sa force, ici ou ailleurs, ç'aura été de choisir partout les meilleurs et de savoir ensuite déléguer. Si c'est presque toujours vrai dans les affaires, c'est faux dès qu'il s'agit de sport. Dans le cyclisme, on l'a vu, mais aussi dans le football, Tapie est, pour ses équipes, le maître après Dieu. Quand l'Olympique de Marseille est éliminé de la Coupe d'Europe par le Benfica Lisbonne à la suite d'une erreur flagrante d'arbitrage (un but marqué de la main par Vata Matanu Garcia), il décide d'en tirer les leçons : plus grande est la notoriété d'un club, moins vigilant sera l'arbitre à son encontre. Il s'agit maintenant d'impressionner.

Quand BT recrute comme entraîneur Franz Beckenbauer, c'est un coup de tonnerre dans le ciel bleu OM. Le club entre dans la quatrième dimension. « C'est comme les Beatles ou les Rolling Stones », exultait alors Basile Boli, l'une des plus grandes stars avec Jean-Pierre Papin du club des années Tapie.

On le surnomme le Kaiser. Mythe vivant, élu deux fois Ballon d'or par la presse spécialisée, Franz Beckenbauer a régné longtemps sur le football européen et gagné

---

1. Interview à *So Foot* n° 161, octobre 2018.

Le match du siècle

une première fois la Coupe du monde en 1974 pour l'Allemagne en tant que joueur, puis une seconde fois, en 1990, comme entraîneur.

C'est la classe personnifiée. Attentif aux desiderata du petit personnel, il est étonné par la rusticité des infrastructures de l'OM. Peu sensible à l'état d'esprit marseillais, il exige, pour changer, une stricte discipline des joueurs. Par exemple, s'ils sont en retard pour prendre le bus qui les emmène à l'entraînement, il ne les attendra pas : quand ce n'est pas l'heure, ce n'est plus l'heure. Basile Boli en sait quelque chose.

Directeur sportif, le Kaiser démarre en fanfare jusqu'à un gros échec de l'OM face à Auxerre (0-4). D'entrée de jeu, ça s'est mal passé avec Tapie auquel il reproche son interventionnisme : la séparation est inévitable. Il aura tenu à peine plus de cent jours mais, fidèle à sa réputation de grand seigneur, partira en bons termes avec le patron de l'OM, sans esclandre, retrouver son chalet de Kitzbühel, dans le Tyrol, pour faire du ski.

Avec son nouvel entraîneur, Raymond Goethals, surnommé « le sorcier belge », BT a repris la main et l'OM recommence à engranger les lauriers. A l'issue des deux saisons suivantes, 1990-1991 et 1991-1992, il garde à nouveau son titre de champion de France. Il fait aussi des étincelles en jouant en 1991 sa première finale en Coupe d'Europe des clubs champions contre l'Etoile rouge de Belgrade, tristement perdue, ô désolation, après les tirs au but (5-3).

Pour affronter l'AC Milan, Goethals convainc Tapie de changer de tactique : « Pour les battre, il n'y a qu'un moyen : jouer haut, comme eux.

— Mais on ne sait pas faire.

Bernard Tapie – Leçons de vie, de mort et d'amour

— On va apprendre. »

Pour qu'ils apprennent, Goethals entraîne ses joueurs en attachant à leurs chevilles des cordes qui doivent toujours rester tendues, pour qu'ils gardent bien la distance entre eux.

Le 26 mai 1993, c'est la consécration, et le mot est faible : le match qui changera la vie de Tapie et l'expédiera au firmament des grandes légendes marseillaises, non loin de Fernandel et de Belsunce, l'évêque qui n'avait pas peur de la peste.

Dans le stade surchauffé de Munich, lors de la finale de la Ligue des champions, l'OM bat l'AC Milan 1-0, devenant ainsi le premier club français à accéder au titre de champion d'Europe, trente-sept ans après la création de la compétition.

Que demande le peuple ? L'équipe est composée de beaucoup de cadors du football d'alors comme Eric Di Meco, Franck Sauzée ou Abedi Pelé, et on retrouvera trois des vainqueurs de 1993 parmi ceux, et non des moindres, de 1998, quand la France gagnera la Coupe du monde : Didier Deschamps, Fabien Barthez, Marcel Desailly.

Des années plus tard, quand Tapie sera au fond du trou, Didier Deschamps continuera de dire publiquement qu'il a des « pensées » pour son ancien patron de l'OM avec des formules du genre : « C'est avec lui qu'on a appris à gagner. »

Pareillement pour Basile Boli, joueur accrocheur s'il en fut, qui a marqué le but historique d'un extraordinaire coup de tête.

Le match du siècle

« Nous avions un mental exceptionnel », se souvient Boli. Si, avec Tapie, les relations sont parfois houleuses, il lui reconnaît une capacité à « transmettre sa passion et son envie de gagner ». Sans parler de cet instinct animal qui permet souvent à BT de prendre les bonnes décisions pendant les matchs et que l'on verra, ce jour-là, à l'œuvre.

Boli souffre du genou depuis plusieurs semaines. Il a été bousculé par un joueur de l'AC Milan et, ses douleurs devenant intolérables, il demande à être remplacé avant la fin de la première mi-temps du match « historique ». Après avoir échangé avec le patron de l'OM par talkie-walkie, Goethals dit Raymond-la-Science lui fait signe qu'il n'en est pas question. « L'autre con là-haut, il ne veut pas », dit-il avec lassitude, la main en direction de la tribune d'honneur.

« Je vais crever sur le terrain », s'indigne Boli avant de traiter le président de l'OM de tous les noms. Et c'est, racontera-t-il, « galvanisé par la rage contre Tapie » qu'il enverra dans le but le ballon que Pelé avait tiré dans sa direction. 1-0 pour l'OM. Ce sera le score final.

« Dans toutes les décisions de ma vie, l'irrationnel compte parfois beaucoup plus que le rationnel, raconte Tapie. J'avais bien vu que Boli souffrait mais mon intuition me disait que ça passerait et, en effet, son inconscient a transformé sa douleur. C'est devenu de la colère, de la gagne. »

A la fin du match, dans les rues de Marseille monte une mer de joie, sous le regard bienveillant de la Vierge (11,20 mètres pour 9 796 kg), rayonnante, délicieusement joufflue et enluminée à la feuille d'or, qui se dresse

Bernard Tapie – Leçons de vie, de mort et d'amour

depuis 1870 avec son enfant dans les bras au sommet de la basilique de Notre-Dame-de-la-Garde.

C'est le délire, un moment de grâce absolue. Des vieux Marseillais prétendent que la Vierge a souri pendant les jours qui ont suivi le triomphe de l'OM. Certains assurent avoir aperçu, avant le match, Tapie déposer à la Bonne-Mère un ex-voto, c'est-à-dire une offrande faite à Dieu en échange ou en remerciement d'une grâce demandée, un crucifix ou un objet quelconque. Mais on raconte tant de choses.

« Quand on est revenu de l'aéroport, raconte Tapie, les vingt-cinq kilomètres entre Marignane et Marseille étaient noirs de monde. Des gens, des gosses, des drapeaux, des chiens. On se serait cru à la fin d'une grosse étape du Tour de France. Qu'est-ce que c'était beau de voir exulter tous ces mômes de moins de dix ans ! Là encore, on passe à côté d'un événement comme ça si l'on croit qu'il est pour sa gueule ! C'est un grand élan sentimental, affectif, ça vous dépasse complètement ! »

Arx tarpeia Capitoli proxima, dit la sagesse romaine. Il n'y a en effet pas loin du Capitole, l'une des sept collines de Rome sur laquelle se dressait jadis le temple de Jupiter, à la roche Tarpéienne d'où étaient jetés les corps des condamnés à mort. Gagner la Coupe d'Europe, autrement dit le Graal, et puis partir, en tout cas se faire oublier quelque temps, eût quand même été plus judicieux.

Y pense-t-il ? Après la victoire, comme par pudeur, humilité, superstition ou les trois en même temps, le patron de l'OM rechigne à se mettre en avant. Au contraire, c'est l'équipe qui le pousse et le porte. « On

Le match du siècle

n'a pas une seule photo de mon père tenant la coupe d'Europe », se souvient Laurent Tapie.

Mais Tapie a cinquante ans, l'âge où le temps commence à être compté, tandis qu'apparaît, au loin, la flamme rouge qui, dans les courses cyclistes, annonce le dernier kilomètre. Il n'est pas question de ralentir, encore moins de prendre un chemin buissonnier. Tout son être, à commencer par son menton impérial, son expression jubilatoire et dominatrice, semble hurler à la face du monde la formule mythique des soldats de 14-18 : « On les aura ! »

S'il fallait dater le début de la chute de Tapie, il faudrait choisir le jour de son triomphe de Munich, le 26 mai 1993. Il est vrai que les ennuis avaient déjà commencé : quelques jours plus tôt éclatait l'affaire de corruption du match Valenciennes-OM. « Le succès, dit Oscar Wilde, est un poison qui ne doit être pris que tard dans la vie, et même alors, seulement à petites doses. »

Après la réussite de l'OM, la dose est trop forte pour ne pas provoquer une réaction en chaîne. C'est à se demander si Tapie n'a pas placé lui-même, en toute connaissance de cause, la bombe à fragmentation et allumé la mèche qui allait le faire exploser en vol.

22

Boule de flipper

Le Tapie show. Eveilleur de vocations avec l'émission
Ambitions. Derrière Bouygues à l'assaut de TF1

OM, Wonder, La Vie Claire, Grosses Têtes sur RTL, 1986 est l'année où BT se démultiplie comme jamais. Combien y a-t-il de Tapie ? Vingt ? Trente ? Sont-ce des sosies ? Dieu sait. N'écoutant que sa bougeotte, il est partout en même temps et c'est quand on le croit ici qu'il est ailleurs. Dix ans plus tard, après le premier clonage de l'histoire, celui de la brebis Dolly, née en Ecosse, on aurait compris ce qui lui arrivait. Mais à cette époque, ses ennemis en sont réduits à dire qu'ils vivent un mauvais rêve : il se reproduit tout seul, en parthé-nogenèse, comme les sauterelles.

1986 est aussi l'année de « Boule de flipper », un tube composé par Christophe et chanté par Corynne Charby avec un y comme Tapy, qui semble avoir été écrit pour lui :

Et j'vis comme une boule de flipper
qui roule

159

Boule de flipper

*Avec les oreillers du cœur
en boule*

En plus du reste, Tapie a décidé de faire de la télé. Si l'on est honnête, ce qui peut arriver, il faut reconnaître que c'est la télévision qui est venue à lui. En 1985, il entame une tournée de rock star à destination de la jeunesse, un show animé par Anne Sinclair où il lui donne ses clés de la réussite. Succès fou. Le 30 avril, au Palais des Congrès où la jauge est de trois mille sept cent vingt-trois places, il a dû faire son spectacle deux fois, plus de trois mille étudiants n'ayant pu entrer. Dans la foulée, il effectue un tour de France avec une pointe au Canada.

La jeunesse est son combat. Il veut la sortir du chômage mais le showman va parfois plus vite que la musique. Il n'y a pas si longtemps, il avait promis de former quinze mille jeunes. Quand il a fallu passer aux travaux pratiques, Noëlle Bellone, sa femme-orchestre, s'est arraché les cheveux. BT n'avait pas anticipé que le chômeur perd son statut quand il entre en formation. Chaque fois ou presque qu'il fait une proposition, il tombe sur un bec, des objections, des résistances. Il fonce quand même. A l'époque, quand ses beaux projets foirent, l'opinion ne semble pas lui en vouloir. Au moins, lui, il aura essayé quelque chose.

Tapie est devenu une marque qui se vend. Il fait souvent la une des hebdos qui ne le portraiturent pas toujours sous son meilleur profil. « Les journalistes français sont vraiment une race de types qui me sort par les narines », dit-il souvent avant de confier à *Libération* : « Le journaliste de presse écrite fait passer, dans le papier qui m'est consacré, ses problèmes de cul, sa facture de

Bernard Tapie – Leçons de vie, de mort et d'amour

téléphone qu'il n'arrive pas à payer, etc. Quand il vient de se faire plaquer par sa nana, que veux-tu qu'il écrive sur moi ? »

A la télé, Tapie fait de l'audience : en mars 1985, lors de l'émission *Le Jeu de la vérité*, il pulvérise les records pour culminer, à la fin, à 45 % de part de marché, en révélant toutes ses qualités de showman. A l'aise dans l'autodérision, il poussera la chansonnette en entonnant « Le blues du businessman » de Michel Berger et Luc Plamondon, interprété d'ordinaire par le Québécois Claude Dubois, un succès qui semble avoir été écrit pour lui :

> *J'passe la moitié de ma vie en l'air*
> *entre New York et Singapour*
> *Je voyage toujours en première*
> *J'ai ma résidence secondaire*
> *dans tous les Hilton de la terre*
> *J'peux pas supporter la misère*
>
> *J'aurais voulu être un chanteur*
> *pour pouvoir crier qui je suis*
> *J'aurais voulu être un auteur*
> *pour pouvoir inventer ma vie...*
> *J'aurais voulu être un acteur*
> *pour tous les jours changer de peau...*
> *J'aurais voulu être un artiste*
> *Pour pouvoir dire pourquoi j'existe*

Une étoile est née. Il est vrai qu'il a tout pour lui. La gueule, la gouaille, la présence. Il tient aussi un discours qui correspond à l'air du temps et qu'a si bien résumé,

Boule de flipper

dès 1974, en une seule phrase prémonitoire, mon maître Norman Mailer : « Tandis que nos sens s'égarent dans la machine universelle à venir, la nécessité d'exercer notre ego prend des proportions éléphantesques[1]. »

Toujours dans l'oralité, jamais dans l'écrit, Tapie a aussi un sens certain de la formule, ce que Mailer appelle les « perles » et le métier les *punchlines*. Morceaux choisis :

« Si moi je veux parler sans grossièreté, je peux le faire mais ça paraîtra aussi naturel que si Giscard disait : "J'en ai plein les couilles." »

« Quand vous êtes dans le sens contraire du courant et que vous nagez vite, vous reculez moins que les autres. »

« Les imbéciles ont une vertu – j'ai appris ça tout au long de ma vie –, c'est qu'ils ne supportent pas que vous ne sachiez pas que ce sont des imbéciles. »

« J'ai lu qu'on était un orchestre de bal musette, et qu'on allait rencontrer un orchestre symphonique de la Scala de Milan. Ben, finalement, à l'accordéon, on se démerde pas mal. »

Autant d'énergie et de la popularité, il faut en faire quelque chose. Un jour, Mitterrand l'appelle et lui dit : « Je vous ai vu dans l'émission *Vive la crise !* animée par Yves Montand. De tous les intervenants, vous étiez de loin le plus convaincant quand vous vantiez l'esprit d'entreprise, ce que les patrons sont en général incapables de faire. Je suis sûr que vous avez suscité beaucoup de vocations, tant vous donniez envie, alors que les

---

1. Norman Mailer, « La foi du graffiti », in *Morceaux de bravoure*, Robert Laffont, 1985.

Bernard Tapie – Leçons de vie, de mort et d'amour

autres étaient confits dans leurs costumes trois pièces. Ça vous dirait de faire une émission pour apprendre l'entreprise aux Français et donner aux jeunes le goût d'entreprendre ? — Bien sûr, j'ai dit. — Bon, eh bien, je vais en parler à TF1. »

Une productrice de TF1, Marie-France Brière, reine du divertissement et de la variétoche, l'embarque dans une émission, *Ambitions*, diffusée un vendredi par mois, à 20 h 35. Elle durera un an, du 28 février 1986 au 28 février 1987. Le principe : un jeune de moins de vingt-cinq ans, soutenu par Tapie, vient présenter son projet de création d'entreprise devant un jury d'économistes, de managers, de journalistes, etc. Si son idée est retenue, il pourra la concrétiser. Le tout en direct.

C'est un feu de prairie. L'émission fera connaître des flopées de nouveaux talents, comme Elie Mouyal, devenu le roi de l'architecture en terre au Maroc. A un procureur qui lui demande ce que deviennent ses maisons en terre quand il pleut, il répond qu'elles résistent et que la terre compressée est plus esthétique, plus insonore, et qu'elle protège mieux du chaud, du froid.

A l'époque, je jette un coup d'œil dessus, plus par devoir journalistique que par intérêt particulier, et je dois à la vérité de dire que c'est le genre d'émission qui me soûle un peu, même si je ne partage pas l'indignation bernanosienne de mon ami, ma vigie et ancien professeur d'histoire Jacques Julliard. Dans les colonnes du *Nouvel Observateur* dont je dirige alors la rédaction, l'ami Jacques tonitrue souvent contre Tapie que je ne connais pas encore et qui incarne à ses yeux « la jobardise d'un monde hébété de médias, assommé d'insignifiance ». Il ne voit rien d'autre en lui qu'un

Boule de flipper

« petit industriel pilleur d'épaves », un « Don Juan des ménagères du matin sur les postes périphériques », un « Fregoli de nos impuissances successives », un « habile chiffonnier servi par un physique de tombeur de dames »[1].

Après cette fessée, BT, apparemment meurtri, répondra, à côté : « Prévert disait de Montherlant, c'est un bas-du-cul qui se prend pour un grand d'Espagne. » Sans faire mon Julliard, je suis quand même marri, à l'époque, que Tapie soit érigé au rang de grand penseur contemporain, dans le panthéon des modèles. Alors, je persifle, je goguenarde. A chaque époque ses références intellectuelles. Naguère, nous avions le grand Camus, le petit Sartre, l'iconoclaste Arendt, l'immense Lévi-Strauss. Aujourd'hui, c'est Tapie.

Bien plus tard, j'ai révisé mon opinion quand j'appris que l'émission *Ambitions* avait éveillé moult vocations et que des entrepreneurs de premier plan se considéraient comme des enfants de Tapie : Xavier Niel, fondateur de Free, Jacques-Antoine Granjon, l'homme-orchestre de Veepee (anciennement Vente-privee.com), Marc Simoncini, le grand manitou du site de rencontres Meetic.

Un jour, les trois mousquetaires de l'Internet français ont invité Tapie à déjeuner. « Ils m'ont dit, se souvient-il, qu'avec mes émissions, je leur avais donné envie d'entreprendre, que je les avais bien régalés quand ils avaient vingt-cinq ans. »

C'est quand l'émission s'arrête, sur sa décision, il tient à le préciser, que Tapie devient, quelques semaines

---

1. *La République du centre*, Calmann-Lévy, 1994.

Bernard Tapie – Leçons de vie, de mort et d'amour

plus tard, dans le sillage de Francis Bouygues, l'un des actionnaires de TF1. Une surprise. La droite ayant décidé de privatiser la chaîne, il ne faisait aucun doute qu'elle reviendrait à Jean-Luc Lagardère, candidat de Jacques Chirac, le Premier ministre. C'était couru d'avance : Lagardère disposait d'une équipe de choc avec toutes les stars du moment (Etienne Mougeotte, Christine Ockrent, etc.).

Deux candidats dominent. D'un côté, celui que tout le monde appelle « Jean-Luc », même ses salariés, d'Artagnan flamboyant, patron de Matra, roi du missile air-air à courte portée, lanceur de satellites, professionnel de l'entregent et de la main dans le dos, déjà propriétaire d'un groupe média qui tourne plus que bien, mené de main de maître par Daniel Filipacchi.

De l'autre côté, Francis-le-Bétonneur qui ne connaît rien au métier, flanqué de ploucs et d'inconnus, n'était Tapie qui prend la vedette, même si le maître incontesté des opérations est un Breton blafard et coincé, Patrick Le Lay, ancien élève de l'Ecole spéciale des travaux publics, du bâtiment et de l'industrie.

Un soir, l'équipe Bouygues au complet se retrouve avec des têtes d'enterrement autour de Patrick Le Lay qui annonce, soutenu par le grand patron, qu'il vaudrait sans doute mieux arrêter les frais. La CNCL (Commission nationale de la communication et des libertés) étant à la botte du pouvoir, les dés sont pipés et l'échec annoncé serait trop préjudiciable au groupe. Alors Tapie se lève : « Vous vous faites intoxiquer par les médias. J'ai mis 20 millions dans cette affaire. C'est beaucoup pour moi. Je suis prêt à vous les laisser si on perd. On est l'équipe qui a le plus bossé,

Boule de flipper

grâce à Patrick Le Lay. Les membres de la CNCL que j'ai rencontrés m'ont tous dit qu'ils étaient très impressionnés, sur le cul, devant le boulot accompli. Et vous savez pourquoi on va gagner ? Parce que le gouvernement a décidé – on voit que c'est un énarque qui a mis ça au point – qu'ils voteraient à bulletins secrets. Plus con, ça n'existe pas ! Avec un vote à bulletins secrets, nous qui dirigeons des entreprises, nous sommes payés pour le savoir, tout est toujours possible. »

Francis Bouygues rigole et approuve. C'est finalement le roi du BTP qui, avec son aréopage, emportera la mise contre Lagardère. Son équipe a été plus ficelle.

« De temps en temps, raconte Tapie, on a eu, je ne sais pas comment appeler ça... des sortes de fulgurances avec les membres de la CNCL. Par exemple, un jour que je déjeunais avec Pierre Sabbagh, un type fabuleux, je lui ai dit que Francis, qui ne s'intéressait pas trop aux programmes, avait une idée fixe : reprogrammer *Au théâtre ce soir*, l'émission culte dudit Sabbagh qui avait été supprimée. "Seriez-vous d'accord ?" j'ai demandé. "Evidemment", il a répondu. Et on l'a fait. »

Après ces nouveaux faits d'armes, Tapie reprend sa croisade économique, qui le déporte peu à peu vers la politique, au grand dam de ses proches qui commencent à avoir peur pour lui. Toujours très violent contre Le Pen, plutôt proche de la gauche, il porte néanmoins des valeurs que la droite accuse les socialistes de piétiner : l'individualisme, le goût de la réussite, la rage de vaincre. C'est sans doute ce qui, chez lui, intéresse Mitterrand, adepte du yin et du yang.

Bernard Tapie – Leçons de vie, de mort et d'amour

Après une première phase étatiste et pseudo-léniniste, le président paraît désormais de plus en plus soucieux de réconcilier son camp avec l'entreprise. Tapie ne pourrait-il pas faire l'affaire ?

23

Chacun porte un diable en soi

Déjeuner avec Mitterrand. « L'envie d'un autre pouvoir. » Député de Marseille

C'est un dialogue que j'ai souvent eu avec Tapie, avec des mots différents selon les époques. Il donnait à peu près cela :

Moi : Franchement, tu ne pouvais pas ne pas te douter que tu allais à la catastrophe en te lançant en politique.

Lui : Je n'ai pas cherché la catastrophe mais je reconnais que je n'ai rien fait pour l'éviter.

Même quand on paraît normal, il y a en chacun de nous quelque chose de plus ou moins fort qui nous ronge et nous tourmente. On lui donne toutes sortes de noms : démon, masochisme, Thanatos, tentation du suicide, fascination du vide, mais ça revient toujours au même. Si vous le laissez faire, il vous perdra. Il faut le combattre.

Tapie ne le combat pas. Il le laisse le mener. Au point qu'en 1987, alors qu'il est en train de relancer l'OM et qu'il a cessé de s'intéresser au Tour de France après un

Bernard Tapie – Leçons de vie, de mort et d'amour

stupide accident de chasse de Greg LeMond, HS pour deux ans, il a décidé d'aller humer l'air en politique et de soupeser les bêtes, comme un maquignon : changement d'herbage réjouit les veaux.

En septembre, BT demande au publicitaire Jacques Séguéla, devenu son ami, de lui organiser deux déjeuners. L'un, avec Valéry Giscard d'Estaing, le président précédent. L'autre, avec François Mitterrand, l'actuel. Il ne s'agit pas pour Tapie de faire des offres de service mais plutôt de les connaître et de se faire connaître.

Il découvre Giscard. Le prince de l'*understatement*. Tellement intelligent qu'il n'est pas toujours à l'aise avec les autres. Son drame : il s'est trompé de siècle. Il était fait pour le XVIIIe. La preuve, il semble toujours revenir d'une partie de chasse avec Thomas Jefferson dans une forêt de Virginie. Il n'est pas d'ici ni de maintenant. Il est toujours légèrement *à côté*.

Amusé, VGE le prend d'un peu haut, mais gentiment, à sa façon. Alors, Tapie le provoque. Dans le compte rendu qu'il fait de leur conversation dans ses Mémoires, *Autobiographie non autorisée*[1], Séguéla fait dire à BT : « L'une de mes grandes chances est d'avoir subi l'injustice, mais, au lieu de m'anéantir, elle m'a galvanisé. J'en ai éprouvé la haine de l'*establishment*, ces nantis de la noria de la finance. Je les vomis parce qu'ils sont lâches, égoïstes et pas très intelligents. »

Giscard a été très intéressé et même plus par ce personnage atypique. Il l'a dit à Séguéla qui ne l'a pas répété à son ami, de peur qu'il ne prenne la grosse tête. Il n'y aura cependant pas de suite à cette rencontre.

---

1. Plon, 2009.

Chacun porte un diable en soi

Quelques jours plus tard, BT déjeune avec Mitterrand, toujours chez Séguéla. Parce qu'il ne pouvait rien refuser au génial publicitaire qui avait orchestré sa campagne présidentielle de 1981, le chef de l'Etat est venu, mais à reculons. Certes, ce Tapie l'intéresse mais bon, ces hommes d'affaires, quand ce ne sont pas ses amis, c'est toujours un peu la barbe. Ils ont toujours quelque chose à lui vendre. Une loi, un aménagement fiscal qui favoriserait leur activité.

Séguéla a trouvé l'argument imparable : « Tapie ira en politique. C'est risqué de l'avoir avec soi. Mais c'est pire de l'avoir en face. » Là, les préventions de Mitterrand se sont évanouies d'un coup. Il a cependant été convenu qu'il filerait à 14 h 30, il a une après-midi très chargée. Deux heures après, il était toujours là.

De Mitterrand, Tapie dit à juste titre : « C'était un buvard. » L'œil fureteur, cet homme questionnait, il engrangeait et puis il digérait. Si j'étais mauvaise langue, à Dieu ne plaise, je dirais que BT, à défaut d'être l'encre, était un postillon, le postillon que le chef de l'Etat a ingurgité. Ce jour-là, comme d'habitude, il l'écoute avec intérêt.

C'est un métier. Mitterrand écoute toujours tout le monde avec un air absorbé, même quand il songe à autre chose, comme il me l'a avoué naguère, quand je travaillais à ma biographie sur lui. Mais ce Tapie, décidément, sait retenir son attention.

« Ce n'est pas la France qui est malade, dit Tapie, ce sont les Français. Ils sont nombrilistes, conservateurs et désorganisés. Trois défauts majeurs qui expliquent mon pessimisme.

Bernard Tapie – Leçons de vie, de mort et d'amour

— Certes, répond Mitterrand, mais ils sont aussi généreux, novateurs, imaginatifs. »

Il ne s'agit pas là d'une rencontre au sommet entre de Gaulle et Malraux, par exemple. Pas d'envolée, ni de débauche de formules sur la France éternelle d'où remonteraient, du fond des siècles, des cliquetis de glaives ou les fracas des grandes tragédies nationales. Même s'ils ne le disent pas, les deux hommes, prosaïques, essaient de voir s'ils peuvent faire quelque chose ensemble.

Ils ont beau jurer le contraire, ce sont des utilitaristes qui ont tendance à penser devant tout nouvel interlocuteur : « Tiens, à quoi pourra-t-il bien me servir, celui-là ? » Ils parlent de l'ouverture, des échéances à venir. Mitterrand, qui feint de ne pas savoir s'il se représentera à la présidentielle de 1988, dans huit mois, a une conviction : s'il est réélu, il ne pourra pas gouverner comme auparavant avec les seuls socialistes. Il lui faudra travailler avec d'autres forces, centristes ou nouvelles. Heureux hasard, Tapie plaide aussi pour ça.

Nez frémissant, toujours à l'affût des odeurs, des parfums, ménageant volontiers de longs silences, comme s'il ne voulait rien rater du temps qui passe, Mitterrand a tout du pêcheur à la ligne du dimanche sur les bords de la Charente. Il ne lui manque qu'un béret. Après avoir répandu les amorces, farine de maïs et graines de chènevis dans l'eau de la rivière pour attirer le fretin, il a jeté ses hameçons et Tapie a mordu.

Jacques Séguéla aime trop BT pour réécrire l'histoire et on peut lui faire le crédit de la sincérité quand il note

Chacun porte un diable en soi

que ce déjeuner entre deux monstres sous le charme l'un de l'autre lui a laissé un goût amer dans la bouche. « Je sentis, observe-t-il, BT chavirer » et, « sans se l'avouer, changer de destin personnel ».

Séguéla a confusément anticipé, avant d'autres, qu'en cédant à l'appel de la politique, « Wonder Tapie », comme il le surnomme, courrait à sa perte : « Le lion du business, toute crinière dehors, à qui rien ne résistait, ni Wonder ni Adidas, afficha, ce jour-là, son envie d'un autre pouvoir, sans se douter qu'en abandonnant la gestion de ses affaires, il s'en ferait déposséder. Par ce même Etat qu'il allait s'engager à servir[1]. »

Qu'est-ce qui attire tant Tapie, dans la politique ? D'où vient cette fascination ? Ne comprend-il pas qu'en France, c'est un métier de longue haleine, où, sauf exception, il faut commencer jeune pour apprendre à encaisser avant de pouvoir accéder, tout couturé de partout, à la magistrature suprême ? Si ce n'est pas du suicide, ça y ressemble. Jacques Séguéla résume bien la vie de BT quand il écrit : « Il rêvait d'être Frank Sinatra, il jouera les Rockefeller avant de vouloir être Mitterrand II et de finir en Jean Valjean malgré lui[2]. »

Il ne reste plus qu'à ferrer et tirer le poisson. Quelque temps plus tard, le président téléphone à Tapie :

« Vous avez une cote d'amour formidable à Marseille. Or, vous le savez, Jean-Marie Le Pen est bien parti pour devenir député de la ville et, demain, qui sait, nous ravir la mairie. Il faut à tout prix empêcher ça.

---

1. *Autobiographie non autorisée.*
2. *Ibid.*

Bernard Tapie – Leçons de vie, de mort et d'amour

— Vous pouvez compter sur moi, monsieur le président.

— En politique, sachez-le, le testimonial n'a aucun pouvoir. Vous allez dire : "Je vote pour untel", ça lui fera une belle jambe et ça n'aura aucun effet. Pour être crédible, il faut vous engager avec un dossard.

— Qu'est-ce que ça veut dire ?

— Il faut que vous soyez candidat aux législatives de 1988 sous le dossard de la majorité présidentielle.

— Mais je ne veux pas être député !

— Rassurez-vous, c'est Michel Pezet qui dirige les socialistes marseillais. Il a des ambitions, je suis sûr qu'il vous donnera une circonscription ingagnable. Mais au moins, si vous êtes candidat, vous serez présent dans le débat. »

Je m'en suis tenu à la version de BT. Je n'ai pu vérifier, et pour cause, la conversation avec François Mitterrand mais je me souviens de plusieurs jugements qu'il avait portés devant moi sur le président de l'OM et qui la corroborent : « Tapie a quelque chose de plus que les autres. C'est une bête politique mais il ne le sait pas encore. Il fera des ravages, vous verrez. »

Comme prévu, Michel Pezet, l'étoile montante du socialisme provençal, choisit pour Tapie une circonscription où il n'a quasiment aucune chance de gagner. Elle est tenue par Guy Teissier, député UDF, un ancien para souriant, ouvert, populaire et bien implanté. BT perd l'élection d'un cheveu mais, après son annulation par le Conseil constitutionnel, l'emporte largement l'année suivante.

« C'est toute l'histoire de ma vie, dit Tapie. Là encore, je n'avais rien décidé, je suis entré par la porte qu'on

Chacun porte un diable en soi

m'avait ouverte. » Un silence, puis, avec la lucidité que donnent le temps et le recul : « Et voilà que commence le parcours politique qui va me conduire à la mort, oui, il n'y a pas d'autre mot, à ma mort. »

24

Pourquoi tant de haine ?

*Rocard abattu par un missile nommé Tapie. Le spectre
du destin présidentiel. Ennemi public numéro un
des juges et des journalistes*

« La politique m'a tué. » C'est le leitmotiv de Tapie et
il a raison : tous ses malheurs sont apparus quand il est
devenu député de la majorité présidentielle à Marseille,
en 1989, puis éphémère ministre de la Ville en 1992
(quatre mois et vingt-quatre jours en deux fois) avant
de culminer avec la victoire de l'OM face à l'AC Milan.

« Il l'a bien cherché, diront les experts ès carrières.
Il a voulu réussir trop vite alors qu'en France, il faut
savoir prendre son temps. » Les choses auraient pu aller
plus vite si Tapie n'était pas tombé sur un os : Rocard.
Il a failli entrer au gouvernement dès 1988. La veille du
premier tour de l'élection présidentielle, Mitterrand avait
invité Tapie à déjeuner dans sa salle à manger personnelle de l'Elysée. Ils s'étaient revus plusieurs fois depuis
le déjeuner chez Séguéla.

Mitterrand est un libertin du pouvoir. Il n'aurait pas
tenu quinze jours au XXIe siècle, celui du camp du Bien.

175

Pourquoi tant de haine ?

Malgré ses airs compassés de vierge tendre, vite effarouchée, il aime « s'encanailler », comme il dit. Dans un métier où l'on est vite cerné par les raseurs et les lèche-culs, il privilégie la compagnie des imprévisibles, des foutraques, des profanateurs. En résumé, il ne se sent vraiment bien qu'avec des personnalités libres et fortes comme Georges Dayan, son meilleur ami, mort en 1979, puis Michel Charasse, son seul véritable homme de confiance avec André Rousselet.

A l'Elysée, quand il était président, on se serait cru, par moments, dans *Le roi s'amuse*, la pièce de Victor Hugo avec le bouffon Triboulet qui divertissait tant François Ier. Mitterrand adore être choqué, quand ça rigole et que ça pète. Il fallait le voir se tourner, pendant un déjeuner, avec une expression de gourmandise, les canines sur le qui-vive, vers son beau-frère Roger Hanin : « Roger, racontez-nous encore l'histoire du philatéliste chinois... » Il aime qu'on lui fasse le spectacle. Avec Tapie, il est servi.

« Ce n'est pas possible, dit-il, Tapie a un truc. Les gens le croient, lui. » Si Mitterrand le traite avec tant d'égards, c'est surtout parce qu'il est séduit par sa puissance, son potentiel. C'est un Pygmalion qui, comme Chirac, pousse les nouvelles générations, les fouette, les met en avant : le PS est comme une nurserie. Mais il est un peu déçu par ses propres inventions, les Fabius, les Jospin, des personnages formatés, ennuyeux comme la pluie. Ils ont tous quelque chose de scolaire, d'étriqué. « Même quand ils semblent avoir toutes les qualités, m'a-t-il dit un jour, il leur manque la principale : la force d'âme, de caractère, qui fait les grands. Ils sont fragiles, ils n'ont pas de coffre, ils perdent vite leurs moyens. »

Bernard Tapie – Leçons de vie, de mort et d'amour

Toujours à la recherche de talents, Mitterrand est intrigué par celui-là, si singulier : c'est autour de personnages comme Tapie qu'il peut espérer élargir sa majorité qui, après le deuxième tour des législatives, s'est réduite au PS et à quelques pseudo-centristes. Il aime qu'il y ait des gens comme le président de l'OM qui se disent à gauche et qui affirment que « si les entreprises étaient gérées comme le gouvernement gère la France, elles seraient en faillite ».

En 1988, quand il évoque la formation du gouvernement avec Michel Rocard, le Premier ministre qu'il a désigné après sa réélection, Mitterrand cite le nom de Tapie. Le président a envisagé deux postes pour lui : l'Industrie ou la Formation professionnelle. Horreur !

« Je ne veux pas de Stavisky au gouvernement », tranche Rocard.

Avec sa classe coutumière, Rocard a tenu à annoncer lui-même la mauvaise nouvelle à l'intéressé. Ce ne sera que partie remise. La légende dit que c'est Pierre Bérégovoy qui, quand il est nommé Premier ministre, a décidé d'appeler BT au gouvernement. Elle est fausse. C'est le président qui l'a voulu.

Bien sûr, il faudra qu'il fasse ses classes. Le 2 avril 1992, Tapie a écopé d'un mini-ministère : la Ville, qui a été amputée de l'Aménagement du territoire pourtant dévolu à son prédécesseur, André Laignel. C'est ce qui s'appelle entrer par la petite porte. La preuve, dans l'ordre des préséances, BT arrive dix-neuvième, tout en bas du tableau, à peine au-dessus des ministres délégués et des secrétaires d'Etat.

Il s'en fiche. « La ville, ça me passionne, dira-t-il longtemps après. Quand j'arrive dans ce ministère, j'ai un

Pourquoi tant de haine ?

projet et je sais que je vais épater tout le monde en montrant ce qu'on peut faire sur un dossier qui est très mal engagé. »

N'est-ce pas déchoir que d'avoir accepté ce poste-là ? Il a compris que Mitterrand veut le tester et le former, pour commencer. Et puis n'oublions pas que Tapie achète toujours à la baisse. Les élections législatives programmées l'année suivante s'annoncent abominables pour la gauche : sa dégringolade est telle qu'on se dit, en regardant les sondages, qu'elle va finir par trouver du pétrole.

Une fois de plus, BT a donc jeté son dévolu sur une affaire en liquidation. Peut-être pense-t-il pouvoir, comme d'habitude, retourner la situation, faire des miracles, sauver une gauche mal aimée partie en capilotade. N'a-t-il pas de sérieux atouts ? Mitterrand croit en lui et il a le Premier ministre dans la poche. Tapie a aussi une arrière-pensée : la mairie de Marseille qu'il entend désormais conquérir aux municipales de 1995. Un portefeuille ministériel assoira son ambition marseillaise.

Mais ce Premier ministre est une mauvaise pioche. Tête de liquidateur et orateur barbant, Bérégovoy est un apparatchik qui a trahi tout le monde, Mendès France, puis Savary, puis Mauroy. Ancien agent de Gaz de France, c'est l'un des rares caciques socialistes d'origine populaire. Mitterrand le compare souvent à Mauroy mais il n'a pas le flair, ni l'ampleur, ni l'intelligence des situations du maire de Lille. Boursouflé, épris de respectabilité, drôle comme un lavabo, Béré, comme on l'appelle, aime l'argent et affiche continuellement un grand sourire batracien derrière lequel il n'y a rien.

Bernard Tapie – Leçons de vie, de mort et d'amour

Entre BT et Bérégovoy, les liens sont néanmoins très forts. Les mêmes racines prolétaires, la même passion pour la bicyclette. Sans oublier, pour couronner le tout, Look, une entreprise basée à Nevers, ville dont le Premier ministre est maire depuis une petite dizaine d'années. En recyclant l'entreprise, si j'ose dire, passée de la fixation de ski à la pédale de vélo, Tapie lui a donné une nouvelle chance.

Quand Tapie débarque au gouvernement tout jubilant, la mâchoire virile, il n'est nul besoin d'être grand clerc pour savoir qu'il entre dans un engrenage qui le broiera. A l'époque, je le connais mal mais j'ai de la peine pour lui. Il fait penser à ces personnages de films américains, les Cary Grant ou James Stewart, que le scénariste a condamnés dès la première scène et qui iront, d'abord inconscients puis de plus en plus inquiets, bientôt affolés, vers leur destin tragique.

25

Quand les vermines se régalent

Une nouvelle victime des trois l (lèche, lâche, lynche).
« L'homme qui veut être président. » C'est tous
les jours hallali

En arrivant à son premier conseil des ministres, Tapie était sûr qu'il serait impressionné par « ce cénacle magique, cette concentration d'intelligence ». Erreur. Il découvre que c'est comme une classe où personne ne chahuterait mais où tout le monde ferait autre chose qu'écouter le cours du maître.

Le cours du maître, en l'occurrence, c'est un pensum écrit par un des membres de son cabinet, lu par un ministre sur un ton monocorde, tandis que le chef de l'Etat signe son courrier, l'air pénétré. Pendant ce temps, des petits mots circulent autour de la table sans jamais passer par le président pour qui ce serait déchoir que de le transmettre à son voisin.

Couvé des yeux par Mitterrand, Tapie est une attraction. Il discourt sans notes et en impose, refermant ses classeurs avec ostentation avant de prendre la parole. Aujourd'hui, il regrette ce geste : « Qu'est-ce que j'avais

Bernard Tapie – Leçons de vie, de mort et d'amour

besoin de claquer mon classeur pour montrer aux autres que je les trouvais bidon, car, moi, je ne lisais pas un texte ? C'est quand même mon gros défaut, non ? »

Après sa première intervention sur la politique de la ville en conseil des ministres, son collègue Bernard Kouchner (Santé et Action humanitaire) lui fait parvenir un petit mot : « Tu avais quelques amis et quelques ministres indifférents à ton égard au sein de ce gouvernement. Sache qu'il ne te reste maintenant que des ennemis, à part Béré et moi. »

« Autour de la table du conseil, il y avait des champions, des cigares, raconte Tapie. Des personnages qui, souvent, m'impressionnaient. Et, à la fin, quand Mitterrand parlait sur un sujet qu'il choisissait, ça décollait, il prenait l'ascendant. Ensuite, quand on se levait, il me faisait un signe de la main, au moins une fois sur deux, et m'emmenait passer un moment avec lui dans son bureau. »

J'ai pu vérifier auprès de Michel Charasse : il me l'a confirmé. Mitterrand essaie de former BT comme il l'a fait naguère avec Fabius ou Jospin. Il lui demande son avis sur les grands sujets d'actualité et de temps en temps le recadre. « Un jour, se souvient Tapie, il m'a sermonné parce qu'entre les deux tours des élections, j'avais traité de "salopards" les électeurs de Jean-Marie Le Pen, et déclaré qu'à Marseille, il y avait 30 % de racistes. "On ne dit jamais ça, m'avait-il expliqué. Au lieu d'insulter les électeurs, il faut au contraire les séduire, les convaincre, les appeler à changer de camp. C'est ça, la politique !" »

« Moi, je me fiche qu'ils m'aiment ou pas, a répondu Tapie à Mitterrand. Je ne veux pas qu'ils restent au FN, j'essaie donc de les culpabiliser. » Il n'en démord

Quand les vermines se régalent

pas, au point qu'il récidivera plus tard, en conseillant aux électeurs de ne pas jeter le bulletin Le Pen quand ils seront dans l'isoloir mais de l'emporter, puis « de marcher dessus, ça porte bonheur ».

Tapie est seul et le président lui conseille de nouer des relations avec les autres politiques. Mais là encore, comme dans tous les mondes où il est entré par effraction, Tapie reste à l'écart. C'est une autocritique qui revient sans cesse dans sa bouche : il n'a pas fait d'efforts. « Quand j'arrivais dans un nouveau milieu, répète-t-il sur le ton du confiteor, je ne jouais pas le jeu, comme si je ne voulais pas me laisser contaminer par ses habitudes, ses conformismes. Mais il est vrai qu'on ne m'ouvrait pas non plus les portes. »

La nouvelle coqueluche de Mitterrand compte peu d'alliés dans l'équipe gouvernementale, à part Béré, gonflé à l'esprit de sérieux, l'acrobate affairiste Roland Dumas (Affaires étrangères), le marxiste rigoureux Pierre Joxe (Défense) et, on l'a vu, le « tiers-mondiste deux tiers mondain » Bernard Kouchner.

Les autres se tiennent à distance, parfois en se bouchant le nez. Ou bien ses collègues exècrent ce qu'il incarne, ou bien ils sentent le pétrin qui vient. A peine est-il au gouvernement que les « affaires » arrivent en effet de partout, comme les balles et obus à la bataille de Gravelotte, en 1870. Quatre demandes de levée d'immunité parlementaire en neuf mois, une information judiciaire pour abus de biens sociaux, une perquisition de la brigade financière à son domicile, une saisie conservatoire de ses meubles à la demande du Crédit lyonnais et j'en passe.

Bernard Tapie – Leçons de vie, de mort et d'amour

Pourquoi tant d'acharnement ? C'était écrit. BT avait eu le grand tort d'afficher ses ambitions. En écrivant ces lignes, j'entends déjà Tapie qui, encore irrité par une de mes questions, m'a hurlé dessus, quelques jours plus tôt : « Crois-tu que j'étais assez con pour ne pas savoir dans quel guêpier j'allais me fourrer en entrant en politique ?

— Mitterrand t'avait mis en garde.

— Et alors ? Je n'ai pas attendu Mitterrand pour penser que ça serait compliqué. La politique est un métier de tueurs où il y a toujours des gens qui essaient de te zigouiller pour prendre ta place. »

Soit, mais il avait beau être malin dans les affaires ou dans le sport, Tapie avait une conception si verticale du pouvoir qu'il croyait qu'avec l'appui complice de Mitterrand, il pourrait avancer à découvert, que le terrain serait balisé, qu'il exploserait tous les « Charlots » du PS et en voiture Simone !

Il apprendra que la dure loi des trois *l* (lèche, lâche, lynche) s'applique à lui comme à tous ceux dont la politique est le métier. Ça commence avec des pâmoisons, ça continue avec des trahisons et ça finit par des exécutions. Rien ne marche jamais comme on veut, sous les lambris. On n'est jamais comme une locomotive sur des rails. Sinon, tout le monde, à commencer par Rocard, Barre, Juppé, Royal, Fillon, Fabius, DSK ou Aubry, aurait été président.

Le *Bréviaire des politiciens* attribué à Mazarin martèle une règle de base : « Simule et dissimule. » Artiste de l'équivoque, Mitterrand lui-même répétait volontiers une maxime géniale que j'ai citée dans la biographie que je lui ai consacrée et dont, au fil du temps, il crédita

Quand les vermines se régalent

différents auteurs comme les cardinaux de Retz ou de Bernis. Après enquête, je crois qu'elle était de lui : « On ne sort de l'ambiguïté qu'à son détriment. »

Moins ambigu que Tapie, ça n'existe pas. Le 25 janvier 1990, *Le Nouvel Observateur* l'avait mis en couverture avec ce titre : « Tapie, l'homme qui veut être président ». Candide, il avait participé à l'opération en accordant une interview à son contempteur Jacques Julliard. Au lieu de démentir, il avait laissé dire. Sans oublier de procéder à une pirouette, pour maintenir le suspense : « Si un jour je sens que je peux devenir président, promis, je vous appelle. »

Symbolisant cette part de rêve qui manquait à une gauche fatiguée, Tapie incarnait aussi sa revivification. Il semblait être le seul, dans sa nouvelle famille politique, à pouvoir tenir tête à Jean-Marie Le Pen dans les milieux populaires. Il avait des idées originales en matière d'éducation, de formation professionnelle.

Surtout, il arrivait à la Ville avec plusieurs projets d'avant-garde, notamment la responsabilisation des cités. « On a fabriqué des administrés, des assujettis et même dans certains cas une population urbaine de suspects, prophétisait-il, mais on a cessé de produire des citoyens. »

Il voulait couvrir les quartiers difficiles de Maisons des Citoyens. De toute évidence, il savait de quoi il retournait et avait trouvé les mots qu'il fallait pour être entendu des gens de peu, mais aussi des jeunes, des femmes, des immigrés, des sportifs. Seulement voilà, il n'avait pas de troupes, pas d'appareil. Il ne pesait rien, il ne faisait pas peur.

Bernard Tapie – Leçons de vie, de mort et d'amour

« La politique, disait souvent Mitterrand, c'est une histoire de rapports de force. » Pour reprendre la célèbre formule de Staline à propos du pape, Tapie, combien de divisions ? Une belle gueule, des sondages favorables, des audiences télé de rêve... et beaucoup d'ennemis. Tout ça ne fait pas grand-chose. Ce n'est que la dernière lubie du président, Volpone prostatique, ça lui passera avant que ça le reprenne : c'est en tout cas ce que se disent alors les barons du PS.

En attendant, François Mitterrand les fait enrager, en ne ratant jamais une occasion de louanger BT, comme ce 14 juillet 1993 où il déclare, dans une interview télévisée, alors que Tapie, au cœur de la sale affaire du match VA-OM, est au trente-sixième dessous : « Il a été un excellent ministre. »

Le président se félicite aussi que BT bénéficie d'une incontestable popularité dans l'opinion. C'est ainsi qu'aux élections européennes de 1994, sa liste labellisée Mouvement des radicaux de gauche fera touche-touche avec celle de Michel Rocard, alors premier secrétaire du PS, considéré comme le futur présidentiable des socialistes.

Tapie est devant chez les jeunes, les ouvriers, les employés : 12 % des voix (treize élus) pour BT, contre 14 % (quinze élus) pour l'ancien Premier ministre qui, à la suite de cette déculottée, démissionnera de ses fonctions à la direction du parti et remballera ses ambitions présidentielles.

Une belle opération pour François Mitterrand qui ne supportait pas l'idée que Michel Rocard lui succédât à la tête de la gauche. Mais ce dernier s'était tiré une balle

Quand les vermines se régalent

dans le pied en prenant de très haut Tapie quand il était venu lui proposer de faire liste commune.

Présumant de ses forces et arguant de sondages qui donnaient moins de 5 % à Tapie, Rocard s'est suicidé politiquement en refusant, pour son grand malheur, de fusionner les deux listes comme le souhaitait BT. Après son fiasco électoral, l'ancien Premier ministre aura une formule amusante mais dénuée de toute vérité : « J'ai été abattu par un missile nommé Bernard Tapie, tiré depuis l'Elysée. »

Tapie va-t-il maintenant se présenter à Marseille et empêcher Jean-Claude Gaudin, jusqu'à présent large favori, de ravir la mairie aux municipales de l'année suivante ? Ou bien va-t-il faire à Lionel Jospin, candidat potentiel du PS à l'élection présidentielle de 1995, ce qu'il vient de faire à Michel Rocard aux européennes ? La question est ouverte.

La droite et la gauche ont peur et se sont toutes deux liguées contre lui. Il en est bien conscient. Alors qu'on lui demande, lors d'un journal télévisé, s'il compte se présenter à l'élection présidentielle, il répond, pour calmer le jeu : « Je n'ai pas le niveau. » C'est dit comme on ferme un volet. Avec une telle phrase, croit-il, on ne peut plus prétendre à un destin national. Mais ça ne convainc personne.

Certes, on peut toujours considérer que le propos est tactique et qu'il ne prête pas à conséquence. Mais si on prend la peine de s'y arrêter, il est rédhibitoire parce qu'il est frappé au coin du bon sens. BT n'a pas voulu dire qu'il ne se sent pas suffisamment intelligent ; sur ce plan, il n'a aucun complexe. Il va très vite, il comprend

Bernard Tapie – Leçons de vie, de mort et d'amour

les situations en un éclair, il sait ce que vous allez dire dès que vous commencez vos phrases.

En fait, avec cette formule sur le « niveau », Tapie, toujours fasciné par le « métier » de Mitterrand, laisse entendre qu'il est un « amateur », pas encore un « professionnel », et qu'il n'a pas l'expérience ni le curriculum nécessaires pour accéder aux plus hautes fonctions. « La politique, ça s'apprend », dit-il. Il n'a pas encore appris. Il ne sera pas le Macron de 2017, vierge comme une page blanche.

Mais, contrairement à ce qu'il a prétendu plus tard, Tapie n'a pas définitivement fermé la porte à la présidence, au contraire. Encore que son fils Laurent, dont il est très proche, se dise convaincu qu'il n'aurait pas pu y parvenir : « Trop différent, trop isolé, trop clivant pour réussir à réunir plus de la moitié des suffrages, en tout cas à cette époque. »

Quand j'ai commencé à le fréquenter, j'ai compris, à sa façon de parler de la France comme d'une personne et de mettre sans cesse en avant l'intérêt général du pays, qu'il se rêvait président tout seul, dans son salon. Il est vrai que nous vivons dans un pays de soixante-sept millions de présidents de la République. « C'est dommage, disait le comédien et humoriste américain George Burns, tous les gens qui savent comment diriger le pays sont occupés à conduire des taxis ou à couper les cheveux. »

Hélas pour Tapie, son stage ministériel a fait long feu, il est arrivé sur la scène mitterrandienne alors qu'on était en train de la démonter. A partir de 1994, la classe politico-médiatico-judiciaire va se déchaîner contre lui, symbole des « années fric » de l'ère Mitterrand qui s'achève. Elle entend le purger, avec tout le reste.

Quand les vermines se régalent

Désormais, le microcosme bouffe du Tapie matin, midi et soir. « Voulez-vous un peu de jarret ? — Non merci, je reprendrais bien du filet mignon. » C'est tous les jours hallali et Tapie est régulièrement servi, comme on dit pour les cerfs qu'on achève au couteau de vénerie.

Dans sa grande mansuétude, Tapie prétend n'en vouloir à personne, en tout cas dans le monde politique : « C'est un monde aussi violent qu'un match de rugby. Tu charges, tu plaques, tu sautes, tu dribbles, tu châties, tu attrapes, et une fois que t'es mort, eh bien, tu ressuscites. Y a que les abrutis qui ne savent pas que c'est un combat à mort, sans pitié. Si tu ne veux pas prendre de coups, il ne faut pas mettre les pieds là-dedans. »

« Si j'en veux à des gens, me dit-il, c'est à tes enculés de collègues et aux magistrats ultra-militants qui leur ont bourré le crâne pendant des années. Pas aux autres. »

Je le provoque :

« Toi, la grande gueule, tu as été assez gentil, finalement ?

— Moi, gentil ? J'ai distribué des pains à un certain nombre de gens, j'en ai collé d'autres sur le capot de ma bagnole quand je ne les ai pas virés du stade en les attrapant par la peau du cul avant de les jeter dehors. Après, j'oublie. Ces types m'ont assez emmerdé, ils ne vont pas me pourrir le reste de ma vie, je les ai tous zappés.

— Je ne te crois pas. »

BT grimace et se reprend : « Je leur en veux un moment mais pas longtemps. Parce que tous ces journalistes qui sont à mes basques depuis des années et qui vivent de

Bernard Tapie – Leçons de vie, de mort et d'amour

moi, si je puis dire, en me tapant dessus, si on les regarde de près, ils font de la peine. Des ratés cyniques, aigris, lâches, souvent doublés de salauds. Quand on les voit avec leur bouche en cul de poule de suffisance ou leurs petits yeux plissés d'amertume, on se dit qu'ils sont à plaindre. Les journalistes et les magistrats de cette espèce se disent qu'ils ont largement les qualités intellectuelles des dirigeants qu'ils interviewent ou interrogent. Mais comme ils n'ont pas eu les couilles de sortir de leur routine, ils te font payer pour la vie qu'ils n'ont pas eue et croient avoir méritée. Tapie, c'est forcément l'incarnation de tout ce qu'ils détestent : "Quoi ? Il vient de nulle part, il a bâti une fortune en trichant, ce salopard, et, en plus, il ose ramener sa gueule ! Qu'il retourne dans sa banlieue !" »

Sur le principe, Tapie plaide pour la hauteur, la sérénité : « Il faut toujours se dire qu'il n'y a rien de plus vieux qu'un article de journal ou un documentaire télé de la veille. Quand on veut faire des trucs dans ce monde, la règle de base est de s'asseoir sur l'opinion des journalistes, de n'en avoir rien à foutre. S'ils sont gentils, tant mieux. S'ils te flinguent, tant pis ! Une descente en flammes dans un livre à charge, qu'est-ce que ça peut changer à ma vie ? C'est comme un platane tombé devant mon portail de Saint-Tropez et qui m'empêche de rentrer chez moi. Tant que ça ne me touche pas affectivement, je m'en branle, même si ça peut m'énerver un moment ! »

Des principes à la réalité, il y a un monde. Je l'ai vu grimper au rideau plus souvent qu'à son tour. Pour lui, dans certains cas. Pour d'autres comme moi. Un jour,

Quand les vermines se régalent

alors que je visitais le sublime site maya d'Uxmal, dans le Yucatán, au Mexique, Tapie m'appelle, survolté :

« Oh, là, là ! Y a un article affreux de Laurent Mauduit sur *La Provence* et sur toi dans *Mediapart*. Tu l'as lu ?

— Non et je n'ai pas l'intention de le lire. Je n'ai pas de temps à perdre en lisant les bêtises de Plenel et Mauduit, Laurel et Hardy des trotskystes débiles associés.

— Il dit que tu es à la botte de Martine Vassal. C'est très violent contre toi. Il faut que tu lises l'article et que tu lui répondes personnellement.

— Je ne ferai ni l'un ni l'autre.

— Cet article te déshonore.

— Etre déshonoré par *Mediapart* est un honneur. Je m'en fous, je pourrirai ces haineux à l'heure que j'aurai choisie, si l'envie m'en prend, c'est toujours ce que j'ai fait. En attendant, je préfère profiter de ce moment magnifique, au milieu des ruines d'une grande civilisation disparue. »

Pour résumer le contexte, *Mediapart* prétendait faussement que Martine Vassal, la candidate LR à la mairie de Marseille, avait acheté le soutien de *La Provence* aux prochaines municipales en lui accordant 1 million d'euros d'encarts publicitaires et, dans un tweet, Plenel allait jusqu'à accuser le journal ou moi-même de « vénalité ». Bouffre ! N'ayant pu ou voulu enquêter sérieusement, le site de *fake news* oubliait, bien sûr, de signaler qu'une grande partie de cette somme était affectée au titre d'une course cycliste, le Tour de La Provence, l'un des événements sportifs français les plus regardés dans le monde, que le journal organisait avec et pour le conseil départemental que présidait l'édile. Tout le monde s'y retrouvait, la manifestation générant d'incontestables retombées économiques.

Tapie était donc sincèrement choqué que le P-DG de *La Provence*, Jean-Christophe Serfati, et moi-même fussions ainsi salis. Il était choqué aussi par ma nonchalante insouciance.

« Tu es calomnié, tu dois réagir.

— Là, dans ce lieu magique, parmi les vestiges de la civilisation maya, tu penses bien que je n'en ai rien à battre. »

Le ton est monté.

« JE DIS ÇA POUR TOI ! NE LAISSE PAS LE DERNIER MOT À CES SALOPARDS ! IL FAUT QUE TU LEUR CLAQUES LE BEIGNET !

— Mais comment peux-tu accorder la moindre importance à ces gens-là ?

— Tu ne comprends pas : ce sont eux qui font l'opinion des journalistes !

— Eh bien, tant pis pour les journalistes, s'ils sont vraiment bêtes à ce point. »

A côté de lui, je me sentais comme un monstre d'indifférence. A l'occasion de cette vilenie qui, pour une fois, ne le visait pas, j'ai compris à quel point les attaques pouvaient l'affecter, en tout cas dans l'instant. Si elles ne l'atteignaient pas, Tapie n'aurait pas eu besoin de déclarer sans cesse qu'il n'était pas touché par l'espèce de campagne de presse permanente contre lui : il n'était pas seulement plein de larmes, comme on l'a déjà dit, mais aussi d'une sensibilité hors du commun. Par moments, il me semblait qu'il saignait de partout.

26

Edwy Plenel, le Tartuffe de Molière

La retraite-chapeau du fondateur de Mediapart.
Sa nostalgie de Marat.
Après le cancer de Baudis, celui de Tapie

Quelques semaines plus tard, sa colère était retombée. Alors que je lui demandais s'il en voulait à certains journalistes, par exemple à Edwy Plenel et à son acolyte Laurent Mauduit qui furent parmi ses principaux persécuteurs pendant trente ans, BT a fait :

« Prout ! »

C'est une onomatopée que BT utilise depuis peu (mais pas pour longtemps) et qui, en vieux français, a longtemps exprimé le mépris, le dédain, avant de signifier, aujourd'hui, le bruit d'un pet. Il me semble qu'il l'utilise dans les deux sens.

« Non, mais tu les as regardés un peu, ces deux-là ? Franchement, on ne peut que les plaindre ! Ils croient que c'est en te faisant du mal qu'ils vont se faire du bien, mais prout ! Ces gens sont passés à côté de la vie. »

Après son limogeage du *Monde*, à la suite, entre autres, d'une Bérézina journalistique, l'affaire Baudis, du nom

Bernard Tapie – Leçons de vie, de mort et d'amour

de l'ancien maire de Toulouse faussement accusé de tortures sexuelles sur des prostituées, Edwy Plenel a fondé *Mediapart*, un site d'information monté avec l'appui financier de grands patrons tel Xavier Niel, qui a sorti des scoops, comme le compte suisse de Jérôme Cahuzac, et s'est enferré dans des *fake news*, sur Bernard Tapie ou Nicolas Sarkozy, entre autres.

Saint Edwy, priez pour nous. Sermonneur patenté, Edwy Plenel cultive le lyrisme pleurnichard d'un pasteur évangélique terrorisé par l'imminence de l'Apocalypse. Grand manitou du camp du Bien et gourou des écoles de journalisme, il aura passé sa vie professionnelle à donner des leçons de morale. La sienne est à géométrie variable et il aurait pu servir de modèle pour le Tartuffe de Molière qui fait dire à son personnage titre : « Pour être dévot, je n'en suis pas moins homme. »

Formule plenelienne s'il en est. En matière de tartufferie, il n'a pas de limites. Passons sur sa fille salariée à la mairie de Paris alors qu'elle habitait… Berlin. Les compromissions d'Edwy Plenel ne l'empêcheront jamais d'instruire, au nom de la morale, les procès des autres, souvent pour des vétilles.

Il revient de loin. En 1972, il y a des siècles, dans *Rouge*, l'hebdomadaire de la Ligue communiste révolutionnaire, groupuscule trotskyste, Edwy Plenel avait fait l'éloge, sous le pseudonyme de Joseph Krasny, de l'organisation terroriste Septembre noir qui avait assassiné onze membres de l'équipe d'Israël pendant les jeux Olympiques de Munich.

« Aucun révolutionnaire, écrivait Plenel-Krasny, ne peut se désolidariser de Septembre noir. Nous devons défendre inconditionnellement face à la répression

Edwy Plenel, le Tartuffe de Molière

les militants de cette organisation. » Il dit regretter aujourd'hui cette position mais il y a toujours en lui quelque chose de trotskyste. Il est fasciné par la police, s'entoure d'anciens militants de la cause et n'oublie jamais de célébrer la mémoire de son grand homme, à chaque anniversaire de son assassinat, feignant d'oublier que celui-ci fut l'inventeur et le concepteur du Goulag en 1918.

Est-il journaliste ? C'est d'abord un militant politique. « Trotskyste un jour, flic toujours », dit la maxime. Toujours proche de la gauche radicale, Plenel n'a même pas hésité à faire l'éloge, dans un petit livre « rouge », *La Sauvegarde du peuple*[1], du monstrueux Marat : faux savant, philosophe de pacotille, prétendu journaliste et authentique prêcheur de tueries, cet histrion réclamait, dès 1792, que la Révolution tranche des têtes, quarante mille dans un premier chiffrage, puis cent soixante-dix mille, pour assurer… « la tranquillité publique ». On a les idoles que l'on peut.

De toute évidence, Edwy Plenel est du côté de Saint-Just dont le portrait trône dans le bureau-pigeonnier de sa propriété de Pézenas. « Ce qui constitue la République, c'est la destruction totale de ce qui est opposé », disait l'illuminé de la Terreur. Tout est possible, au nom de « l'idéal », même le pire. Mais son trotsko-maratisme n'a pas empêché cet adepte de la taqîya[2] de jouer au journaliste-mercenaire au service de plusieurs figures de la droite. Quand il dirige la rédaction du *Monde*, le

---

1. La Découverte, 2020.
2. Pratique définie dans le Coran, qui autorise les musulmans à cacher ou même à nier leur foi en cas de contrainte.

Bernard Tapie – Leçons de vie, de mort et d'amour

journal soutient frénétiquement Edouard Balladur, candidat louis-philippard à l'élection présidentielle de 1995, permettant à Jean-François Kahn d'inventer l'expression désopilante de « trotsko-balladurisme ». Plus tard, dans les années 2000, Edwy Plenel devient le courtisan enfiévré de Dominique de Villepin, secrétaire général de l'Elysée sous Chirac puis son ministre des Affaires étrangères avant de se lancer dans les affaires, notamment via le Qatar. La preuve, il trempe sa plume dans le miel pour encenser ses livres de circonstance.

Il est ainsi en pâmoison devant *Le Requin et la Mouette*[1], ouvrage qui, selon lui, « fait souffler un grand vent frais sur une époque apeurée et inquiète[2] ». « L'énigme Villepin n'a pas donné toute sa mesure, conclut Plenel. Dans l'immédiat, elle nous offre un livre qui, dans son souci de "redonner sens au monde", redonne envie de poursuivre un idéal. » Défense de rire.

La tartufferie de Plenel crève les yeux quand, dénonçant la fraude fiscale chez les autres, *Mediapart* la pratique d'une certaine manière, entre 2008 et 2013, en s'auto-appliquant le taux de TVA réduit à 2,1 % réservé à la presse papier qui doit supporter des coûts d'impression et de distribution (contre 19,6 puis 20 % pour les sites en ligne qui n'ont pas les mêmes servitudes). Soit un gain de plus de 4 millions d'euros qu'il a fallu rembourser au Trésor public.

A l'heure où ces lignes sont écrites, la « petite entreprise » d'Edwy Plenel n'aurait cependant pas toujours payé ses pénalités réduites au minimum (1,3 million)

---

1. Plon/Albin Michel, 2004.
2. *Le Monde*, 9 septembre 2004.

Edwy Plenel, le Tartuffe de Molière

grâce à la compréhension d'un juge administratif. Il est vrai qu'il fait peur, si peur qu'en 2015, les députés ont voté l'alignement de ce taux de TVA sur celui de la presse papier, à la consternation des spécialistes des médias et au grand dam de la Commission de Bruxelles.

Comme tant de contempteurs de l'argent, il aime l'argent et il aime se gaver. Il est contre les retraites-chapeaux ou les parachutes dorés pour les chefs d'entreprise mais pour lui tout est autorisé, bien sûr : Tartuffe jusqu'au bout, il fait une exception, s'assurant un joli pactole pour ses vieux jours. Alors qu'il est déjà bien loti avec un spacieux appartement près du Jardin des Plantes et un magnifique domaine à Pézenas.

Toujours très doué pour le *storytelling*, Plenel a inventé une structure complexe, j'allais dire tapiste, qui prétend garantir ad vitam aeternam « l'indépendance » de *Mediapart* mais qui, en fait, a pour objet de créditer les fondateurs du site, dont lui-même et Laurent Mauduit, d'une somme de… 2,9 millions chacun. Tous les confrères ou presque ont gobé en saluant la « générosité » du multi-millionnaire Plenel. Chapeau, l'artiste !

Dégageant 2 millions d'euros de résultats nets, *Mediapart* a été valorisé, dans cette superbe carambouille, 16,3 millions d'euros. On souhaite bien du plaisir aux salariés du site qui devront maintenant rembourser l'emprunt qu'ils ont contracté pour permettre à Edwy Plenel et à Laurent Mauduit, marié à l'ancienne directrice de communication de Carrefour, de profiter grassement de leur retraite. Le trotskysme mène à tout, même quand on n'en sort pas. Ces chevaliers de la fausse vertu sont de toute évidence

Bernard Tapie – Leçons de vie, de mort et d'amour

habités par cette passion de l'argent qu'ils reprochent à Tapie.

Si je m'en prends ainsi à la goinfrerie de ces anti-Tapie patentés, c'est parce qu'ils sont les incarnations de l'hypocrisie et du cynisme d'un prétendu journalisme d'investigation qui ne consiste ni plus ni moins qu'à reprendre les PV des policiers et des magistrats sans jamais quitter son bureau ni rien vérifier, ce qu'ils considèrent comme une perte de temps, contrairement au *Canard enchaîné* qui, au cours des dernières décennies, a révélé beaucoup plus de vrais scandales.

D'où l'hallucinant fiasco de l'affaire Baudis quand des prostituées accusèrent, avant de se rétracter, l'ancien maire de Toulouse d'avoir violé, torturé et fait tuer plusieurs de leurs collègues pour son bon plaisir sexuel. Relayés par un adjudant-chef et un juge d'instruction, leurs propos ont fait délirer une grande partie de la presse, y compris celle qui se prétendait de référence.

Un article aussi abject que grotesque du *Monde*[1] qui fera date, cosigné par Jean-Paul Besset, homme lige de Plenel, décrit « la maison du lac de Noé », une « grosse bâtisse isolée » située à Mauzac, à une trentaine de kilomètres de Toulouse, où auraient eu lieu des « soirées suspectes » impliquant des « personnalités ».

« Dans leurs dépositions, y lit-on, les anciennes prostituées évoquent une pièce – "la chapelle" – située à l'étage dans la tourelle où se seraient déroulées des tortures. Elles disent que des filles étaient attachées à des anneaux fixés aux murs pour y subir des sévices. » Toujours dans l'insinuation, l'article parle aussi de « messe rouge »,

---

1. *Le Monde*, 17 juin 2003.

Edwy Plenel, le Tartuffe de Molière

de cris, de crimes, de draps ensanglantés. Autant de détails imaginaires démentis ensuite par le procureur de la République.

Après la publication de l'article, Jean-Paul Besset, ancien trotskyste comme Plenel, fut promu directeur adjoint de la rédaction du *Monde*. Il n'a jamais fait son mea culpa. Plenel non plus. Quant à Dominique Baudis, qui a fini par être disculpé de tout, il ne s'est jamais remis de cette affaire et mourut en 2014, d'un cancer généralisé.

Le rapprochement avec Tapie saute aux yeux. Avant son cancer de l'œsophage et de l'estomac, lui aussi a pris gros et cher, vingt-quatre heures sur vingt-quatre, pendant des années. Un déluge incroyable de *fake news*. Après avoir relayé les accusations du Parquet national financier contre l'arbitrage prétendument frauduleux qui devait régler le litige entre BT et le Crédit lyonnais à propos de la vente d'Adidas, *Mediapart* n'a pas changé de ton quand l'homme d'affaires a été relaxé en première instance. Il a même continué à poursuivre de sa vindicte celui qui aura sans doute été sa cible préférée. Jusqu'à sa mort, Tapie sera, pour Plenel et consorts, le grand « babaou[1] ».

Ridiculisé par le verdict, Laurent Mauduit a prétendu avoir eu vent d'une intervention d'Emmanuel Macron sur la justice : elle lui serait même apparue, sans qu'il donne plus de détails, pendant le procès. Le farceur !

Avec le recul, Tapie feint de prendre tout ça à la rigolade, même les *fake news* de *Mediapart* : « A la vérité, je m'en branle, de ces guignols. »

---

1. « Etre imaginaire destiné à effrayer les enfants ; équivalent du Grand Méchant Loup » : définition du *Dictionnaire du marseillais* publié par l'Académie de Marseille.

Bernard Tapie – Leçons de vie, de mort et d'amour

A la vérité ? Je n'en crois pas un mot et je le lui dis.

« J'en veux aux amis qui m'ont lâché ou trahi, et encore, répond-il, mais les autres... prout ! C'est la nature humaine. Les moches sont jaloux des beaux, les pauvres des riches, les cons des... ah, non, les cons ne sont jaloux de personne. "Beau et con à la fois", chantait Brel. C'est faux : les beaux savent qu'ils le sont, tandis que les cons, eux, ne savent pas qu'ils le sont. Sinon, ils ne seraient pas cons ! » Rire, puis il fait le geste de chasser un moustique.

27

Le jour où *Le Monde* annonça sa mort

Une nouvelle « très exagérée », selon Tapie.
Les fleurs de Xavier Niel.
« T'as vu ce qu'ils ont fait de ma vie ? »

Si Tapie peut avoir la rancune vive et brutale, elle n'est cependant jamais très tenace. Il entretient ainsi des relations plus que bonnes avec des journalistes qui, comme Hervé Gattegno quand il était au *Nouvel Observateur*, Denis Trossero au *Méridional* ou moi-même, l'ont souvent chambré dans le passé. Il parle aussi volontiers avec Gérard Davet et Fabrice Lhomme, deux confrères du *Monde* qui ont relayé sans pitié ni distance la campagne du Parquet national financier contre lui.

Il aurait mille raisons de leur en vouloir. Ce sont certes les excellents auteurs de livres comme *Un président ne devrait pas dire ça...*[1], les confessions de François Hollande sur son quinquennat, ou *Inch'Allah*[2], une

---

1. Stock, 2016.
2. Fayard, 2018.

Bernard Tapie – Leçons de vie, de mort et d'amour

enquête sur l'islamisation en marche, mais ce sont aussi les signataires de la nécrologie à charge, « L'homme aux mille vies », publiée par le site du *Monde* quand le journal dit de référence annonça par erreur la mort de Tapie, le 31 octobre 2019.

Le matin du 31 octobre, la rumeur du décès de BT avait couru dans les rédactions parisiennes puisqu'un confrère d'une grande radio m'appela dès potron-minet pour me demander de confirmer l'information. Quand on vous pose une question comme ça, vous ne savez pas trop quoi dire : ayant eu Tapie au téléphone la veille au soir, j'avais répondu que « ça m'étonnerait ».

Quelques heures plus tard, le site du *Monde* annonçait néanmoins la mort de BT en publiant, en rafale, une dizaine d'articles. « La nouvelle de ma mort est, comme disait Mark Twain, très exagérée », commenta aussitôt Tapie. « Vous ne me croirez pas mais je ne l'ai pas cru, plaisanta-t-il peu après. Je me suis dit que je m'en serais quand même aperçu... »

On ne saura jamais ce qui s'est passé, *Le Monde* étant une maison opaque qui exige de la transparence pour tous sauf pour elle. Surplombant sa bourde, il s'était retranché sans perdre sa superbe derrière une « défaillance technique » mais son propriétaire, Xavier Niel, avait fait livrer à l'adresse de BT, en guise d'excuses, « le plus beau bouquet de fleurs » qu'il eût jamais reçu, tandis que le président de la République lui adressait un texto réconfortant.

De tout cela, BT n'a finalement retenu que les quelques extraits de la nécrologie de Gérard Davet et Fabrice Lhomme qu'il a parcourus et qui l'ont profondément

Le jour où Le Monde annonça sa mort

blessé. « Les deux qui ont annoncé ça, a-t-il déclaré, ils ont pas mal participé à la création de ma bile et de mon mauvais sang. C'est vrai qu'ils ont été très durs avec moi. »

Furax, il leur envoie un texto : « Ça m'a permis de voir que, même après ma mort, votre vision de ma vie est une merde. »

Voici, dans toute sa pureté de cristal, l'échange qui a suivi :

Davet : Pas d'accord, mais bon, on n'est jamais d'accord. Cela dit, navré, porte-toi mieux.

Tapie : Ne soyez pas si impatients, même si vous avez beaucoup fait, avec d'autres certes, pour qu'elle arrive vite.

Davet : Tu sais qu'on ne le souhaite pas. Même pas envie d'en parler, tellement j'ai les boules et on sait que tu le sais.

Tapie : Pardon de vous avoir critiqués. Je n'espérais pas que vous puissiez me rendre un tel service. Plusieurs centaines de milliers de messages de sympathie après votre annonce de mon décès.

Davet : Si au moins, ça a servi à ça.

Quelques jours passent, puis Davet envoie un texto : « Si tu n'es pas trop fâché, on peut te rendre visite, si tu le souhaites. Gérard. »

Tapie : Bien sûr.

Davet : Tu nous diras ce qui t'arrange.

Le contact n'est pas rompu. Si ces deux journalistes ne l'ont jamais ménagé, BT ne pourrait pas avoir le même type d'échanges avec les sicaires de *Mediapart* enfermés dans leur secte apocalyptique.

Bernard Tapie – Leçons de vie, de mort et d'amour

Comment tient-il ? Logiquement, après le traitement qu'il a subi pendant si longtemps, Tapie aurait dû disparaître de la circulation, comme tant de victimes des médias. Mais non, comme si la fièvre de ses ennemis le dopait, il tient toujours tête, le menton levé, face à la mer de boue qui monte.

« Est-ce que ça n'est pas ça qui te maintient en vie ?

— En vie ? T'as vu ce qu'ils ont fait de ma vie ! »

Balzac détestait l'engeance des journalistes mais, au fond, rêvait d'en être. Dans *Les Journalistes*, qu'il présente comme une « monographie de la presse parisienne » et qui n'est pas, il s'en faut, son meilleur livre, il a écrit plusieurs axiomes très rosses sur la profession. Ils s'appliquent bien à la manière dont, longtemps après, elle a traité Tapie, en reprenant sans vérifier les élucubrations du Parquet national financier, bras armé du pouvoir politique :

« Frappons d'abord, nous nous expliquerons après. »

« Pour le journaliste, tout ce qui probable est vrai. »

« Si la presse n'existait pas, il faudrait ne pas l'inventer. »

L'un des moindres contempteurs de la presse n'est pas l'écrivain catholique Léon Bloy, dissident absolu qui prétend se situer « dans ce tourbillon de ténèbres et de lumière qu'on nomme la parole de Dieu » et assure « habiter la foudre ». Auteur notamment du *Désespéré*, par ailleurs journaliste à ses heures, il a publié des pages définitives sur ma profession :

« Cette vermine est *grande*, comme la bêtise et la lâcheté humaine sont infinies […]. Le Journalisme moderne que je prétends désigner assez de cette épithète lumineuse, a tellement pris toute la place, malgré l'étonnante petitesse

Le jour où Le Monde annonça sa mort

de ses unités, que le plus grand homme du monde, s'il plaisait à la Providence de nous gratifier de cette denrée, ne trouverait plus même à s'accroupir dans le rentrant de l'angle obscur de ce lupanar universel des intelligences. [...]

L'esprit français, en cette fin de siècle, rappelle invinciblement l'effroyable charogne de Baudelaire et les journalistes sont sa vermine. Ils se pressent, innombrables, sur ce cadavre sans sépulture et précipitent sa putréfaction qui est à empoisonner l'univers![1] »

Certains matins, en écoutant la radio ou en lisant les journaux, rien ne peut en effet m'empêcher de songer au poème de Baudelaire « Une charogne » :

Les mouches bourdonnaient sur ce ventre putride,
D'où sortaient de noirs bataillons
De larves, qui coulaient comme un épais liquide
Le long de ces vivants haillons.

Pendant un quart de siècle, nuit et jour, dimanche compris, la vermine s'en est prise à Tapie, toutes mandibules dehors. C'était facile, amusant et sans risque. Souvent, c'était répétitif comme du radotage. Qu'importe s'il y avait à dire sur son passé, elle en rajoutait, préférant broder, inventer, fabriquer.

Elle s'en donnait à cœur joie sur la liquidation de Manufrance qui, Dieu sait pourquoi, lui est toujours imputée, alors que, on l'a vu, il n'y était strictement pour rien, la CGT et la mairie communiste de Saint-Etienne s'étant opposées à son plan de reprise. Elle racontait

---

1. *Le Pal*, 4 mars 1885, in *Bloy journaliste*, GF Flammarion, 2019.

Bernard Tapie – Leçons de vie, de mort et d'amour

aussi à l'envers l'affaire des châteaux de Bokassa, l'ex-empereur de Centrafrique, dont il voulait donner à l'UNICEF le résultat de la vente qui sera finalement annulée.

Elle s'esbaudissait aussi sur la prétendue fraude fiscale à laquelle il se serait livré avec le *Phocéa*, une histoire kafkaïenne : « Je décide de mettre le bateau sous pavillon français et, un jour, je reçois une lettre du fisc qui me reproche de ne pas l'avoir loué : si je l'avais loué, ça m'aurait rapporté tant, ce qui lui aurait permis de me réclamer tant d'impôts. Ça lui fait un manque à gagner. Donc, c'est de la fraude fiscale.

Je m'étrangle : "Pardon ? Vous me prenez pour un con ? Pourquoi je le louerais ? Je m'en sers, je le prête, je le file à mes boîtes pour leur promotion et je viens de battre le record de l'Atlantique avec. Ça ne vous suffit pas ?" Eh bien, assieds-toi, c'est une histoire de fous, au tribunal, j'ai écopé de six mois ferme en première et en deuxième instance. Elle est pas belle, la France ? Heureusement, à un moment donné, il y a toujours des magistrats qui disent : "Non, faut pas charrier." A la Cour de cassation, on m'a arrangé le coup en suggérant à mon avocat de faire jouer la confusion de peines avec ma condamnation à la suite de l'affaire du match VA-OM. Il y a encore une justice. »

Mais c'est à propos de son litige avec le Crédit lyonnais sur la vente d'Adidas que Tapie a pris le plus cher. Il était à terre et les journalistes d'« investigation » recopiaient fébrilement les PV, les écoutes et les faux scoops fabriqués par les magistrats « politiques » d'où il ressortait que l'arbitrage de 2008, effectué sous

Le jour où Le Monde annonça sa mort

la présidence de Sarkozy, relevait de « l'escroquerie en bande organisée ».

Que cet arbitrage fût qualifié de frauduleux restera comme l'un des grands bobards de notre temps. Le summum de la *fake news*. Reprenons l'affaire à zéro.

28

L'incroyable prophétie de Berlusconi

« Bernard, ils vont te tuer. » La fureur et la terreur.
« Dire que j'avais Adidas ! Qu'est-ce que j'ai été con ! »

Sans ce scandale d'Etat qu'est l'affaire Adidas, je n'aurais jamais écrit ce livre après m'être rapproché de Tapie à un moment où il était tout seul, coupable ontologique, condamné d'avance, victime du délit de sale gueule. N'était Marseille, « notre » ville, il ne me semblait pas, avant que j'apprenne à le connaître, que nous avions tant de points communs.

Certes, je pouvais trouver là matière à un livre d'aventures avec l'OM, le Tour de France, la saga industrielle et, en toile de fond, des scandales, des histoires troubles. « Un article ou un livre ne sont pas intéressants s'il n'y a pas de la merde dedans », disent les vieux canardiers. Là, on était servi. Mais avec l'affaire du Crédit lyonnais, Tapie prenait une autre dimension, qu'on me pardonne ce sacrilège, une dimension christique.

Le système était déchaîné, le révérend père Plenel en tête. La meute en folie cassait du sucre sur Tapie, pilait du poivre dessus, passait tout ça par l'étamine, avant

L'incroyable prophétie de Berlusconi

de le jeter à la déchetterie et qu'on n'en parle plus !
Quand c'était fini, ça recommençait. Or, il suffit de se
pencher quelques minutes sur ce dossier pour constater
avec effarement que Tapie a été escroqué comme peu
de personnes l'auront été.

Rassurez-vous, je vais vous la faire courte pour ne
pas gâcher la suite de ce livre avec un pensum sur une
affaire aussi tordue que compliquée. Car c'est aussi un
fait divers, un polar et un feuilleton, les trois en un.

Sans doute Tapie n'est-il pas Jean Calas, ni moi
Voltaire. Il n'est pas non plus Alfred Dreyfus, et je ne
suis pas davantage Zola. Mais il y a dans cette affaire
quelque chose d'abject, une unanimité malveillante et
sûre d'elle, qui dissimule sa haine sous la cape de la
morale : elle mettra des années à se fissurer.

Aux yeux du système, Tapie, roi du pipeau et du
chiqué, ne pouvait en aucune façon être innocent. La
preuve, il était poursuivi sans relâche par la cama-
rilla hurlante des marchands de moraline : magistrats
ultra-politisés, avocats grassement payés par l'Etat,
journalistes-flics, prétendus investigateurs et militants
d'extrême gauche, coteries politiciennes qui, depuis une
trentaine d'années, nourrissent l'atmosphère d'hystérie, de fureur, voire de terreur, dans laquelle vit notre
démocratie.

Le crime originel de BT est de s'être lancé en politique et puis aussi d'aimer l'argent. Chacun sa passion.
Inutile d'avoir recours à la psychanalyse pour comprendre d'où vient la sienne. Il a manqué, pendant sa
jeunesse dans le 93. Il a décidé de se rattraper. « La
fortune n'a pas les bras longs, disait Sénèque. Elle ne
s'empare que de celui qui s'attache à elle. » Tapie est

Bernard Tapie – Leçons de vie, de mort et d'amour

attaché à elle comme il l'est à la célébrité, à la gloire cycliste ou footballistique, aux records de toutes sortes, à tous les succès en général.

Il en fait toujours trop. Pendant des années, ses adversaires en ont fait un double du célèbre personnage du grand dessinateur Bosc, ennemi patenté de la bêtise, un avantageux qui fait visiter tous ses biens à un compère : « Mon château », « Mon chien », « Ma voiture », « Mon fermier », « Mon taureau », « Ma femme », « Mon garde », « Ma piscine ». A la fin, le compère lui coupe la chique en se déculottant devant lui : « Mon cul ».

Quand, en 2008, pour régler son litige avec le Crédit lyonnais[1], l'arbitrage lui rend ce qu'il estime être son dû (403 millions), que fait Tapie ? Des folies. Il achète pour 40 millions un yacht qu'il baptise le *Reborn* (Renaissance) avec un spa, une piscine intérieure, un jardin tropical. Ou encore, pour 47 millions, La Mandala, la villa à Saint-Tropez. Passons sur les commentaires indignés qui n'ont pas manqué. Parfois, BT n'a pas de pire ennemi que lui-même.

On ne se refait pas. Ce sont plein d'histoires comme celle-là qui ont rendu BT impopulaire dans le passé, et pas seulement aux yeux des fielleux et des venimeux professionnels. Un jour que je lui demandais s'il n'avait pas cherché tous les ennuis, il a laissé passer un long silence, puis a haussé les épaules : « Je ne les ai pas cherchés, je n'ai pas su les éviter. Nuance. »

Son effervescence l'empêchait de distinguer l'essentiel du superflu. Son fils Laurent se souvient l'avoir entendu

---

1. Voir chapitre 30.

L'incroyable prophétie de Berlusconi

dire un jour, quand il était au fond du trou : « Dire que j'avais Adidas. Qu'est-ce que j'ai été con ! »

Alors qu'il ressent les morsures des grands froids éternels, il ne se le pardonne pas. « J'en ai fait des conneries dans ma vie mais celle-là, me dit-il, c'est la plus grosse. Tous mes vrais amis m'avaient mis en garde, pourtant. Eh bien, je l'ai faite : j'ai laissé tomber l'une des marques les plus connues du monde, sponsor des JO, pour un poste éphémère de ministre. »

Sans doute comptait-il trop sur son charisme et ses capacités de « magicien électoral ». Venant d'un autre univers, ne connaissant pas les codes de la politique, ceux du temps long, il était une proie idéale. Laurent m'a rapporté l'hallucinante prophétie de Silvio Berlusconi qu'il a entendue de ses propres oreilles, lors d'une rencontre entre l'OM et l'AC Milan : « Je regarde de près ce que tu fais en politique. C'est une belle progression, dis-moi. Mais qu'est-ce que tu t'emmerdes à vouloir faire le processus normal, conseiller général, député, ministre, tout ça ! Bernard, ils vont te tuer.

— Et toi, alors ?

— Moi, je ne laisserai pas au système le temps de réagir. Je grillerai les étapes, je passerai directement à l'élection majeure, pour la présidence du Conseil, sans prendre le risque de trébucher lors des étapes intermédiaires.

— Moi, je veux être maire de Marseille. »

29

Adidas, « l'affaire de ma vie »

Une success-story internationale. Comment lâcher
la proie pour l'ombre. « Tout ça pour un petit maroquin ! »

Après mes digressions, venons-en enfin à cette extraordinaire histoire qui, contrairement aux précédentes, va faire entrer définitivement Tapie dans le récit national français. Un cas d'école à plusieurs étages. La honte de la jungle.

La mise à mort judiciaire de Tapie a été accomplie en deux temps. La droite a commencé le travail. La gauche l'a terminé. Chaque fois avec la complicité d'une justice à la botte, comme dans une république bananière, pendant que les médias, au lieu d'enquêter, prenaient pour argent comptant les divagations de quelques magistrats.

Je le concède volontiers, Tapie n'est pas Patrick Dils, héros méconnu sur la tête duquel le ciel est tombé en 1987, quand il avait seize ans. Un pauvre type sur qui le système s'est acharné avec sauvagerie : après que la justice l'eut accusé d'avoir tué deux garçons à Montigny-lès-Metz, en Moselle, il fut condamné à la réclusion criminelle à perpétuité avant d'être innocenté, quinze

Adidas, « l'affaire de ma vie »

ans de prison plus tard. BT, lui, a su se défendre. Il a pu compter sur les services des meilleurs avocats de la place : Maurice Lantourne, Thierry Lévy, François Kopf, Hervé Temime, Julia Minkovski, etc. Mais, comme Dils, il était condamné d'avance. Délit de sale gueule, toujours.

Résumons. En 1990, Tapie est au zénith. Abonné à la première place du championnat de France, l'Olympique de Marseille, qu'il préside, est l'un des clubs les plus en vue d'Europe. Souvent invité sur les plateaux de télévision pour donner son avis sur tout, il est l'une des personnalités les plus célèbres du pays et l'une de ses vingt premières fortunes. Selon les sondages, il incarne, c'est selon, le bonheur, la réussite, le sex-appeal.

Il aime afficher son bonheur, ce qui est souvent la meilleure façon de se faire des ennemis. « Quelle vie merveilleuse j'ai eue, disait Colette. J'aurais seulement souhaité m'en apercevoir plus tôt. » Tapie, lui, le sait et il en jouit sans honte, en déployant grandes ses narines. Il est le roi du foot, du vélo, du bio, des audiences télé. Mais ce n'est pas encore assez, ce n'est jamais assez. Maintenant, il faut passer à l'international.

L'Allemand Adidas, numéro un mondial des articles de sport, est en perdition face à la concurrence des Américains Nike et Reebok aux modèles plus attrayants et beaucoup moins chers, car fabriqués en Asie. Résultat : 2 milliards de francs de pertes pour 20 milliards de chiffre d'affaires. Evidemment, des repreneurs, venus d'un peu partout dans le monde, commencent à tournicoter autour.

Adidas est une entreprise mythique. Fondée en 1949 par Adolf (« Adi ») Dassler, elle appartient au

Bernard Tapie – Leçons de vie, de mort et d'amour

patrimoine germanique comme Volkswagen, Mercedes ou BMW. Un banquier d'affaires de Paribas a un contact avec la famille. Il confirme à Tapie que les quatre héritières, soucieuses de la pérennité de la société, sont prêtes à vendre leurs parts ; il suffit de bien s'y prendre.

« Si on réussit ça, dit Tapie, je laisse tomber tout le reste. »

Même si la grosse plus-value de Wonder l'a bien remplumé, il ne dispose pas de la surface financière d'un grand groupe mais ça ne l'empêchera pas d'emporter le morceau. Tels sont les effets de la tchatche, de l'empathie, des promesses. Tapie est devenu un virtuose de la conquête des actionnaires comme il l'a déjà prouvé lors du rachat de La Vie Claire. Grand prince, il s'engage à ne pas supprimer d'emplois en Allemagne, à maintenir le siège de la société à Herzogenaurach, en Bavière, à laisser la descendance d'Adolf Dassler faire ses courses dans les magasins Adidas sans avoir à passer par la caisse. Il ne reste plus qu'à toper.

Avec l'aide de plusieurs banques à la tête desquelles figure la Société de banque occidentale (SDBO), filiale du Crédit lyonnais, Tapie acquiert 80 % de l'entreprise bavaroise pour 1,6 milliard de francs. En 1991, il monte à 95 % du capital après avoir racheté 15 % au groupe suisse Metro. Le voici dans la cour des grands, passé soudain du statut de papillon à celui d'éléphant, j'exagère à peine. Il est arrivé au moment de sa vie où tout peut basculer. Il lui suffit de gérer son succès pour sortir de son statut de marlou du 93 qui a réussi. Il deviendra alors une institution à lui tout seul.

Adidas, « l'affaire de ma vie »

« C'est l'affaire de ma vie », répète-t-il.

Il a raison. Mais, au sommet de sa réussite, est-il vraiment comblé, comme le seraient la plupart de ses semblables dans le monde des affaires ? On ne se refait pas. Gageons qu'une petite voix lui souffle à l'oreille la sublime formule de Jules Renard : « Il y a des moments où tout réussit. Il ne faut pas s'effrayer. Ça passe. »

« Qu'est-ce que je vais faire maintenant ? » demande-t-il à Stéphane, son fils aîné.

« S'il fallait résumer mon père par une chanson, dit Stéphane, ce serait "La quête" de Jacques Brel » – qui raconte l'histoire d'un homme qui rêve d'« un impossible rêve », veut « partir où personne ne part » et tente d'atteindre « l'inaccessible étoile ». Extraite de la comédie musicale d'origine américaine *L'Homme de la Mancha*, c'est la réponse de Don Quichotte à sa dulcinée qui veut savoir ce qu'il entend par le mot « quête ».

Dans un premier temps, Tapie suit de près la gestion d'Adidas et change tout, selon sa méthode habituelle. D'abord, il fait valser les têtes à la direction et, surtout, réussit à débaucher la star de Nike, Rob Strasser, un génie d'au moins cent trente kilos, qui va réorganiser le marketing d'Adidas, tout en recrutant Peter Ueberroth, le mythique organisateur des JO de Los Angeles en 1984, pour prendre la tête de la filiale américaine à l'agonie. A la présidence, il installe Hans Friderichs, un ancien ministre allemand des Finances.

Dans la foulée, le logo d'Adidas est simplifié, les collections sont rajeunies et les vêtements sportifs relancés au détriment des articles de sport, avant que la production ne soit délocalisée en Asie, au prix d'un plan

Bernard Tapie – Leçons de vie, de mort et d'amour

de restructuration très lourd. Sans oublier d'associer la marque à toutes les stars du moment : le Real Madrid, Madonna, Prince.

Deux ans plus tard, c'est la résurrection : après la nomination à sa tête d'une femme à poigne, Gilberte Beaux, surnommée « la Prussienne de France », pour finir de restructurer l'entreprise, Adidas est parti pour renouer très vite avec les bénéfices. C'est ce qu'on appelle une success-story. Au train où vont les choses, BT fera bientôt la couverture des grands magazines économiques américains, comme *Forbes* ou *Fortune*. La consécration est proche.

Va-t-il enfin se poser et, après l'avoir remise sur pied, développer sa dernière prise, l'oiseau volant des affaires et du sport qui va et vient, aux commandes de ses Falcon 20, 50 ou 900, à peine atterri, déjà reparti, entre Paris, Marseille, Genève, Turin et Munich ? Comment pourrait-il tourner le dos à l'avenir passionnant qui s'annonce, au profit d'un petit ministère dans un gouvernement à la ramasse ?

Quand on est rongé par le ver de la politique, tout est possible. Le ver est là, tapi en lui, depuis plusieurs années ; il ne demande plus qu'à s'élancer. Dans son livre *Gagner*[1] publié en 1986, BT a écrit : « A un certain stade de notoriété, de richesse et de puissance, qui ne cherche pas à se rendre utile à son pays me paraît bien décevant. » Puis vient l'aveu avec cette phrase bateau : « Si, à un moment donné, j'ai la conviction que je peux être utile à mon pays en faisant de la politique, je me jetterai à l'eau. »

---

1. Robert Laffont.

Adidas, « l'affaire de ma vie »

On dirait du Mitterrand ou du Pompidou. Dans une biographie[1] très informée parue la même année, avant qu'« il se jette à l'eau », Isabelle Musnik émet dans un chapitre consacré à sa tentation de la politique cette stupéfiante prédiction : « Bernard a mis neuf ans à devenir Tapie. Mais Tapie ne risque-t-il pas de "racheter" Bernard et d'en faire un homme comme les autres, n'aspirant plus qu'à la politique ? »

Et c'est la prophétie : « Beaucoup sont persuadés que la politique brisera Tapie, et elle en a usé bien d'autres, beaucoup plus "roués" que lui. Le sociologue André Siegfried remarquait avec raison qu'en politique, "seuls savent s'arrêter ceux qui ne seraient pas partis". Peut-être Bernard devrait-il suivre ce conseil pendant qu'il est encore temps ! »

Mais qui a déjà vu Tapie suivre un conseil ?

---

1. *Tapie : les secrets de sa réussite,* Plon.

30

Quand le Crédit lyonnais « dépouille » Tapie

L'arnaque du Crédit lyonnais. Comment gagner 2 milliards sans se fatiguer. Le jour où BT signe son arrêt de mort

Comment Tapie a-t-il pu se laisser dépouiller jusqu'à l'os et comme un bleu par sa banque en quasi-déroute ? C'est l'histoire d'un conducteur qui ne regarde pas la route sur laquelle il roule à deux cents à l'heure.

On dirait une version moderne de la fable de La Fontaine « La laitière et le pot au lait », publiée en 1678. En se rendant en ville pour vendre son lait, le pot posé sur sa tête sur un coussinet, Perrette tire des plans sur la comète, rêvant de grossir son cheptel. Transportée, elle saute de joie et, catastrophe, le pot tombe : « Adieu veau, vache, cochon, couvée. »

Et La Fontaine poursuit, comme s'il avait été inspiré par le destin de Tapie :

Quel esprit ne bat la campagne ?
Qui ne fait châteaux en Espagne ?
Picrochole, Pyrrhus, la Laitière, enfin tous,
Autant les sages que les fous ?

Quand le Crédit lyonnais « dépouille » Tapie

Puis vient la morale de l'histoire, nous incitant à rester sage, à sa place, en tout cas pas trop entreprenant :

On m'élit roi, mon peuple m'aime ;
Les diadèmes vont sur ma tête pleuvant :
Quelque accident fait-il que je rentre en
moi-même ;
Je suis gros Jean comme devant.

Pour « Perrette » Tapie, l'accident, ce sera l'escroquerie à la vente d'Adidas, fomentée par quelques aigrefins du Crédit lyonnais qui, en passant, en a profité pour lui prendre le reste de ses affaires, notamment les plus belles comme La Vie Claire ou Look. Une banque, dit un adage britannique, est un établissement où l'on vous prête de l'argent quand il fait beau et où on vous le reprend dès qu'il pleut. A fortiori, elle vous dépouille totalement si vous tombez de tout votre long, le nez dans le caniveau. BT étant fait aux pattes, elle va lui faire les poches.

D'abord à la manœuvre, Jean-Yves Haberer, ex-directeur du Trésor, incarnation de cette haute fonction publique française, tellement brillante et suffisante qu'elle en devient idiote. « Les technocrates, disait Coluche, si on leur donnait le Sahara, dans cinq ans faudrait qu'ils achètent du sable ailleurs. »

Nommé patron de Paribas par la gauche en 1982, Haberer a été limogé par la droite en 1986 avant d'être mis à la tête du Crédit lyonnais par Bérégovoy en 1988. Là, suivant son hubris qui lui dit d'acheter tous azimuts, il disjoncte, s'éparpille, se dévergonde.

Bernard Tapie – Leçons de vie, de mort et d'amour

Encensé par une presse énamourée, il est émerveillé par lui-même, la tête lui tourne. Aux petits soins du pouvoir socialiste dont il fait toutes les commissions, Haberer a augmenté de 80 % en quatre ans le chiffre d'affaires de la banque nationalisée. Et quand l'immobilier s'écroule, les comptes de l'établissement s'effondrent. La faillite menace et, pour boucher les trous, il lui faut trouver de l'argent où il peut, quitte à ruiner Tapie, l'ami de Bérégovoy. Quand la maison brûle, il n'y a plus de Béré qui tienne.

C'est donc sous l'autorité d'Haberer que le Crédit lyonnais commence à mettre en place l'opération dépossédant de tout un Tapie qui n'y verra que du feu. Un coup de téléphone de Béré à Haberer aurait suffi à la stopper. Mais BT a trop à faire avec la France, que voulez-vous, il n'a pas le temps de s'occuper de son groupe. En 1992, avant de devenir ministre de la Ville dans le premier gouvernement Bérégovoy, il avait décidé de tourner la page de l'homme d'affaires et, surtout, de vendre Adidas pour éviter tout conflit d'intérêts, comme le souhaitait Mitterrand, qui l'a souvent mis en garde : la politique et le business ne font jamais bon ménage, il faut choisir.

Après son départ forcé du gouvernement au bout de cinquante-deux jours de ministère, à la suite d'une rafale de plaintes judiciaires qui, à l'exception de l'étrange dossier du *Phocéa*, on l'a vu, feront long feu, Tapie est toujours aussi déterminé à se débarrasser de ses affaires. Bérégovoy lui a promis de lui redonner son portefeuille s'il obtient un non-lieu, au moins sur un dossier. Le déluge médiatico-judiciaire qui lui est tombé dessus après sa nomination à la Ville a fini de convaincre le

Quand le Crédit lyonnais « dépouille » Tapie

nouveau patron d'Adidas qu'il devait se séparer rapidement et totalement de toutes ses entreprises.

Tapie avait donné un mandat à la SDBO, filiale du Crédit lyonnais, son banquier depuis dix-sept ans, pour vendre Adidas. Elle avait proposé de fixer le prix d'achat minimum de l'entreprise bavaroise à 2,085 milliards de francs. Adjugé. Et c'est alors qu'a commencé un thriller stupéfiant, avec tous les ingrédients d'une série (mais sans les morts), qu'on pourrait appeler : « Comment gagner 2 milliards sans se fatiguer ».

Les premiers épisodes du feuilleton ont été très bien racontés dès 2008 par Airy Routier, alors journaliste au *Nouvel Observateur*, ancien des *Echos*, longtemps à *Challenges*, dans son livre vachard *Le Phénix*[1], où Tapie reçoit, dans la plupart des chapitres, de retentissantes fessées. Comme il n'est pas tapiste et qu'il a le sens du récit, ce vieux routier, que l'on me pardonne, est bien plus convaincant que peut l'être BT à son meilleur.

Dans un premier temps, raconte Routier, la banque, au lieu de lui laisser de l'air, serre le licou de Tapie qui a du mal à rembourser le prêt-relais qu'il a contracté pour acheter Adidas. Ce qui, d'après notre confrère, compte tenu des développements ultérieurs, peut déjà s'expliquer par la volonté du Crédit lyonnais « de dépouiller Tapie et de mettre lui-même la main » sur l'entreprise. La machination est en marche, rien ne l'arrêtera.

Et Airy Routier de pointer une « opération de désinformation savamment orchestrée ». Elle consiste à faire

---

1. *Op. cit.*

Bernard Tapie – Leçons de vie, de mort et d'amour

croire que Tapie, cerné par les affaires, est au bord de la ruine et qu'Adidas est « lourdement plombée » alors qu'elle dispose d'« un potentiel de redressement considérable » si, comme ses principaux concurrents, elle consent à délocaliser en Asie, ce qu'elle est en train de faire.

Stephen Rubin, le patron de Pentland, actionnaire de Nike, a déjà acquis 20 % du capital de l'entreprise bavaroise que Tapie lui a cédés pour prendre un peu d'oxygène. BT demande à Gilberte Beaux, la patronne d'Adidas, de lui proposer le reste de l'affaire. Une femme de fer en qui il a une confiance totale.

Rubin accourt avant de faire demi-tour et de prendre ses jambes à son cou. Entre-temps, révèle Routier, « des avocats proches du Crédit lyonnais ont distillé [...] des informations négatives sur Adidas », sous-entendant même que les comptes étaient truqués... Comme un mari jaloux, le Crédit lyonnais ne supporte pas que l'on puisse s'approcher de sa promise. Il fera fuir tous ses prétendants : elle ne doit pas lui échapper.

Quand Tapie revient au gouvernement, après une parenthèse de six mois, François Hollande, député socialiste de Corrèze, publie un communiqué assassin, le 26 décembre 1992 : « La première fois, c'était une erreur. La deuxième fois, c'est une faute. » Du point de vue du pouvoir, ça peut se discuter. Mais du point de vue de BT, ça ne fait aucun doute, c'est une faute : pétaradant entre la politique et l'OM, il n'a pas vu ce qui se tramait dans son dos.

Le Crédit lyonnais a décidé de ne laisser aucune miette et de bien saucer son assiette. Il est ainsi prévu que les actions de BT dans les différentes entreprises de son

Quand le Crédit lyonnais « dépouille » Tapie

groupe (La Vie Claire, Look, etc.) seront transformées en participations dans une nouvelle société à vocation patrimoniale, Newco, en partenariat avec la banque. Pour éviter les interférences avec la politique, Tapie, devenu rentier, n'aurait plus son mot à dire dans la gestion au jour le jour de cette entité qui devrait lui assurer un confortable revenu annuel (l'équivalent de 6 millions d'euros).

Pour que le projet se réalise, dit la banque, il faut racheter les minoritaires, tous les petits porteurs des entreprises concernées, y compris Adidas. Tapie étant majoritaire, il n'y a pas intérêt mais il ne s'y oppose pas. Si ça peut faire avancer la mise en place de Newco, pourquoi pas ?

D'une pierre, deux coups. L'opération de rachat des minoritaires permet au Crédit lyonnais de se gaver de commissions tout en rendant impossibles d'éventuels recours sur la vente truquée qu'il est en train de mijoter. L'escroquerie n'est pas improvisée ; elle est bel et bien préméditée.

Le 4 décembre 1992, soit deux mois avant la signature du mandat de cession, Henri Filho, l'un des hommes forts du Crédit lyonnais, jette les premières bases, pardonnez encore cette facilité, de la filouterie. Il rend en effet compte par écrit à Haberer de son projet de création d'une « société », si l'on ose dire, l'une des premières pièces maîtresses de la carambouille. Il n'est nul besoin d'être spécialiste du droit des affaires pour comprendre qu'il s'agit là d'« une escroquerie en bande organisée », pour reprendre la terminologie de l'acte d'accusation qui sera dressé plus tard contre... Tapie et consorts.

Bernard Tapie – Leçons de vie, de mort et d'amour

Un pur régal, du Filho dans le texte, qui figure dans le dossier de la justice : « Ce fonds construit par City Corp. offre un maximum de discrétion. Il n'y aura pas de lien capitalistique avec le Crédit lyonnais (et AGF) puisque son financement serait assuré par l'émission d'obligations convertibles de City Star, à taux symbolique, souscrites par le Crédit lyonnais et les AGF, le produit étant alors affecté, après au moins deux échéances, à une entité portant les titres BTF GmbH. L'entrée attendue d'un investisseur industriel serait par priorité imputée à ce fonds qui, selon toute vraisemblance, devrait décroître sensiblement en 1993. »

Ça sent le faisan. Une preuve, parmi beaucoup d'autres, de l'arnaque du Crédit lyonnais. Quelques jours plus tard, en cette fin 1992, deux éminents dirigeants de la banque prennent contact avec l'homme d'affaires suisse Robert Louis-Dreyfus, le futur patron d'Adidas, pour mettre au point les détails de la friponnerie. Mais, chut, pour l'heure, il n'est pas question que son nom apparaisse. On va tenir RLD au chaud pendant un an. Un bon choix. Amateur de cigares gros comme des bâtons de chaise, c'est un héritier et un original, roi de la pub, du négoce et du poker, qui n'a pas été reçu au bac mais a fait Harvard Business School. Détail qui n'est pas sans intérêt pour la suite : il n'a pas le début du commencement de la surface financière nécessaire pour acheter Adidas. Où trouvera-t-il l'argent, alors ? Au Crédit lyonnais, pardi !

En attendant, quand on lui présente l'acheteur d'Adidas, Tapie est convaincu qu'il s'agit d'un groupement

Quand le Crédit lyonnais « dépouille » Tapie

d'investisseurs. Il ne comprend pas que, derrière les deux ou trois institutions qui peuvent rassurer sur la nature du consortium, sont agglomérés des prête-noms qui, d'ordinaire, naviguent dans les eaux ténébreuses des paradis fiscaux. Pour être gentil, une association de coquins et de grigous qui font du portage pour le compte du Crédit lyonnais.

Le portage est avéré. Dans les affaires, c'est une opération qui consiste à faire acquérir par d'autres l'entreprise dont vous voulez prendre le contrôle. Dans un moment de sincérité, Jean Peyrelevade, le patron du Crédit lyonnais, l'avouera devant une commission parlementaire en 1994, quelques mois après sa nomination : avant de la revendre ensuite dans des conditions plus qu'étranges, la banque avait acheté Adidas avec des faux nez.

Pourquoi Tapie s'est-il laissé enfumer ? Comment n'a-t-il pas eu la puce à l'oreille ? Sans doute Mme Beaux a-t-elle dit à BT que tout allait bien avant de toucher sa commission. Il n'a aucune raison de se méfier : cette grande dame a un pedigree impressionnant et on ne l'imagine pas sortir des clous. Un mandataire a une obligation de loyauté : à moins d'en avoir l'autorisation écrite, il n'a pas le droit de faire des affaires avec un acheteur ou prétendu tel dans le dos de son actionnaire. Eh bien, elle ne va pas se gêner.

Sitôt la « vente » réalisée, Gilberte Beaux enverra sa facture à la banque :

Nos honoraires pour nos interventions en tant que conseil auprès de votre établissement :
F. 3 000 000
TVA (18,6 %)   F.   558 000

Bernard Tapie – Leçons de vie, de mort et d'amour

Obnubilé par son idée fixe, vendre son fleuron au plus vite, Tapie n'a, d'évidence, pas suivi le dossier de près. Il a une excuse. Adidas, c'est déjà le passé et il se projette, comme toujours, dans l'avenir. Certes, la gauche en berne s'apprête à essuyer, sous la houlette de Pierre Bérégovoy, une défaite historique aux législatives de 1993. Mais le ministre de la Ville n'a qu'un objectif, ces temps-ci : la mairie de Marseille qui, de l'avis général, est à sa portée pour les municipales de 1995. Avant, qui sait, un jour, une candidature à l'Elysée...

On est là dans un scénario à la Martin Scorsese. Inutile de la compliquer, l'affaire est simple comme une arnaque de la mafia new-yorkaise. Il faut être de mauvaise foi comme tant de magistrats ou de journalistes dits d'investigation pour ne pas le voir : la vérité est accablante pour le Lyonnais.

D'abord, Tapie a « signé » bêtement, sans regarder, la pseudo-vente Adidas au pseudo-consortium d'investisseurs. Ensuite, après avoir acheté, au mépris de la légalité, l'entreprise en sous-main, par le biais de sociétés offshore, avec des montages opaques, la filiale du Crédit lyonnais l'a revendue à son véritable acquéreur qui était resté caché pendant un an : Robert Louis-Dreyfus, flambard très doué, qui apparaît enfin et, on ne le répétera jamais assez, reprend l'entreprise de sport sans mettre un centime, avec un tour de table mitonné par... le Crédit lyonnais.

En somme, le Crédit lyonnais s'est vendu Adidas deux fois de suite. Robert Louis-Dreyfus est-il en effet un

Quand le Crédit lyonnais « dépouille » Tapie

authentique « acheteur » ? Ça se discute. La banque lui a avancé 100 % du prix avec une « convention de prêt à recours limité » qui stipule que l'emprunteur n'apporte pas de fonds propres, ne court aucun risque de pertes et doit simplement partager avec la banque la grosse plus-value attendue sur la revente des titres.

Le prix de la transaction avec Robert Louis-Dreyfus : plus du double de la somme convenue avec BT dans la première cession : 4,4 milliards de francs. Si les mots ont un sens, c'est ce qu'on appelle une grosse escroquerie. Sans avancer de preuves, la filiale du Crédit lyonnais expliquera qu'elle s'était livrée à cette étrange opération avec l'agrément de Tapie, ce qu'on a peine à croire, à moins qu'il ait décidé de se truander lui-même à l'insu de son plein gré.

Preuve de la fourberie de la banque : sa promesse de vente à Robert Louis-Dreyfus date du 12 février 1993, le jour même où Adidas était prétendument achetée par le fameux consortium de prête-noms et de sociétés offshore. Un document qui l'établit a été miraculeusement retrouvé. Officiellement, pour sauver les apparences, RLD n'a racheté la marque de sport que l'année suivante.

Autre preuve de la fourberie de la banque : elle prête 300 millions de francs à Robert Louis-Dreyfus avec 0,5 % d'intérêt alors que le taux s'élevait à 14 % quand elle prêtait à Tapie. En contrepartie, elle se réserve 66 % de la future juteuse plus-value. Et elle ne se cache même plus. Pourquoi se gêner ? Henri Filho, son directeur général, devient président du conseil de surveillance d'Adidas.

Bernard Tapie – Leçons de vie, de mort et d'amour

Administrateur et directeur général d'Adidas au moment de la vente, Pierre Galbois a été choqué par tout ce qu'il a vu. Il a eu le tort de le dire à Henri Filho et de demander un rendez-vous à Jean Peyrelevade. Il a donc été prestement congédié par le Crédit lyonnais. « Si Bernard Tapie est un voleur comme je l'entends ici ou là, déclare Galbois au *Figaro*[1], alors c'est un voleur qui a été volé ! » L'affaire étant redressée, la soupe est si bonne qu'Adidas, valorisée à 11 milliards lors de son introduction en Bourse, vaudra encore trois fois plus l'année suivante.

Bonne fille, non sans mauvaise conscience, Gilberte Beaux qui n'a pas été pour rien dans la résurrection d'Adidas, rétablira une partie de la vérité dans son autobiographie, *Une femme libre*[2]. A demi-mot, après avoir « couvert » la tromperie du Crédit lyonnais, elle en dit quand même long : « Bernard Tapie était arrivé dans de bonnes conditions à acquérir une marque extraordinaire, reconnue dans le monde entier. Elle aurait pu être conservée en France si sa banque, le Crédit lyonnais, avait eu une vision à long terme. Bien que nationalisée, elle préféra l'appât d'un gain rapide [...]. Bernard Tapie n'a rien coûté au Crédit lyonnais si l'on tient compte des profits enregistrés par la cession d'Adidas, bien qu'il ait été choisi comme bouc émissaire responsable d'une quasi-faillite provoquée par bien d'autres affaires [...]. Beaucoup se sont enrichis, mais Bernard Tapie a vu sa vie saccagée. »

Tapie n'a-t-il pas été grugé, dans ce cas d'espèce, par une association de malfaiteurs ? « Au total, écrit Renaud

---

1. Interview d'Yves Thréard, 29 septembre 2013.
2. Fayard, 2006.

Quand le Crédit lyonnais « dépouille » Tapie

Lecadre dans *Libération*[1], les différents protagonistes ont empoché une plus-value proche de 10 milliards, mais très inégalement répartie », Robert Louis-Dreyfus, devenu résident suisse et utilisant une coquille belge, s'étant goinfré de 2,5 milliards au moins sans débourser un sou ni même payer d'impôts.

« Tapie, lui, observe Renaud Lecadre, n'a rien gagné, bien que ses équipes aient lancé la restructuration d'Adidas sans avoir le temps d'en récolter les fruits. » Mais ce n'est pas tout. Il ne suffit pas de détrousser Tapie, encore faut-il le finir. Voici venu le temps de la mise en bière : le piège était conçu pour être mortel. La SDBO tardant à mettre en place Newco, la future société patrimoniale de BT, celui-ci, toujours pressé d'en finir, donne donc son accord à la banque pour procéder autrement. Un nouveau contrat est passé entre elle et lui. Et là encore, Tapie signe bêtement, sans regarder.

Le nouvel accord stipule que BT a désormais quatre ans pour vendre tous ses actifs industriels et rembourser ce qu'il doit à la banque. Autrement dit, 900 millions de francs dont les trois quarts ont permis à celle-ci d'acheter les actions de tous les petits porteurs de la société BTF SA quand elle est sortie de la Bourse. Mais pourquoi donc les avoir tous achetés ? Pour que la filiale du Crédit lyonnais, on le rappelle, soit sûre de contrôler *totalement* le groupe Tapie sans risquer, demain, des recours d'autres actionnaires quand, le moment venu, elle se sera approprié les dépouilles.

En approuvant le contrat avec la SBDO, en mars 1994, Tapie a donc signé son arrêt de mort. Il a bien lu qu'en

---

1. Le 26 janvier 1998.

Bernard Tapie – Leçons de vie, de mort et d'amour

cas de litige, le solde de la créance de la banque sera payé par la vente de ses biens personnels, ce qui est normal. Il a bien lu aussi, dans une annexe ajoutée par la banque, qu'à cet effet une expertise évaluera sa fortune : que rien ne soit précisé sur qui aura la charge de choisir et de diligenter l'expert lui paraît mêmement normal. En toute logique, se dit-il, ce doit être le bénéficiaire du gage, donc la filiale du Lyonnais.

Le piège se referme deux mois plus tard, quand la banque fait savoir, par l'entremise d'un huissier, que le contrat est rompu, Tapie n'ayant pas produit à temps le résultat de l'expertise. Il ne savait pas qu'elle lui incombait mais il se propose d'apporter une évaluation de ses biens dans les quarante-huit heures.

Trop tard. Tapie a beau tempêter en appuyant sur toutes les sonnettes, rien n'y fait, son compte est bon, ses biens seront saisis. Il y a déjà un an que la droite est au pouvoir. Provisoirement incarnée par Edouard Balladur, bourgeois peu gentilhomme, traître cardinalesque de Chirac, aux petits soins de l'oligarchie parisienne, elle a décidé de se payer Tapie qui, à ses yeux, symbolise les « turpitudes » des années Mitterrand. Ce ne sont pas les socialistes qui l'en empêcheront, bien au contraire.

Quant au Crédit lyonnais, toujours aux abois, il a hâte de se repaître de la bête. Dans un livre de souvenirs[1], François Gille, le numéro deux de l'entreprise, un banquier à l'ancienne, en instance de rupture avec le successeur d'Haberer, fait état du « malaise » qu'il avait alors ressenti. C'est lui qui avait négocié l'accord avec BT et, devant la soudaine intransigeance du nouveau président,

---

1. *L'Engrenage Crédit lyonnais*, JC Lattès, 1998.

Quand le Crédit lyonnais « dépouille » Tapie

il se sent lui aussi floué. « Je n'ai plus la voix au chapitre, écrit-il à propos de cet épisode. Aujourd'hui, je ne suis pas fier de moi. »

Les temps ont changé. En 1993, plusieurs mois après son arrivée à Matignon, Balladur avait nommé à la tête du Crédit lyonnais une forte personnalité pour nettoyer ses écuries, plus sales que celles d'Augias, après quatre ans de mélange des genres sous la présidence du fantasque Haberer. L'hercule désigné pour assainir l'entreprise : Jean Peyrelevade, homme intègre, se classant volontiers à la droite de la gauche, ancien directeur-adjoint du cabinet de Pierre Mauroy après l'accession de François Mitterrand au pouvoir, en 1981.

Le profil idoine pour faire le travail : faux parpaillot et vrai Marseillais, d'origine cévenole et séfarade, Jean Peyrelevade a toujours exécré cette France d'en haut, puante et méprisante, incarnée par Haberer, mais il n'a jamais supporté non plus les tartarins, vendeurs de salades, fanfarons de criée, qu'il a toujours combattus au PS où il a longtemps milité. Il n'a pas eu à se forcer pour fermer le piège mis au point sous Haberer : il déteste Tapie.

31

Les deux mises à mort

Deux incendies d'archives qui tombent à pic.
Quand son ancien banquier
reconnaît avoir gagné beaucoup d'argent avec Tapie

Tapie aura donc droit à une double mise à mort.
D'abord, l'assassinat politique perpétré par la droite
balladurienne et qu'il résume bien ainsi : « Pour que
je ne sois pas maire de Marseille, il ne faut pas que je
puisse me présenter aux municipales de 1995. Pour
que je ne puisse pas me présenter, il faut que je sois
inéligible. Pour que je sois inéligible, il faut que je sois
mis en liquidation. »

On dirait une course-poursuite. Le 14 décembre
1994, on l'a vu, le tribunal de commerce, présidé
par Michel Rouger, « décide » donc de le liquider.
Le redressement judiciaire qu'il a d'abord prescrit ne
mettant pas Tapie hors jeu, il sera mis en liquidation
étendue à tous ses biens, qui, on ne le dira jamais assez,
ne sont pas... en liquidation. S'il ne s'agit pas là de
mœurs de république bananière...

Les deux mises à mort

Dans la foulée, BT perd ses mandats électoraux et devient inéligible pour cinq ans. « On a gagné, mais cela ne veut pas dire que nous sommes contents », fait savoir, après la décision du tribunal, le Crédit lyonnais par la voix de son avocat qui prétend prévoir « une perte considérable » pour l'établissement qu'il représente.

Ne riez pas. C'est, bien sûr, pour la galerie. Tandis que la juge Eva Joly se lance à l'assaut de Tapie et le met en examen comme elle respire (six fois en tout pour... cinq non-lieux et une relaxe), le Crédit lyonnais prépare l'autre assassinat qui sera, celui-là, personnel, psychologique. Il sera long, sadique et imputable, pour l'essentiel, à la gauche socialiste.

Je vous ennuie ? Ça voudrait dire que vous n'avez pas compris qu'à ce moment de l'histoire, le suspense est à son comble. Tapie est encore convaincu qu'il va s'en sortir. Tels Cary Grant ou James Stewart déjà cités, BT ne se doute pas encore qu'il a la tête dans le sac et qu'elle sera bientôt prise entre les tenailles de la machination qui va le broyer. Pourquoi, en effet, aurait-il peur de Peyrelevade ?

Les hasards de la vie ont fait que je connais bien Jean Peyrelevade. Je l'ai rencontré dans les années 1970, quand il était déjà banquier le jour et militant socialiste le soir. Nous nous retrouvions souvent autour de Pierre Mauroy, l'honnête homme du PS, d'une loyauté totale avec François Mitterrand mais toujours, quand il était en confiance, d'une clairvoyance saisissante sur les fourvoiements économiques de la gauche.

Pierre Mauroy est l'un des rares hommes politiques avec lesquels j'ai entretenu des relations amicales.

Bernard Tapie – Leçons de vie, de mort et d'amour

Après avoir mis les siens en garde contre leurs délires économiques, bien avant 1981, il imposa, quasiment seul, la « rigueur » après les folies des premiers mois. L'un de ses rares hommes de confiance était Jean Peyrelevade, personnage paradoxal, qui se définissait comme « socialiste conservateur ».

Quand il arrive à la tête du Crédit lyonnais, en 1993, la tâche de Peyrelevade est colossale : pour que « la mariée soit belle » avant la privatisation décidée par le gouvernement Balladur, il lui faut remettre à flot ce qui ressemble à une banque d'Etat à la soviétique, qui coule après avoir trempé dans toutes les compromissions, les folies des grandeurs du mitterrandisme finissant.

Que des documents puissent refaire surface un jour, voilà qui tourmente beaucoup de monde, dans la sphère politique comme dans les affaires, jusque parmi les hauts cadres de la banque. Deux incendies réduiront donc opportunément en cendres les archives du Crédit lyonnais. En 1996, le premier dévaste son siège parisien, boulevard des Italiens : il y a deux départs de feu, ce qui ne laisse aucun doute sur l'origine volontaire du sinistre. L'année suivante, au Havre, lors d'un second incendie, trois entrepôts sont détruits par les flammes. Quand les archives sont brûlantes, elles sont brûlées.

Ensuite, il est recommandé de rester à distance des braises : mieux vaut ne pas les remuer et laisser la combustion faire son œuvre avant de mettre un mouchoir dessus. Vous avez compris que les enquêtes sur ces quatre sinistres seront classées sans suite. Circulez, il n'y a rien à voir.

Les deux mises à mort

C'est dire le climat qui règne au Crédit lyonnais, empire à la dérive. Nous sommes là en pleine Série noire. Mais Peyrelevade entend bien réussir sa mission de redressement de l'établissement où il a fait ses premières armes au cours de sa trentaine. Pour sauver la banque, sa stratégie consiste à transférer les actifs considérés comme pourris, soit l'équivalent d'une centaine de milliards en participations industrielles pour l'essentiel, dans une nouvelle société qui appartiendra à l'Etat : le CDR (Consortium de réalisation). Ensuite, il a prévu de reconvertir la banque proprement dite dans ses activités traditionnelles.

A priori, la société de Tapie, BTF SA, n'a pas à figurer parmi les actifs pourris du CDR. Mais grâce à la ruse qui a échappé à BT – la prétendue rupture de contrat pour défaut d'expertise –, la chute est devenue inévitable : le Crédit lyonnais va pouvoir le détrousser.

Tapie a beau hurler, sa voix est couverte par la violente campagne de presse, sur fond de faux scoops, comme celui d'un déménagement de ses meubles et de ses antiquités qu'il aurait fait faire nuitamment. C'est ce qui explique que les trois juges chargés de régler le dossier, lors du fameux et contesté arbitrage, accorderont plus tard à Tapie un « préjudice moral ».

La banque ne s'est pas contentée de voler Tapie, elle l'a aussi calomnié. La sentence arbitrale du 7 juillet 2008 est formelle :

« La violente campagne de presse conduite par la Banque, usant par tous les moyens du nom de Tapie – par exemple, inscrit sur une poubelle pour le discréditer –, les saisies publiques du mobilier qui seront

Bernard Tapie – Leçons de vie, de mort et d'amour

ultérieurement annulées, les visites spectaculaires de l'immeuble des époux Tapie, rue des Saints-Pères, notamment dans une journée "portes ouvertes" devant les caméras de télévision, ouvertes à tous les publics, au risque de faire s'éloigner d'éventuels acquéreurs de l'immeuble, les émissions de télévision, de radio nourries par la Banque, les nombreuses plaintes pénales déposées [...] qui aboutiront à des non-lieux, mais après avoir été médiatisées, disent un acharnement exceptionnel. »

En 1997, en marge d'un dossier qui n'a rien à voir avec celui-là, l'ancien patron de la SDBO, Michel Gallot, déclare à un juge de Grasse, Jean-Pierre Murciano : « La banque n'a pas perdu d'argent avec Tapie, elle en a même gagné beaucoup, à l'occasion, lors de la vente d'Adidas. » Consciencieux, le magistrat envoie une note résumant sa conversation à sa collègue Eva Joly qui suit le dossier Tapie à Paris et un double à la Chancellerie. En 1999, la garde des Sceaux Elisabeth Guigou traîne Murciano devant le Conseil supérieur de la magistrature pour « manquement à l'honneur et à la probité ». On se frotte les yeux.

Soutenu par les syndicats et la plupart de ses collègues, y compris les plus anti-tapistes, le juge Murciano écopera d'une petite réprimande qui sera annulée par le Conseil d'Etat. Mais ce sera peut-être la seule bonne nouvelle de l'année pour Tapie. « Les emmerdes, ça vole toujours en escadrille », aimait dire Chirac. En ce qui concerne l'ancien ministre de la Ville, ce ne sont plus des escadrilles, mais des escadrons.

Les deux mises à mort

Jean Peyrelevade n'a pas à s'agiter ni à comploter contre lui, il lui suffit de laisser faire. Tapie n'est même plus l'homme à abattre ; il est alors à terre, plus bas que terre, à cause d'une lamentable affaire qui passionne alors les médias et les Français.

32

De l'oseille dans le jardin de la belle-mère

Les menaces des Valenciennois contre les Marseillais.
« Démerdez-vous, dit Tapie, mais je ne veux pas de blessés. »
Huit mois de prison

Le dépouiller ne suffit pas ; encore faut-il le finir, le discréditer. Une affaire tombe à pic : celle du match truqué entre l'OM, toujours présidé par Tapie, et l'équipe de Valenciennes. Elle a éclaté le 22 mai 1993 quand le club de foot nordiste a fait état d'une tentative de corruption par les dirigeants marseillais. Et elle a conduit BT en prison, le 3 février 1997.

Une condamnation qui a bien arrangé la banque. Le Crédit lyonnais aurait-il été un exemple de probité morale, il n'avait plus aucune raison de ne pas se servir sur la bête terrassée et la dépouiller. A un moment où l'établissement était en perdition, l'occasion était trop belle.

« A peine l'OM a-t-il gagné la Ligue des champions, dit Tapie, que l'affaire OM-VA explose. Au départ, je ne me suis pas inquiété. Ça faisait marrer tout le monde : acheter un match avec Valenciennes quand

De l'oseille dans le jardin de la belle-mère

tu dois affronter Milan, il faudrait vraiment être un abruti ! »

Un jour que j'avais particulièrement énervé BT en lui demandant si cette affaire OM-VA n'était pas la grande faute qui maculait son CV, il avait explosé : « Alors, quoi, tu veux me faire regretter des choses dans mon parcours ? T'es dingue ! Je connais peu de mecs qui ont eu une vie aussi belle que la mienne. Je me suis régalé. J'ai été ministre, l'un des plus grands industriels français, comédien de théâtre et de cinéma, animateur de télévision. J'ai gagné la Coupe d'Europe de football, le Tour de France, battu le record de l'Atlantique à la voile ! Et tu voudrais que je pleurniche parce que j'ai fait huit mois de prison ? Prout ! »

L'histoire dite OM-VA semble sortie d'un de ces polars à deux balles qu'on achète dans la boutique d'une gare où il n'y a rien d'autre et dont on abandonne vite la lecture en le laissant derrière soi, sur la banquette, en espérant qu'il trouvera un preneur que l'on plaint d'avance.

Le 21 avril 1993, en battant le FC Bruges, l'OM se qualifie pour la finale de la Ligue des champions qui va se jouer, le 26 mai, contre l'AC Milan, le mythique club de Berlusconi. Auparavant, le club marseillais doit disputer un match contre Valenciennes dans le cadre du championnat de France.

Un match sans importance, une formalité. A ceci près : tout porte à croire que la partie sera très tendue. S'il est battu par l'OM, le club de Valenciennes risque en effet d'être relégué en deuxième division. Ses joueurs seront, selon toute vraisemblance, très agressifs avec les Marseillais qui devront jouer contre les Milanais six jours

Bernard Tapie – Leçons de vie, de mort et d'amour

plus tard. Dans quel état ? Mieux vaut éviter le scénario d'horreur qui, en 1976, avait envoyé contre le Bayern Munich une équipe de Saint-Etienne diminuée après que plusieurs joueurs – dont le légendaire Dominique Rocheteau – eurent été amochés.

« Michel Coencas, le patron du club de Valenciennes, est un ami, raconte Tapie. Il me propose qu'on fasse un match nul. J'en parle à Jean-Pierre Bernès [le directeur général de l'OM] : "Demande à Basile Boli [l'un des cadres de l'équipe] ce qu'il en pense mais ça m'étonnerait qu'il accepte." Boli, bien sûr, lui dit d'aller se faire foutre : "Mon cul !" s'indigne-t-il. Il ne mange pas de ce pain-là ! Il est comme tous les gens que j'ai mis à la tête du club, les Hidalgo, Beckenbauer, Gili, Goethals. Aucun n'aurait jamais accepté qu'on fasse des combines. Ce sont des anti-magouilleurs. Mais bon, des émissaires de Valenciennes insistent : s'ils sentent qu'ils vont perdre, leurs joueurs sont prêts à estropier les nôtres. Du gros chantage. "Laissez-nous gagner, laissent-ils entendre. Sinon, y aura des dégâts." Alors, je dis à Bernès et aux autres dirigeants de mon club : "Démerdez-vous, les gars, mais je ne veux pas de blessés avant le grand match, c'est hors de question !" »

Le 16 mai, à quatre jours du match VA-OM, alors que Bernard Tapie s'apprête à enregistrer l'émission *Téléfoot* sur son voilier, le *Phocéa*, il répète ses instructions à la fine fleur du club marseillais qu'il a réunie à l'arrière du bateau, Bernès, Deschamps, Desailly : « Va falloir contacter les joueurs que vous connaissez. Il ne faut pas qu'ils fassent les cons et nous cassent nos meilleurs éléments avant la finale contre Milan, je les veux tous intacts ! »

De l'oseille dans le jardin de la belle-mère

Le message est clair. L'OM étant largement en tête devant le PSG dans le championnat de France, Tapie se fiche pas mal de gagner ou de perdre le match contre Valenciennes. Il veut simplement ne pas se retrouver avec une équipe d'éclopés pour le match le plus important de l'année. Il ne le dit pas, il le hurle, à sa manière, aux oreilles de Jean-Pierre Bernès qui courbe la tête. Jusqu'au jour du match où le Valenciennois Jacques Glassmann raconte à son entraîneur comment les Marseillais ont tenté de le soudoyer, lui et deux de ses collègues.

Jean-Jacques Eydelie, milieu de terrain de l'OM, aurait approché trois joueurs de VA (Robert, Burruchaga, Glassmann) pour leur faire la proposition financière. En échange, lui aurait été assurée la signature d'un nouveau contrat à l'OM : cinq ans à 250 000 francs (38 000 euros), la même somme que celle qui a été promise aux Valenciennois.

La messe est dite un mois plus tard avec la découverte d'une enveloppe de 250 000 francs dans le jardin de la belle-mère de l'un des joueurs de VA, Christophe Robert. Tapie a toujours nié avec la dernière énergie avoir été pour quelque chose dans cette histoire : « Quand on est président de l'OM, on n'achète pas Valenciennes. Sinon, on relève de l'hôpital psychiatrique, pas de la prison ! »

« Christophe Robert, ajoute-t-il, est un joueur très doué qui mène grand train, Jaguar et tout. Il n'a pas besoin de cacher son argent liquide. Quand on connaît la mentalité des joueurs de foot, c'est comme si on demandait à un ivrogne d'enterrer ses bouteilles pleines ! »

Aujourd'hui, Tapie parle de coup monté en rappelant que les succès de l'OM « gênaient beaucoup de gens dans le business du foot ». Il ne cite pas de noms mais,

Bernard Tapie – Leçons de vie, de mort et d'amour

si l'on suit bien son regard, il cible l'univers de la télé et de la pub : « Tous ces gens, j'ai marché sur leurs gueules, je les ai massacrés, humiliés pendant huit ans. A peine arrivé, je prenais les meilleurs joueurs, j'avais les meilleures recettes, je pétais les droits télé, je refusais de passer par la filière Canal+ pour les retransmissions de match ou par la filière Darmon pour les sponsors et l'affichage dans les stades. Faut être sport, j'ai eu ce que je méritais ! »

Parfois, il vise plus haut encore : « En 1993, je suis ministre après avoir été député, ça marche bien pour moi, il est évident que je ne vais pas m'arrêter là mais il y a beaucoup de gars qui ne voudraient pas m'avoir dans leurs couilles, à droite comme à gauche, et c'est à ce moment-là qu'on retrouve de l'argent enterré dans un jardin. C'est drôle, hein ? Je n'y avais pas pensé ! »

En attendant, pendant le procès, Tapie a dû beaucoup ramer face à Bernès ou à Eydelie qui, avant de le charger au maximum, avaient été envoyés en prison jusqu'à ce qu'ils craquent. « Je n'en veux pas à Bernès, assure BT. Il a été monté contre moi par son avocat, Gilbert Collard, futur député Front national, et par le procureur qui se rendait en prison pour voir les uns et les autres. »

« Le procès, poursuit-il, on l'a perdu parce que c'était joué d'avance. Quand je disais : "C'est pas moi", on me demandait des preuves. Bien sûr, je n'en avais pas. En revanche, quand les magistrats m'accusaient, ils considéraient comme des preuves les billets cachés dans le jardin alors qu'on n'a retrouvé dessus ni les empreintes de Bernès, ni les miennes, ni celles de mon directeur financier. Vous avez dit bizarre ? Un exemple parmi d'autres : dans une de ses dépositions, Bernès dit que je

De l'oseille dans le jardin de la belle-mère

l'ai appelé à seize heures. Vérification faite, à la même heure, j'étais aux commandes de mon avion. Ça ne s'invente pas. Les plans de vol font foi. On apporte ça aux juges. Rien à foutre ! »

Sur ce dossier, j'ai toujours eu du mal à croire Tapie. Et pourtant on ne peut lui opposer une seule preuve, aucun élément probant, ce qui est quand même troublant. Quand il arrive à Valenciennes pour le match, Michel Coencas, le président de VA, lui fait part de son indignation : Bernès, proteste-t-il, aurait approché plusieurs de ses joueurs en leur faisant des « promesses » d'argent s'ils étaient raisonnables. A ce moment-là, il ne s'agit encore que de « promesses ». Il ne sera question de liquide et de corruption qu'à la mi-temps, quand l'OM aura marqué un but. N'est-ce pas bizarre aussi ?

Comme est bizarre le pari fait à Londres par Michel Coencas peu auparavant : 1 million de francs, à six contre un, pour le maintien de Valenciennes en première division. L'issue du match ne pouvait pas lui convenir, comme elle ne pouvait convenir à l'accusateur de Bernès, Jacques Glassmann, auquel une clause du contrat accordait une très grosse prime si son club se maintenait en première division. Selon Tapie, ces deux hommes souhaitaient sans doute rejouer le match en hurlant à la corruption.

Les aveux sous la torture sont toujours douteux. Ceux de Bernès et d'Eydelie ont été obtenus, répétons-le, selon une méthode depuis en vogue chez les juges : celle de l'incarcération. L'accusation ne reposait que sur des témoignages qui ne furent pas spontanés, loin de là.

Bernard Tapie – Leçons de vie, de mort et d'amour

Contre Tapie, il reste toutefois quelques présomptions. Les matchs nuls arrangés sont monnaie courante dans les dernières journées de championnat. Qui connaît BT le voit très bien hurler au téléphone à Bernès : « Débrouille-toi comme tu veux mais règle-moi ce problème ! RÈGLE-LE ! »

Par ailleurs, les initiés savent que BT utilisait toutes les intox possibles pour gagner les matchs. Un de ses faits d'armes les plus croquignolets : avant une rencontre contre Monaco qui devançait l'OM au classement, il avait envoyé dans les bars de la ville deux marins en uniforme de son bateau le *Phocéa* qui mouillait dans le port monégasque.

Ces marins prétendaient avoir rendez-vous avec les joueurs de Monaco. « La rumeur court, raconte Tapie dans *Librement*[1]. Si on les cherche, c'est qu'ils ont rendez-vous et, s'ils ont rendez-vous, c'est sûrement qu'il y a anguille sous roche [...]. Il n'en faut pas plus : en deux jours, la mésentente est à son comble au sein de l'équipe monégasque. » Elle perdra le match.

S'il reconnaît qu'il n'a pas toujours des méthodes d'enfant de chœur, Tapie récuse les accusations de corruption et de trucage que « seule la jalousie a fait naître » contre son équipe composée d'internationaux français mais aussi brésiliens, allemands, anglais, etc., « qui n'avait aucun besoin d'acheter les matchs pour les gagner ».

Reste que le doute aurait dû lui bénéficier. Comment aurait-il pu être derrière cette histoire débile, digne des Pieds nickelés ? Mais bon, il a beau argumenter,

---

1. Plon, 1998.

De l'oseille dans le jardin de la belle-mère

tempêter, Tapie a un mobile plus que crédible, clamé par lui partout, avant la rencontre : « Je ne veux pas que les joueurs de Valenciennes bousillent les miens avant le match contre Milan ! »

N'aurait-il pas dû alors se couvrir de cendres et qu'on n'en parle plus ! Sans doute BT en a-t-il trop fait, comme d'habitude, en voyant les témoins, en tirant toutes sortes de sonnettes ou en menant, pendant l'enquête, une guérilla médiatique contre le procureur de la République, Eric de Montgolfier, qui avait certes du répondant.

Le 28 novembre 1995, la Cour d'appel de Douai le condamne pour « complicité de corruption et subornation de témoins » à deux ans d'emprisonnement dont huit mois ferme, trois ans d'inéligibilité et 20 000 francs d'amende. La peine la plus lourde jamais prononcée en France dans une affaire de football, et Dieu sait s'il y en a eu. Cher payé ? C'est l'effet Tapie.

Ayant lui-même requis de la prison ferme, Eric de Montgolfier déclarera, quelques années plus tard : « M. Tapie n'aurait pas dû aller en prison. Les faits ne le méritaient pas. Il a payé pour d'autres raisons. » « Sans vouloir être cités, observe au demeurant *Libération*[1], un journal qui ne lui est pas favorable, plusieurs magistrats craignent que la sévérité de la peine n'ait pas l'effet exemplaire souhaité, mais permette plutôt à Bernard Tapie de rebondir sur sa martyrologie habituelle. »

Ce jour-là, François Mitterrand l'appelle. Sa voix est faible, il est arrivé au bout – le cancer l'emportera six semaines plus tard. Mais il trouve la force de remonter Tapie : « Bernard, pensez à tous ceux que vous avez

---

1. Le 16 mai 1995.

fait rêver. Ils vous regardent. Ils ne verront que votre manière de faire face à la sanction… Surtout, ne montrez pas aux autres que vous souffrez.

— Pourquoi ?

— Parce qu'ils seraient trop contents. Ils font ça pour ça. »

Avant de raccrocher, cette dernière objurgation : « Faites face. » Une objurgation inutile : nul ne pouvait penser, à l'époque, que Tapie ne se relèverait pas de cette affaire. Mais Mitterrand aimait bien, dira-t-il, lui « donner des signes de fidélité » alors que son ancien ministre de la Ville ne pouvait plus lui être utile en rien.

La leçon de tout ça ? « On peut vous descendre de votre piédestal à une vitesse et avec une facilité incroyables. »

33

La case prison

Dans un coffre de voiture. « Tapie ! Tapie ! »
scandaient les détenus. Le grand paria national

Tapie aurait-il été Tapie sans la prison ? Elle a ajouté une pierre à sa légende, d'autant qu'il a décidé de faire face sans s'abriter derrière son statut de député européen, ce qu'il aurait pu faire, son immunité parlementaire n'ayant pas encore été levée quand il s'est présenté à la justice.

Combien y a-t-il de journalistes, le 3 février 1997, devant son domicile de la rue des Saints-Pères ? Deux cents ? Trois cents ? Pour éviter d'être pris en chasse par la meute médiatique, Tapie est monté dans le coffre de la voiture de son fils Stéphane qui se rendra tranquillement au Palais de Justice où son père se mettra à la disposition des autorités pénitentiaires.

Tapie monte dans l'une des mini-cellules du fourgon et, du fond de l'obscurité, derrière les vitres grillagées, aperçoit soudain Stéphane « immobile, hébété », qui « se met à pleurer ». « Lui habituellement si gai, si fort et si solide, sanglote sans plus se retenir et j'enrage de

Bernard Tapie – Leçons de vie, de mort et d'amour

ne pouvoir le soutenir, le consoler, rapporte-t-il dans *Librement*[1], son meilleur livre. Je suis comme une bête prise au piège, coupée de son petit. »

En prison où il restera cent soixante-cinq jours, il ne supporte pas « l'isolement strict » que lui imposera un moment l'administration pénitentiaire « pour son bien », dans une petite cellule, le lit scellé au mur, sans fenêtre à ouvrir. Il passera des heures à plat ventre sur le sol, à essayer d'aspirer le peu d'air qui passe sous la porte.

« J'ai compris ce qui était recherché, poursuit-il dans *Librement*. On veut que je disparaisse d'une manière ou d'une autre. » Son état d'esprit, pour tenir : « Surtout, ne pas s'habituer. Résister. » Il s'évade tout le temps : « Par la pensée, j'étais chaque soir auprès des miens. Je faussais compagnie à l'administration pénitentiaire, à la justice, à la police, à la presse... » Il préfère ne pas compter les jours : « Ce serait une façon d'accepter mon sort. »

La prison ? « Prout ! » C'est toujours le même mot fétiche qui revient. Il en a retenu surtout son rendez-vous quotidien, télépathique, avec Dominique. « Pendant mes six mois de taule, on ne s'est jamais quittés, ma femme et moi. Tous les soirs, entre six et sept, on avait un rendez-vous virtuel. Tous les soirs ! On s'allongeait, on fermait les yeux et on s'imaginait ensemble. En fin d'après-midi, je regardais tout le temps l'heure, tellement j'étais impatient de la retrouver. Quand elle venait me rendre visite au parloir, deux fois par semaine, on se racontait nos rendez-vous quotidiens. »

Il a retenu autre chose aussi qu'il peine à me dire, alors que je l'ai déjà lu partout : « Et puis, c'est vrai, j'ai été

---

1. *Op. cit.*

La case prison

la star des coursives. Quand je suis arrivé à la prison de Luynes, le premier jour, j'ai eu droit à un grand concert de gamelles contre les barreaux. "Tapie ! Tapie !" scandaient les détenus. On aurait qu'ils me considéraient comme l'un des leurs. Franchement, ça m'a fait un peu chier. J'avais envie de leur dire : "Hé, les mecs ! Calmos ! Je vous aime bien mais je ne suis pas l'un des vôtres." »

Sur cette affaire, il a pris du recul. Chaque fois que j'ai parlé de la prison avec lui, je n'ai jamais eu le sentiment que, dans l'affaire VA-OM, il se sentait victime d'une abominable erreur judiciaire comme c'était le cas quand on abordait le sujet du Crédit lyonnais et de la « vente » d'Adidas où la colère pouvait parfois lui faire perdre ses moyens (« L'injustice d'Etat rend fou ! »).

Quelque temps après sa sortie de prison – une « libération conditionnelle » en juillet 1997 –, le journaliste québécois Louis-Bernard Robitaille[1], un confrère à qui on ne la fait pas, rend visite à Tapie dans son hôtel particulier où ses derniers déboires judiciaires avec le Crédit lyonnais l'ont confiné entre sa chambre et sa cuisine. Il s'attend à rencontrer un homme terrassé. Il n'en est rien. « La prison ne vous détruit pas si vous avez la force de caractère, on peut très bien y survivre, affirme Tapie. Prenez Nelson Mandela. »

Fasciné par son « assurance imperturbable », son aplomb et son culot « illimités », « même dans les situations désespérées, qualités pas si courantes dans les hautes sphères », Robitaille compare Tapie à un « intouchable », selon une vieille tradition de castes répandue en Asie du Sud, notamment en Inde. Contrairement à

---

1. Cf. *Les Parisiens sont pires que vous ne le croyez*, Denoël, 2014.

Bernard Tapie – Leçons de vie, de mort et d'amour

ce que racontent les ignorants, elle n'est pas consubstantielle à l'hindouisme qui, dans ses textes sacrés, n'en fait pas mention et elle est même interdite en Inde qui a eu, ces dernières années, deux présidents intouchables. Passons.

Grand paria national, l'intouchable Tapie, chassé de l'OM et de tout, ne s'interdit cependant pas de continuer à participer au festin de la vie. Tout lui fait ventre, si j'ose dire. Les procès, les polémiques, la maladie. Même mort, je suis sûr qu'il continuera à rigoler, tonitruer, plastronner. La prison l'a encore aguerri, s'il en était besoin.

A peine libéré, il s'est lancé dare-dare dans une nouvelle vie. « Là encore, c'est le hasard qui a décidé pour moi comme chaque fois dans ma vie : un coup de téléphone de Claude Lelouch qui veut que je tourne dans son prochain film. Déjà, dans les années 1970, après m'avoir vu dans une conférence à son Club 13 pour des associations familiales, il m'avait invité à déjeuner pour me proposer l'un des rôles principaux de *L'aventure, c'est l'aventure*, film culte avec Jacques Brel, Lino Ventura, Charles Denner et Nicole Courcel qui se déroule en partie en Amérique latine. J'avais refusé. Six mois de tournage, c'était impossible. "T'es dingue ou quoi ? il avait protesté. Je veux faire de toi une star de cinéma et tu dis non ! — Ben oui, je ne veux pas être une star de cinéma, j'ai dit. — Mais je ne comprends pas, avait-il répondu. Tu voulais faire chanteur." »

« J'avais à peine trente ans, dit-il. J'étais un petit chef d'entreprise de rien du tout. Si mon moteur avait été la gloire, j'y serais allé en courant, tourner *L'aventure, c'est l'aventure* ! »

La case prison

Près d'un quart de siècle plus tard, à peine sorti de la case prison, Tapie revient par le cinéma : en faillite personnelle, inéligible en politique, interdit de football ou de direction d'entreprise, il est la vedette, avec Fabrice Luchini, de *Hommes, femmes, mode d'emploi* de Claude Lelouch, massacré par la critique, ce qui est un pléonasme pour un Lelouch. Il y joue le rôle d'un homme d'affaires sans scrupules. « On a fait un carton, raconte Tapie. Un million et demi de spectateurs, c'était bien, mais je ne te dis pas le déchaînement. Il y avait des gens à l'entrée des salles, de toutes les salles, pour invectiver ceux qui faisaient la queue : "Mais comment pouvez-vous donner de l'argent en allant voir ce voyou ?" C'était très organisé. Un peu par le Front national, un peu par la gauche, un peu par la droite, mais peu importe, ils étaient tous d'accord pour qu'on me pende ! »

Le film est présenté dans plusieurs festivals. A celui de Chicago, les détenteurs des droits de la pièce *Vol au-dessus d'un nid de coucou* se disent, en me voyant dans le film : « Oh ! putain ! Ça y est, on le tient, notre McMurphy français ! » Je vois d'ici Lelouch qui rigole quand ils lui parlent de moi : « Mais enfin, Tapie n'est pas acteur ! — Vous avez le téléphone de son agent ? — Mais enfin, vous rigolez, Tapie n'a pas d'agent ! » On me fait faire des essais et, boum, je casse la baraque. Je reste à l'affiche de la pièce pendant deux ans. »

Tapie aime son nouveau métier d'acteur de théâtre. Quand il fait son Nicholson, l'acteur fétiche du film *Vol au-dessus d'un nid de coucou*, il n'est pas peu fier de pleurer chaque soir, à la fin de la pièce, avant de mourir. « Des vraies larmes, précise-t-il. Je n'avais pas besoin d'une goutte d'ail ou d'oignon. Il me suffisait de penser à des personnes qui m'étaient chères ou à des moments de mon existence. J'appuyais sur le bouton et, hop, je me mettais à chialer sur commande. »

Après quoi, il a enchaîné plusieurs succès sur les planches avec *Un beau salaud*, *Oscar* ou *Les Montagnes russes*. Après le chanteur, le coureur automobile, le chef d'entreprise, le sociétaire des Grosses Têtes, le patron d'équipe cycliste, puis de club de foot, le député ou le ministre, un nouveau Tapie est né : l'acteur. Un dernier rôle l'attend, celui de prévenu à vie ou presque. Accusé Tapie, levez-vous !

34

Tournaire, le nouveau Javert

Fabrication d'un coupable. Une Panthère rose judiciaire.
Quand le pénal contredit le civil

Toujours le journalisme sera pour moi le métier des prises de parole à la Emile Zola ou des enquêtes au long cours à la Albert Londres, souvent effectuées par des touche-à-tout interlopes qui ne respectent rien ni personne, fors la vérité. Force est de constater qu'aujourd'hui, mon métier, hélas, consiste de plus en plus à fabriquer des listes de bons et de méchants.

Gentil, Plenel. Méchant, Valls. Gentil, Hulot. Méchant, Tapie. C'est normal, dira-t-on, on ne va pas plaindre l'ancien patron de l'OM, il l'a bien cherché. Moyennant quoi, il est toujours considéré, à l'époque, comme coupable par la plupart des médias, même quand il ne l'est pas, ce qui peut arriver. C'est ainsi qu'ils se sont presque tous lourdement trompés sur l'affaire de l'arbitrage prétendument frauduleux qui devait mettre fin à son litige avec le Crédit lyonnais à propos d'Adidas.

Les médias n'avaient pas d'excuse. Dans un premier temps, la justice donna plutôt raison à Tapie dont la

252

Bernard Tapie – Leçons de vie, de mort et d'amour

thèse semblait imparable : après avoir réalisé une super-plus-value avec sa carambouille, le Crédit lyonnais avait tenté d'empêcher tout recours de sa part en le mettant en liquidation sans oublier de lancer, pour l'achever, une campagne de calomnies contre lui.

Les années passant et la justice se hâtant aussi lentement qu'un escargot en fin de vie, Tapie gagna la plupart de ses procès jusqu'à ce qu'en 2006 la Cour de cassation annule un jugement de la Cour d'appel de 2005 qui lui avait été favorable (135 millions d'euros d'indemnités), mais en confirmant la recevabilité de sa plainte. Un coup de tonnerre judiciaire qui provoque la panique au CDR, au Crédit lyonnais et jusque dans les plus hautes sphères de l'Etat.

Avec ce jugement, Tapie était en mesure de demander l'annulation de la vente d'Adidas et son préjudice pouvait s'élever, s'il était reconnu, au prix de l'entreprise au moment du jugement, soit quelque 7 milliards d'euros. D'où le consensus qui s'est vite établi, entre l'Etat et les parties, pour mettre en place un arbitrage où les indemnités de BT, s'il devait y en avoir, seraient plafonnées.

L'Etat s'en est finalement bien sorti : le tribunal arbitral a condamné le CDR à verser 403 millions à Tapie (dont 45 millions à son épouse et à lui-même au titre de préjudice moral). Comme tout le monde, j'en suis longtemps resté à cette somme qui fut surmédiatisée pour être huée dans les meetings. Or elle est fausse. D'abord, parce que figurait dedans le total des actifs dont BT avait été lésé par la liquidation (La Vie Claire, Look, le *Phocéa*, etc.), évalués à 138 millions. Ensuite, parce que 80 millions étaient déjà sa propriété mais restaient bloqués sur ses comptes par la justice. Sans parler de tout

Tournaire, le nouveau Javert

le reste dont je vous fais grâce. Je ne sais s'il faut suivre BT quand il fixe le solde créditeur à 92 millions pour lui et sa femme, tous impôts payés, mais bon, après son arnaque, le Crédit lyonnais s'en était plus que bien tiré.

Quand la gauche est revenue au pouvoir, en 2012, elle a instruit le procès de l'arbitrage pour faire celui de Nicolas Sarkozy sous la présidence duquel il avait été décidé. Encore une histoire de corruption. Pensez ! L'ancien chef de l'Etat avait monnayé le soutien de Tapie à la présidentielle de 2007 contre cet arbitrage « frauduleux ». Bon sang mais c'est bien sûr ! La preuve, l'ex-patron de l'OM, toujours aussi incorrigible, s'était rendu une cinquantaine de fois à l'Elysée pendant son quinquennat. Tous les médias ou presque ont acheté cette thèse sans la vérifier.

C'est au moment de cette campagne déchaînée contre l'arbitrage, alimentée par une magistrature haineuse, que j'ai commencé à étudier le dossier de près et que mes yeux se sont ouverts. Je ne fus pas le seul, loin de là, à prendre le contre-pied de la moutonnaille médiatico-judiciaire. Citons, entre autres, Airy Routier dans *Challenges*, Yves Thréard dans *Le Figaro*. Sans oublier, bien sûr, Hervé Gattegno au *Point*, puis à *Paris Match* et au *Journal du dimanche*. D'une certaine manière, Renaud Lecadre dans *Libération*.

Un peu de jugeote aurait pourtant permis d'éviter le fiasco journalistique dans lequel sombrèrent notamment *Mediapart* et *Le Monde*. Il suffisait d'étudier de près les personnalités des arbitres.

Au lieu de quoi, les médias se sont contentés de recopier ou de réciter les vaticinations du juge Tournaire et de ses deux collègues du Parquet national financier,

Bernard Tapie – Leçons de vie, de mort et d'amour

tous membres du Syndicat de la magistrature, qui prétendaient que l'arbitrage était « frauduleux ».

Il y a du Javert chez Tournaire, mais un Javert sans le nez camard, les grosses mâchoires, le « mufle de bête fauve ». Au contraire, tout est fin chez le juge anti-Tapie, les lèvres toujours un peu pincées et le visage en lame de couteau. Il applique à lettre la même maxime que le personnage des *Misérables* : « Le fonctionnaire ne peut se tromper ; le magistrat n'a jamais tort. »

Je ne peux résister à l'envie de citer le portrait psychologique de Javert par Victor Hugo. Sidérante est sa ressemblance avec certains moines-soldats du Syndicat de la magistrature : « Il couvrait de mépris, d'aversion et de dégoût tout ce qui avait franchi une fois le seuil légal du mal. Il était absolu et n'admettait pas d'exceptions. [...] Il était stoïque, sérieux, austère ; rêveur triste ; humble et hautain comme les fanatiques. Son regard était une vrille. Cela était froid et cela perçait. [...] Malheur à qui tombait sous sa main ! »

Et Victor Hugo conclut : « C'était le devoir implacable, la police comprise comme les Spartiates comprenaient Sparte, un guet impitoyable, une honnêteté farouche, un mouchard marmoréen, Brutus dans Vidocq. »

A travers Tapie, les juges ont décidé de « se faire » Sarkozy. Pour démolir l'arbitrage réalisé sous sa présidence, tous les moyens seront bons. Un jour que je demande à Tapie d'évoquer les « tournairies » ou « tournairades », enfin, toutes les bizarreries de l'enquête de police, il dit comme on ferme une porte : « Tu ne me feras jamais parler d'affaires en cours. »

Tournaire, le nouveau Javert

Je fais l'idiot : « Tu as vraiment peur de ces gens-là ?

— Non. Tournaire, avec qui j'ai beaucoup parlé pendant les auditions, est certainement un homme de cœur mais je ne crains pas de dire qu'il veut déglinguer le système et qu'il déteste tout ce qui touche, de près ou de loin, à l'entreprise, au capitalisme. »

Tout est dit. Chez certains militants, avocats ou journalistes, la conception de la justice qui prévaut leur commande d'être au service de la Cause. La politique partisane passe avant tout : qu'importe la réalité ou non du délit, pourvu que l'accusé soit condamné.

C'est la conception des tribunaux révolutionnaires de la Terreur, telle qu'elle a été établie par la loi du 10 juin 1794, dite du 22 prairial de l'an II. Initiée par Robespierre, leur héros, cette réforme supprimait les avocats et la nécessité d'apporter des preuves matérielles contre les accusés. Des présomptions « morales » suffisaient.

Qu'est-ce qui clochait dans l'arbitrage ? Réglementé par le code de procédure civile, un arbitrage en droit a pour objet de confier à des personnes privées la mission de résoudre un litige. Dans le cas d'espèce, les deux parties se sont mises d'accord sur les trois « juges » qui doivent être choisis d'un commun accord.

Aucun des « juges » n'appartient à la secte robespierriste des magistrats ou des juristes ultra-politisés. Nul n'est non plus achetable par une promesse d'avancement ou n'a de comptes à rendre à une coterie quelconque. Ils n'ont plus rien à prouver. Leur carrière est derrière eux.

Le CDR a choisi l'un des meilleurs avocats de la place, rompu à l'arbitrage, Jean-Denis Bredin, dont le cabinet a naguère plaidé pour le Crédit lyonnais, l'un de ses gros

Bernard Tapie – Leçons de vie, de mort et d'amour

clients. Il est aussi très lié à Gilles August, l'avocat du CDR. Académicien, auteur de livres définitifs comme *L'Affaire* sur l'histoire du capitaine Dreyfus, c'est un gentilhomme à l'ancienne, solaire et délicieux, au-dessus de tout soupçon. Il a été vice-président du Mouvement des radicaux de gauche dans les années 1970, mais bien avant que Tapie rejoigne la formation. Une belle personne.

Les liquidateurs de Tapie ont choisi Pierre Estoup, un ancien premier président de la Cour d'appel de Versailles, lui aussi spécialiste de l'arbitrage, qui sera accusé d'avoir entretenu de longue date des liens avec l'avocat de BT, Me Maurice Lantourne. S'agit-il pour autant d'un homme lige de Tapie, comme le prétend Tournaire ?

Les médias ont fait grand cas d'une dédicace (« En témoignage de mon infinie reconnaissance, avec mon affection ») écrite par l'ancien patron de l'OM sur un livre qu'il lui avait adressé. On peut douter que Tapie le connaisse si bien : il a écrit « Estoupe ». De plus, enquête faite, le service que lui avait rendu l'ancien premier président de la Cour d'appel de Versailles n'était qu'un « avis favorable » sur sa moralité quand il avait été consulté par les autorités russes qui voulaient savoir, après sa sortie de prison, si elles pouvaient travailler avec lui pour vendre des Tupolev.

Enfin, le président coopté par les deux parties pour les départager, si besoin, est Pierre Mazeaud. Une institution à lui tout seul : ancien président du Conseil constitutionnel, esprit libre et gaulliste intransigeant, alpiniste émérite, rétif au sarkozysme comme au tapisme, ami comme Bredin de Gilles August. C'est un juriste de

Tournaire, le nouveau Javert

haut vol qui a rédigé à l'œil les Constitutions de plusieurs démocraties africaines. Respect.

Comment ne pas s'indigner que les deux principaux arbitres, Bredin et Mazeaud, aient été salis, perquisitionnés et ignominieusement présentés dans la presse, pendant des mois, avec moult sous-entendus, comme des prévaricateurs gâteux, manipulés, incompétents ? Voilà un beau cas d'école d'une justice d'Etat, ultra-politisée, qui, avec la complicité de tant de médias, transforme régulièrement la France en république bananière. Le tout sans éléments probants : à la manœuvre, le juge Tournaire n'aura-t-il pas été à la justice ce qu'est à la police le célèbre inspecteur Clouseau de *La Panthère rose* ?

Une idée fixe le ronge donc : abattre Nicolas Sarkozy. *Mediapart* lui a déjà fourni la ridicule affaire libyenne selon laquelle l'ancien président aurait reçu du colonel Kadhafi, le dictateur de Tripoli, 50 millions dans une première version, puis 5 dans une seconde. En attendant peut-être… 50 euros ! Une histoire à dormir debout. Le juge ne le sait pas encore, mais il est en train de s'enferrer.

En abattant Tapie, victime collatérale, Serge Tournaire ne croyait-il pas démolir l'ancien président ? S'il apparaît que l'arbitrage décidé par lui sous son quinquennat était frauduleux, ne lui porterait-il pas un coup sévère ? Pour le prouver, il s'appuie, entre autres, sur les rapports d'un commandant de police, Yves-Marie L'Hélias, qui, interrogé par Me Lantourne devant le tribunal, a reconnu n'avoir jamais étudié la finance ni le droit des affaires.

Bernard Tapie – Leçons de vie, de mort et d'amour

Toujours à charge, ses enquêtes sont bourrées de fautes, d'erreurs de procédure. Thierry Lévy, un autre avocat de Tapie, en a relevé neuf, patentes. Il a porté plainte. Le dossier a été classé sans suite, tout comme les accusations de faux en écriture publique.

C'est que Tournaire-Javert est soutenu à fond par sa hiérarchie, notamment par le procureur François Molins, procureur de la République près le tribunal de grande instance de Paris. Sans oublier, bien sûr, la garde des Sceaux, Christiane Taubira. Déquiller en même temps Sarkozy et Tapie, c'est trop beau pour être vrai !

C'est l'histoire du pot de terre contre le pot de fer, celui de l'idéologie du « mur des cons ». « Soit dit en passant, m'a dit Tapie un jour, je n'ai jamais compris pourquoi ma photo ne figurait pas avec celles de tous ces prétendus salopards que le Syndicat de la magistrature avait décidé de se farcir et qui étaient affichées dans ses locaux. Il ne manquait que les fléchettes ou le *Wanted*. Pourquoi m'avaient-ils zappé ? Parce que je suis fils de prolo ? »

Tapie dit comprendre tous ces magistrats ultra-politisés qui ne s'attaquent quasiment qu'à la droite : « Ces gens-là ont fait des études très poussées et, quand ils rentrent chez eux, ils ont sous le bras des dossiers sur lesquels ils doivent travailler le soir et le week-end. Tout ça pour un salaire de merde, comparable à celui du sixième collaborateur de l'avocat qu'ils ont en face d'eux ! Comment s'étonner, alors, qu'ils soient si souvent de gauche ou d'extrême gauche, et que certains d'entre eux ne songent qu'à tout casser, au mépris du droit !

Sinon, ajoute-t-il, on peut tomber sur des magistrats qui suivent les instructions, même quand on ne leur

Tournaire, le nouveau Javert

en donne pas, pour rester dans les petits papiers de la Chancellerie : ce n'est pas mieux ! On nous bassine sans cesse avec l'indépendance de la justice, on ferait mieux de célébrer l'indépendance d'esprit de certains juges qui, eux, prennent leurs décisions en fonction du droit. Il y en a ! »

Pour Tournaire, il est inimaginable que l'Etat puisse être condamné au profit de Tapie. A ses yeux, BT est coupable, tout comme Sarkozy qu'il abomine : qu'importe les faits, pourvu qu'il parvienne à ses fins. Or, il n'a rien à se mettre sous la dent. Quand on examine sans œillères l'affaire de l'arbitrage « frauduleux », nombreuses sont les preuves matérielles qui attestent que Tapie a été floué par le Crédit lyonnais, à commencer par la lettre de Gilberte Beaux que BT avait placée à la tête d'Adidas pour redresser l'entreprise et qui facture 3,5 millions de francs au Crédit lyonnais pour avoir convaincu son patron de signer l'acte de vente !

Alors qu'a fait Tournaire ? Comme il voulait envoyer Tapie et les trois juges arbitraux en prison, il ne s'est pas gêné : il a monté un dossier dont on est stupéfait qu'il ait pu faire si longtemps illusion chez certains juges et dans les médias.

Pendant plusieurs mois, l'hystérie du microcosme est sans limite, les cors vont bientôt pouvoir sonner l'hallali. En 2013, après une garde à vue de quatre-vingt-seize heures, excusez du peu, Tapie est placé en contrôle judiciaire et renvoyé en correctionnelle, donc au pénal, pour « escroquerie en bande organisée » et « détournement de fonds publics », comme tous les protagonistes de l'affaire. Il encourt une peine maximum de dix ans de prison et de 1 million d'euros d'amende.

Bernard Tapie – Leçons de vie, de mort et d'amour

On commence à approcher de l'épilogue d'un des plus longs feuilletons judiciaires de l'histoire de France. Après vingt ans de procédures, la Cour d'appel de Paris jugeant au civil estime, en 2015, que BT n'a pas été lésé par le Crédit lyonnais lors de la vente d'Adidas, annule l'arbitrage et le condamne à rembourser 285 millions d'euros, soit 404 623 082,54 euros avec les intérêts.

Une affaire rondement menée grâce au président de la Cour d'appel, Jean-Noël Acquaviva, collaborateur à ses heures de *Mediapart*, aussitôt... promu à la Cour de cassation et qui s'en dira plus tard étonné, au grand dam de son supérieur.

A la Cour de cassation, où l'affaire va arriver, les choses s'annoncent plus compliquées : la magistrate chargée d'un rapport sur un autre aspect du dossier est connue pour sa rigueur. Au prix d'une série de tripatouillages, l'institution suprême va pourtant encore donner tort à BT : plus vous entrez dans la machine judiciaire, plus vous êtes saisi d'horreur par l'arbitraire de l'Etat qui ne se cache plus et ose tout.

Pour empêcher l'annulation de l'arbitrage, Tapie assure que celui-ci était international : sa société qui a vendu Adidas (BTF-GmbH) était de droit allemand et, l'euro n'existant pas encore, elle a été payée en Deutsche Mark. Quant à la composition du faux nez du Crédit lyonnais pour la première vente, il comprenait des sociétés off-shore comme Omega Ventures et Coatbridge Holdings. S'agissant de la deuxième « vente », l'acheteur, Robert Louis-Dreyfus, naviguait entre sa coquille belge et son siège de Zurich. Contre l'évidence, la justice, ou ce qu'il en reste, donnera tort à Tapie.

Tournaire, le nouveau Javert

La Chancellerie est toujours à la manœuvre. La garde des Sceaux, Christiane Taubira, est une ancienne vassale de BT qui l'avait promue au Mouvement des radicaux de gauche. Elle lui doit beaucoup. Dans ce dossier, comme pour se dédouaner, elle prend chaque fois fait et cause contre Tapie. « Il y a des services si grands qu'on ne peut les payer que par l'ingratitude », disait Alexandre Dumas.

L'affaire Adidas semblant mal engagée pour le pouvoir à la Cour de cassation, un magistrat démissionnera miraculeusement de la chambre chargée de l'instruction, ce qui permettra d'en reconstituer une nouvelle, plus soumise, en intégrant in extremis quatre nouveaux conseillers.

Brisons là. Je pourrais continuer sur les magistrats que l'on change au dernier moment avant un délibéré dont on ne modifiera pas la date et qui n'auront que deux mois pour étudier le dossier tout en rédigeant leur jugement pour la Cour d'appel, cette fois, un arrêt cousu main, sur le fond, qui jettera par terre des décennies de jurisprudence.

Sur ce dossier comme sur d'autres, la justice semble retombée au temps de Robespierre, à moins qu'elle ne soit devenue une parodie pour république bananière. Tapie apparaît comme la victime expiatoire de l'anti-sarkozysme frénétique du juge Tournaire.

35

Aussi innocent que l'agneau qui vient de naître

« Même dans les pires moments,
il y avait toujours une petite lueur dans la pénombre. »
Christine Mée, magistrate indépendante

Après avoir été vaincu au civil, Tapie perdra-t-il au pénal ? Son procès se déroule quatre ans plus tard. Il n'y a plus d'argent en jeu, mais il est aux cent coups. C'est son honneur qui est en question.

« C'est étrange, se souvient-il. Même dans les pires moments, quelque chose me disait que tout n'était pas foutu, qu'il fallait quand même avoir confiance en la justice, qu'il y avait toujours une petite lueur qui brillait et que je ne voyais pas encore, au fond de la pénombre où je démenais depuis si longtemps.

C'est ça, la beauté de la vie. Il ne faut jamais, jamais, jamais désespérer. Tu es pris dans un maelström et puis, soudain, il y a quelqu'un qui dit non, qui ne suit pas les injonctions d'en haut, qui juge en fonction du droit. Certes, ça emmerdait les journalistes d'avoir à reconnaître un jour que j'avais raison, étant donné qu'ils pensaient presque tous que j'avais tort. Enfin, pour être précis,

Aussi innocent que l'agneau qui vient de naître

ils ne le pensaient pas forcément, ils l'écrivaient tout le temps, ce qui n'est pas pareil. Je savais aussi qu'à côté des investigateurs de mes couilles, il y avait des vrais professionnels dans les médias.

— Des noms !

— Des chroniqueurs judiciaires, comme Pascale Robert-Diard du *Monde* ou Stéphane Durand-Souffland du *Figaro*. Ces gens-là sont l'honneur de ton métier. Rien à voir avec les investigateurs de mes deux ! Je peux citer aussi Renaud Lecadre de *Libération*, il y en a beaucoup d'autres. Quand, en 2019, est arrivé le procès au pénal sur la prétendue "escroquerie en bande organisée", ils ont fait leur boulot, eux. Ils ont raconté ce qu'ils ont vu au tribunal. »

Le tribunal correctionnel de Paris est présidé par Christine Mée, réputée pour son caractère, son intransigeance, son indépendance d'esprit : elle vient d'infliger une amende record de 3,7 milliards à la banque suisse UBS qui s'était rendue coupable, entre autres, de blanchiment de fraude fiscale. Elle est entourée de deux femmes : Hélène Ragon et Nathalie Gavarino ou, pendant l'audience publique, Alice Hodson.

Que le tribunal fût composé de trois femmes, cela rassurait aussi Tapie. Ontologiquement, songeait-il, il y avait quelque chance qu'elles rendent vraiment la justice et soient moins sensibles que des hommes aux « amicales pressions » de l'institution judiciaire, à ses promesses de hochets, de promotions, pour obtenir un jugement qui ne contredise pas la ligne fixée par la Chancellerie et le Syndicat de la magistrature.

Les femmes ne sont pas des hommes comme les autres. « Dans ma vie, m'a dit un jour Tapie, j'ai toujours eu

Bernard Tapie – Leçons de vie, de mort et d'amour

instinctivement plus confiance dans les femmes que dans les hommes. Elles sont moins dans la combine, le paraître, le billard à douze bandes. La preuve, dans le holding de mon groupe, à la grande époque, elles étaient sept sur neuf ! »

Le 9 juillet 2019, renvoyant dans les cordes le Parquet qui réclamait des peines lourdes, le tribunal prononce une relaxe générale au pénal pour BT et les autres prévenus. Stupéfaction générale. Mais comment est-ce possible ? Depuis quelques années, Tapie n'était-il pas condamné à perdre systématiquement tous ses procès ? C'est le monde à l'envers.

« Les éléments constitutifs du délit d'escroquerie ne sont pas caractérisés », déclare la présidente, Christine Mée, qui n'a pas non plus retenu l'infraction de détournement de fonds publics. Même s'il pointe l'« activisme très important » de Tapie « auprès de différentes personnalités publiques pour plaider sa cause », le tribunal affirme qu'« aucun élément du dossier ne permet d'affirmer » que l'arbitrage a fait l'objet de « manœuvres frauduleuses ».

Pour Tournaire, le PNF, *Le Monde* et *Mediapart*, le jugement sans équivoque résonne comme un soufflet : le CDR, c'est-à-dire l'Etat, « avait intérêt à la procédure arbitrale, laquelle permettait de clore définitivement tous les contentieux, d'encadrer et de limiter le risque financier pour l'Etat ».

Sur l'arbitrage proprement dit, le tribunal considère que, contrairement à ce qu'ont pu raconter ses contempteurs, il « est évident que MM. Pierre Mazeaud et Jean-Denis Bredin n'étaient pas des personnes influençables et ignorantes. Rien dans la conduite de l'arbitrage, la

Aussi innocent que l'agneau qui vient de naître

répartition des tâches ou le délibéré ne permet d'accréditer la thèse selon laquelle M. Pierre Estoup aurait circonvenu deux co-arbitres. Au contraire, il est démontré [qu'ils] ont participé activement au délibéré et à la rédaction de la sentence arbitrale ».

« Ce qui m'a le plus choqué, s'indigne Tapie, ce n'est pas que le procureur demande cinq ans ferme contre moi, ce qui m'a permis de le ridiculiser en déclarant qu'il était plus optimiste que mes médecins. Ce qui était révoltant, c'est que l'avocat de l'Etat, gavé d'honoraires qui se chiffrent en millions, que dis-je, en dizaines de millions, coure les plateaux télé en assurant que j'étais un "escroc", pendant les plaidoiries de ses collègues de la défense. »

La superbe plaidoirie de Me Temime, que cet avocat n'a pas daigné écouter, a fini de retourner le tribunal et les chroniqueurs judiciaires. La morale de tout cela : Tapie n'est pas un escroc, l'affaire de l'arbitrage frauduleux était un montage.

A en croire le tribunal, il n'y avait rien, strictement rien, dans le dossier qui avait enflammé les médias : la décision pénale s'appuie sur trois cent quarante pages sans appel, qui réduisent à néant les « enquêtes » et les affabulations du juge Tournaire, du PNF, du *Monde* et de *Mediapart*. Mais ces gens-là n'auront pas de problème de conscience, il y a longtemps qu'ils ne savent pas où elle est, sans doute au fond d'un grenier, couverte de poussière, mangée par la vermine.

De plus, le ridicule n'ayant jamais tué personne, ils ne risquent rien, même quand ils prétendent voir la main de l'Etat dans le jugement. Quant à Tapie, le jugement le regonfle à bloc. Quand je l'appelle quelques minutes

Bernard Tapie – Leçons de vie, de mort et d'amour

après la tombée du verdict, il est au lit, terrassé par une nouvelle récidive du cancer, la voix mourante, au trente-sixième dessous. Le lendemain, il avait ressuscité. Il ressuscitera toujours jusqu'à sa mort.

Blanchi au pénal, Tapie reste néanmoins condamné au civil sur le même dossier : on l'a vu, quatre ans plus tôt, après avoir annulé l'arbitrage pour fraude, la Cour d'appel l'avait condamné à rendre l'argent reçu, un jugement conforté par un arrêt de la Cour de cassation. Vérité en deçà des Pyrénées, erreur au-delà...

Fraude au civil, mais pas au pénal : Ubu est roi. En valdinguant de la sorte, la justice n'est-elle pas ivre, parfois ?

36

Sous le soleil de *La Provence*

La vocation de l'identité régionale.
Le contraire de l'homme que l'on portraiture à Paris

Qu'on me permette une digression pour expliquer comment j'ai atterri à *La Provence*. J'avais donc rencontré Tapie pour la première fois dans les années 1990, bien après la plupart de mes collègues, sur un conseil de Mitterrand : « Quoi ? Vous ne le connaissez pas ? Si les cochons ne le mangent pas, son charisme le mènera très loin. »

Je fus en effet frappé par son charisme. C'était une attraction. Il faisait tout le temps la conversation, il n'y avait rien d'autre à faire qu'à l'écouter. M'avait frappée une mise en garde par lui formulée, qui montrait qu'il confondait les mœurs parisiennes avec celles qui prévalaient à Marseille : « Si vous continuez à taper comme ça sur Mitterrand, à votre place, je ferais gaffe : un jour, vous allez finir dans un bloc de béton.

— Nous nous voyons de temps en temps, vous savez.

— Ah bon ? »

Bernard Tapie – Leçons de vie, de mort et d'amour

Tapie avait semblé étonné. Mais il a vite appris. Par la suite, nous avons entretenu des relations cordiales avec des hauts et pas mal de bas. Un soir, pendant mes années figaresques, il est même venu dîner chez moi, rue de Rennes. Puis, après la déplorable affaire VA-OM, nous nous sommes perdus de vue. J'ai suivi de loin ses déboires judiciaires et sa nouvelle carrière théâtrale avant de prendre son parti très tardivement, après 2012, quand j'ai découvert la vérité sur l'affaire Adidas.

Au début de l'année 2017, après quelques travaux d'approche, il m'a proposé la botte : grand patron de son journal, *La Provence*.

« Tu n'y penses pas ! ai-je répondu. Si j'ai pris ma retraite du *Point*, c'est parce que j'étais essoré, à bout, après avoir été patron de journaux pendant trente ans. Je n'ai plus l'énergie, il faut laisser la place aux jeunes. »

Après avoir quitté trois ans plus tôt la direction du *Point*, hebdomadaire qui était et reste ma famille, il était hors de question que je retournasse dans cette centrifugeuse qu'est la responsabilité d'un journal : à sa tête, on est toujours comme dans un aéroport soumis vingt-quatre heures sur vingt-quatre à des tirs de mortier. Ce n'était plus de mon âge.

« Oublie, lui ai-je dit. J'ai déjà donné. La vie m'a appris à avoir conscience de mes limites. Pour ce genre de travail, je suis trop usé. »

Ce n'était pas la première fois que je refusais *La Provence*. Connaissant mon attachement pour Marseille, Gaston Defferre, l'ancien propriétaire, par ailleurs maire de la ville, m'avait proposé la rédaction en chef du quotidien en 1977, alors que j'avais vingt-huit ans. En ce temps-là, le mélange des genres était à son comble :

Sous le soleil de La Provence

j'étais venu lui apporter ma lettre d'embauche de deux ou trois pages, signée et paraphée, dans son bureau lambrissé de président du groupe socialiste à l'Assemblée nationale.

A peine avions-nous commencé la conversation que Gaston Defferre reçut un coup de fil d'un rédacteur en chef de *La Provence* qui lui soumettait le grand titre du lendemain pour validation. Sur quel sujet, je ne saurais dire mais il s'agissait de politique. Mon ex-futur patron récusa la manchette et en donna une autre, stupide et militante. Protestation au bout de la ligne. Le maire de Marseille raccrocha sec. Je compris que je ne tiendrais pas deux jours dans un journal dirigé de cette façon.

Je n'ai pas donné le contrat d'embauche à Gaston Defferre. J'ai bafouillé des excuses et prétendu que j'avais besoin de quelques semaines supplémentaires de réflexion.

« Vous allez regretter ça toute votre vie », a dit Defferre en se levant pour clore la conversation.

Des années plus tard, à l'instigation de l'écrivaine Edmonde Charles-Roux, veuve de Defferre depuis peu, Jean-Luc Lagardère m'avait proposé le poste de P-D G. Je ne pouvais pas quitter *Le Figaro*, encore sous le choc de la mort de Robert Hersant, son propriétaire. C'eût été indigne et indécent. Mais je n'insultais pas l'avenir…

Quand Jean-Luc Lagardère renouvela son offre à la fin des années 1990, je lui répondis que je ne pouvais résister aux sirènes de François Pinault et de Claude Imbert qui m'avaient proposé *Le Point*, un des bijoux de la presse française, qui m'allait, si j'ose dire, en tous points. J'y avais déjà des amis. Je savais que j'y trouverais

Bernard Tapie – Leçons de vie, de mort et d'amour

mon bonheur. C'était là, pour tout dire, que je pensais terminer ma vie de journaliste.

Trois mois après mon premier refus, Tapie m'a invité à passer chez lui pour me proposer une nouvelle fois de rejoindre *La Provence*, mais cette fois seulement comme directeur de la publication. J'ai encore dit non.

« Je suis très heureux comme je suis. Je vis cinq ou six jours sur sept à Marseille. A la belle saison, je vais me baigner tous les jours au Cercle des nageurs. Je lis, j'écris mes livres, j'ai une vie gionesque, je m'occupe de mes oliviers à Mérindol. Que demander de plus ?

— Je suis sûr que cette vie ne te convient pas. Tu n'es pas fait pour être un retraité coupé de tout.

— Parce que tu sais ce qu'il me faut, toi ? Moi, je n'ai pas besoin d'être toujours au centre de l'histoire. J'ai une devise que je regrette de n'avoir pas davantage mise en pratique dans ma vie, elle est d'Epicure : "Qui ne sait pas se contenter de peu ne sera jamais content de rien." »

Tapie s'est levé, cramoisi et furieux.

« C'est con, que tu prennes mal ma réponse, dis-je sur le pas de la porte. J'aime Marseille où j'habite aujourd'hui, après avoir vécu à Mérindol puis à Manosque. La diffusion de ton journal se casse la gueule. Avec ce que je sais sur cette région, je suis sûr que je pourrais te remonter les ventes en quelques mois.

— Comment ça ?

— En faisant de *La Provence* un journal qui défende bec et ongles ses territoires face à Paris, ce qui est sa vocation historique. Je pourrais te dépanner pour une mission d'un an, ça m'amuserait. Dommage. »

Tapie s'est arrêté.

Sous le soleil de La Provence

« Tu m'intéresses, a-t-il dit.

— Avec la révolution numérique, la vieille presse ne peut survivre que si elle a une identité forte. Ça peut être une idéologie ou la défense d'un terroir, d'un territoire maltraité. L'identité naturelle et ontologique de la presse régionale, c'est la région qu'elle doit porter contre l'Etat, contre Paris, mais, de toute évidence, *La Provence*, comme beaucoup de quotidiens régionaux, ne le sait pas. C'est un journal socialo-conformiste qui suit les vents dominants et se contente trop souvent de reprendre les clichés et les commandements des médias parisiens. »

J'ai pu vérifier que Tapie connaissait bien son dossier. Il parlait comme un vrai patron de presse et il avait un vrai projet, mis au point avec son fils Stéphane, chargé du numérique : le site d'information du journal était l'un des premiers de France, devant des grands nationaux comme lemonde.fr. Je lui ai expliqué que je ne pourrais venir travailler avec lui qu'à titre provisoire avec un titre du genre « directeur éditorial pour une mission d'un an renouvelable ». J'étais pressé de reprendre ma vie d'avant. On a topé.

Même s'il ne me l'avait pas dit, je savais que Tapie avait trouvé un P-DG. En l'espèce, Jean-Christophe Serfati avec qui j'ai tout de suite sympathisé, un entrepreneur franc, énergique et passionné, versé dans le numérique et les nouveaux métiers. Le profil idéal pour diriger un journal.

A *La Provence*, je me suis fait beaucoup d'autres amis, copains ou « collègues », comme on dit ici,

Bernard Tapie – Leçons de vie, de mort et d'amour

à commencer par Fatima Labidi, Virginie Layani, Guilhem Ricavy, Marie-Cécile Bérenger, Denis Trossero, Johanna Olibé, Frédéric Cheutin, Rémi Mathieu, Patrick Coulomb, Laurence Mildonian, Philippe Schmit, Frédéric Speich, Marguerite Degez, Jean-Rémi Barland, Gabriel Hodoul, Nicole Breysse, Jean-Michel Marcoul, Florence Cottin, Jean-Luc Crozel, Tanguy Cohen, Frédérique Gros, Albert Lugassy, Romain Capdepon, Thomas Hirsch, Laetitia Gentili, Thierry Garro, Sandra Basso, Bernard Sorbier, Florent Provansal, Henri Cohen, Clarisse Hebrard, Nicolas Rey, Jean Lombardozzi, Geneviève Van Lede, François Tonneau, Michaël Levy, Mathieu Cochelin, Christine Lucas, Eric Miguet, Philippe Clau, Marine Stromboni, Alain Guidoni, Antoine Marigot, Monique Zinno, son mari Michel et tant d'autres, qu'ils me pardonnent de ne pas pouvoir les citer tous. Sans parler d'une foule de jeunes journalistes du site, passionnés eux aussi, qui prouvent tous les jours que leur métier n'est pas mort. Merci à tous pour ce moment !

Certes, j'ai souvent été pris à partie par *Mediapart* et le SNJ (Syndicat national des journalistes) qui marchent de conserve. Rien de grave. Tenu par d'anciens partisans du socialiste Patrick Mennucci, candidat malheureux à la mairie de Marseille en 2015, ce Syndicat a présenté contre moi, peu après mon arrivée au journal, une motion de défiance qui a fait long feu dans une rédaction de 188 salariés à l'époque.

Après le vote, j'ai remercié la rédaction dans un communiqué[1] auquel le SNJ n'a même pas osé répondre :

---

1. Le 17 septembre 2017.

Sous le soleil de La Provence

« 74 journalistes ont voté contre la confiance, 6 pour, 7 blancs et 101 ont choisi de ne pas s'exprimer afin – ce que beaucoup m'ont dit – de ne pas donner de légitimité au SNJ. De toute évidence, le SNJ a raté son opération. Contrairement à ce qu'il avait prévu, sa motion n'a pas obtenu, loin de là, la majorité des voix au terme de sa "consultation" de la rédaction [...]. J'ai mis à dessein des guillemets à "consultation" dans la mesure où on peut se demander ce qui s'est vraiment passé entre la clôture du vote (16 h) et la publication des résultats qu'il a fallu attendre jusque tard dans la soirée. Il s'agissait pourtant d'un vote électronique : les résultats pouvaient être connus instantanément. Comme c'est étrange ! Que s'est-il passé pendant toutes ces heures ? Qu'on ne nous dise pas que ces syndicalistes recomptaient les voix : il n'y avait pas de bulletins ! »

Je vous laisse deviner ce qui s'est passé, dans une certaine tradition marseillaise. Tels sont les effets de la mediapartisation des médias dont beaucoup, à commencer par France Inter ou *Le Monde*, ont ensuite assuré, contre toute évidence, que j'avais été désavoué par la rédaction. Il est vrai que dans une presse aussi impatiente qu'idéologisée, la vérification est une perte de temps.

Plus tard, beaucoup de mes confrères parisiens, complices des falsifications locales du SNJ, n'ont pas hésité à prétendre que j'avais écrit un article à la gloire de Martine Vassal, candidate LR à la mairie, qui n'était pas gâtée par le journal, sous prétexte que j'y assurais – je le maintiens – qu'elle avait « la compétence, l'aura, l'expérience ». Ils avaient seulement oublié, les farceurs, que je faisais aussi, dans ce même texte, l'éloge de Benoît

Bernard Tapie – Leçons de vie, de mort et d'amour

Payan, le chef de file socialiste, et de la dissidente de centre gauche Samia Ghali : à tous les deux, je donnais « du chien et du talent ». Dans la foulée de *Mediapart*, et alors que la lecture du journal prouvait le contraire, j'ai été accusé par les syndicats locaux de journalistes, perroquets du multimillionnaire Plenel, de faire faire à *La Provence* la campagne de Vassal. Les bouffons ! Apparemment, ils ne lisaient pas le journal.

A la fin de l'année 2017, nous avions si bien remonté les ventes, tous supports confondus, que nous ne perdions plus de lecteurs. Après un médiocre début d'année, à cause d'une hausse de prix du journal, nous étions repartis sur la bonne pente quand j'ai pensé que j'avais fait mon temps et que le moment était venu de tirer ma révérence. Au hasard d'une conversation, je m'en ouvris à mon ami Alain Minc qui le répéta à Bernard Tapie, lequel me téléphona :

« Tu ne peux pas me faire ça !

— Je suis fini, Bernard. Il y a des années que je ne dors plus, que je suis tout le temps fatigué. Il faut savoir s'arrêter. Je veux profiter de mes dernières années, écrire tous les livres que j'ai en projet, il y en a tant.

— TU N'AS PAS LE DROIT ! »

J'étais comme la gazelle à côté du lion rugissant qui lui demande de rester à côté de lui parce qu'il a peur la nuit. Je tremblais de l'intérieur. Après que j'eus bredouillé quelques mots d'explication, il a hurlé :

« Tu as cinq ans de moins que moi et tu parles déjà comme un vieux. As-tu vu l'état dans lequel je suis,

Sous le soleil de La Provence

avec mon cancer ? Je tiens, je ne lâche pas l'affaire. J'ai encore besoin de toi… »

J'ai cédé.

J'avais découvert un Tapie que je ne connaissais pas, beaucoup moins cynique que je l'aurais imaginé, capable d'écouter, de supporter la contradiction, de changer d'avis, de mettre des millions dans son journal pour le moderniser, le contraire du portrait qu'on dressait de lui à Paris. Malgré les coups de sang, il n'avait plus grand-chose à voir avec le boulégon[1] souvent décrit, avec lequel je n'aurais pas tenu cinq minutes.

Ce qui m'a rapproché de lui, ce n'est pas seulement la maladie, c'est aussi ce que j'ai découvert à ses côtés : le déni de justice. La volonté de le détruire. La haine et la mauvaise foi en robe, sous les moulures de la République.

Au début de l'année 2018, Tapie avait insisté pour que j'assiste à une séance de la Cour d'appel sur l'arbitrage, au Palais de Justice de Paris : « Tu comprendras tout. » Je m'y suis donc rendu le 30 janvier et ce que j'ai vu et entendu m'a saisi d'effroi : c'était donc devenu ça, la justice française ? Un grand dégueulis de fiel déversé par les avocats du Trésor, du CDR et consorts, enrichis par l'affaire Tapie, qui battaient des ailes comme des corbeaux dans leur robe noire ? Tandis qu'un représentant du Parquet, donc de l'Etat, faisait de la surenchère en proférant, sur le ton du clabaudage, toutes sortes de contre-vérités, notamment sur *La Provence* dont il réclamait la liquidation immédiate, la situation étant à ses yeux apocalyptique, alors que le journal faisait de

---

1. Définition du *Dictionnaire du marseillais* : « Personne particulièrement remuante, pleine d'énergie, qui ne tient pas en place. »

Bernard Tapie – Leçons de vie, de mort et d'amour

substantiels bénéfices. A l'évidence, il n'avait pas pris la peine de consulter ses dossiers. Il avait préféré recopier les *fake news* de *Mediapart*, site lui-même nourri par la magistrature ultra-politisée, la boucle était bouclée, pour le bonheur de la « crapaudaille » qui, ces derniers temps, désinforme sans discontinuer depuis les places fortes qu'elle s'est construites dans la justice et les médias.

37

Le syndrome Jean Valjean

L'homme qui dort avec son chien.
« Sur cette terre, il n'y a pas beaucoup de gens
qui peuvent dire que je leur ai fait du mal. »

« Le succès, dit un proverbe japonais, c'est tomber sept fois, se relever huit. » Philippe Labro en a tiré un récit qui a fait date, sur sa dépression de deux ans[1]. Mais il s'applique aussi bien à BT dont les dépressions ne durent jamais plus de quelques secondes.

Sauf que Tapie est tombé beaucoup plus que sept fois. Souvent, quand il était à terre, on ne donnait pas cher de sa peau. A plusieurs reprises, il a même été mangé cru par plusieurs catégories de la population, les politiques, les magistrats, les journalistes.

Pour paraphraser Oscar Wilde, chaque fois que ces professions cannibales commencent à crever de faim, Dieu, dans sa grande bonté, leur envoie Tapie. Comme il ne se laisse pas faire, ça les occupe un moment. Ils ont beau tout bouffer, même les os, les poils, les ongles,

---

1. *Tomber sept fois, se relever huit*, Albin Michel, 2003.

Bernard Tapie – Leçons de vie, de mort et d'amour

avant de saucer leurs assiettes, il a tôt fait de ressusciter : c'est sa seconde nature. Après, il peut servir encore et encore. Avec le temps, il est devenu une sorte de bouc émissaire permanent.

J'ai longtemps cherché à percer le secret de son aptitude à la survie jusqu'à ce qu'il me donne un jour une piste sans le savoir. BT parle souvent des chiens. C'est même devenu peu à peu l'un de nos sujets de conversation favoris. Si vous n'avez pas les moyens d'avoir une femme et un chien, conseillait un humoriste, prenez plutôt un chien. Mais la blague ne peut s'appliquer au couple Tapie : son épouse Dominique est aussi folle de chiens que lui.

« Les gens qui n'en ont pas, dit-il, ils ne savent pas ce qu'ils perdent. Ils ont beau expliquer le pourquoi du comment, "je n'ai pas la place, je n'ai pas le temps", je les plains. Plus je connais les humains, plus j'aime les chiens. »

Quand il était petit, il n'y avait pas de chien dans le taudis des Tapie au Bourget. « On n'avait pas de fric, dit-il, on n'allait pas, en plus, acheter un chien. Mais un jour, j'avais onze ans, on faisait du camping avec mes parents dans la forêt de Senlis quand on est tombés sur un renard ou, pour être plus précis, un renardeau qui avait une grosse blessure sur le dos. "On le prend", j'ai supplié, et on l'a ramené. Il est resté sept ans chez nous. On l'a appelé Goupil. Il était très propre, très bien élevé et, quand on le sortait en ville, on le tenait en laisse. La nuit, il se barrait et rentrait vers cinq ou six heures du matin. On lui avait aménagé un petit espace avec un panier devant la porte d'entrée. Un jour, en l'ouvrant, on l'a trouvé couché avec une petite chienne blanche.

Le syndrome Jean Valjean

Il était revenu avec une fiancée, ce con. Quand je rentrais de l'école, il faisait toujours semblant de dormir. L'inverse du comportement du chien. S'il était sensible à mon amour pour lui, il n'était pas question qu'il me le montre.

Un été, alors que nous faisions du camping sauvage dans un champ, à Neuilly-sur-Marne, au bord de la rivière, Goupil n'est pas rentré de sa tournée nocturne. On a soupçonné des gens du voyage de nous l'avoir chouravé. Parce qu'il n'était pas craintif, il s'approchait des gens. Ç'a été un chagrin terrible. »

Après ça, Tapie n'a plus jamais cessé d'avoir des chiens. « Avec ma femme, on en a eu au moins cinquante, dit-il. Ils sont tous enterrés dans le jardin de Combs-la-Ville. Avec une tombe et leur nom dessus. Evidemment, il y en a qui nous ont plus marqués que les autres. Boboy, par exemple. Tous les week-ends, je vais me recueillir sur sa tombe, dans notre maison de campagne. Quelques pierres avec une plaque dessus. »

Un jour que je lui demandais ce qui était écrit, il me fusilla du regard : « C'est personnel. »

La première fois qu'il m'a parlé de Boboy, il m'a montré des photos de lui sur son portable, l'air ému, comme si c'était un enfant ou une ancienne amourette. Elles avaient été prises par Dominique pendant que le chien et lui dormaient, bras dessus, bras dessous, sous les draps, amants improbables. « Il préférait ma femme, dit-il, mais du jour où il a senti que j'étais affaibli, il a commencé à s'occuper de moi, et pas qu'un peu. »

Boboy était un cane corso, race de molosses athlétiques d'origine italienne, utilisée comme chiens de ferme, de garde ou de défense, qui servaient aux Romains pour

Bernard Tapie – Leçons de vie, de mort et d'amour

faire rentrer les lions dans leurs quartiers, après les jeux du cirque. Un gros bestiau à poil court et à robe noire ou fauve dont la taille au garrot est celle d'un veau : entre soixante et soixante-huit centimètres. Généralement, un grand sentimental, très attentionné.

« Après l'opération de l'estomac et de l'œsophage, chaque fois que j'avais des coups de pompe, il se couchait près de moi sur le canapé, je le prenais dans les bras et, un quart d'heure après, j'avais retrouvé la forme, l'énergie. » Boboy n'absorbait pas seulement ses idées noires, il remontait Tapie, il le restaurait physiquement.

De nombreuses études scientifiques, notamment américaines, ont montré sans contestation possible ce que nous savions déjà tous, confusément, depuis la nuit des temps : caresser des animaux de compagnie nous fait du bien, autrement dit diminue sensiblement le taux de cortisol, l'hormone fabriquée par notre corps en réaction au stress.

C'est vrai pour les étudiants, les enfants, les détenus, les malades, les handicapés, les personnes âgées, pour tout le monde en vérité. Les chats produisent des effets comparables. Un jour que j'en faisais état à Tapie, j'ai observé que je l'énervais. Il ne supporte pas qu'on les mette sur le même plan que les chiens mais, qu'il me pardonne, les chats aussi nous calment, nous consolent, quitte à devenir collants s'ils sentent que nous ne sommes pas en bonne santé.

Winston Churchill, qui avait une grande connaissance des animaux, n'a pas seulement fait un bon mot le jour où il a dit : « J'aime les porcs. Les chiens nous regardent avec vénération. Les chats nous toisent avec dédain. Les cochons nous considèrent comme des égaux. » C'est

Le syndrome Jean Valjean

ainsi que nous sommes naturellement les maîtres de nos chiens et les esclaves de nos chats.

De Tapie, on peut dire qu'il considère ses chiens comme des égaux. Il a toujours une nouvelle histoire à raconter. « Avant Boboy, j'avais un cane corso qui a commencé à flancher un été, à Saint-Tropez. Il avait une malformation au cœur et passait ses journées à l'ombre, essoufflé. L'horreur. Ma femme décide d'écourter les vacances et rentre avec lui pour aller au frais, à la campagne. Elle m'appelle le lendemain : "C'est la résurrection totale." Je les rejoins et je suis dans le salon en train de bouquiner quand il vient devant moi et fait "ouaf, ouaf". Je comprends qu'il veut que je le suive. Je m'exécute. Il monte l'escalier dare-dare rejoindre Dominique qui est dans la chambre, au premier étage. Et là, poum, il tombe raide mort. C'est ça, un chien : il sentait qu'il allait mourir et il a voulu rendre son dernier souffle à côté de nous deux. »

Voulez-vous d'autres histoires ? Il y a celle du bouc dont la patte était coincée entre deux rochers, sur la côte turque, et qu'il a passé une journée à essayer de dégager, avec succès finalement. Il y a celle de la chienne impotente : « On est avec ma femme à Marseille où habite notre fille Sophie, raconte Tapie. Elle nous propose de l'accompagner au refuge de la SPA des Bouches-du-Rhône dont elle est la marraine. Là-bas, quand on passe devant les cages des chiens, on tombe sur une chienne berger allemand complètement naze, apparemment grabataire, qui nous jette un regard implorant. »

Il mime le regard, puis : « Je demande pourquoi elle ne bouge pas. On me répond : "Elle est paralysée du train arrière." C'est un problème que l'on rencontre souvent

Bernard Tapie – Leçons de vie, de mort et d'amour

chez cette race, en fin de vie. Dominique et moi, on a la même réaction : "Allez, on l'emmène. — Ce n'est pas possible, nous dit-on, vous ne pouvez pas prendre un animal de treize ans et demi qui a une espérance de vie de quelques mois." Alors, nous deux : "Eh bien, si, justement." Elle est venue avec nous à Saint-Tropez, on lui a donné des cachets d'antidouleurs et elle s'est remise à marcher. Elle plongeait même du ponton pour nager dans la mer avec ma femme. »

Je vous vois venir : quelqu'un qui a autant d'empathie avec les animaux ne peut, direz-vous, aimer vraiment les humains. Lamartine a tordu le cou à cette légende : « On n'a pas deux cœurs, un pour les animaux et un pour les humains. On a un cœur ou on n'en a pas. » Si vous en doutez, je vous renvoie au témoignage de Gilles Verdez, alors journaliste au *Parisien*, qui était au stade de Furiani, en Corse, quand une tribune s'est écroulée pendant un match opposant le SC Bastia à l'OM, le 5 mai 1992. Une catastrophe qui a fait 18 morts et 2 357 blessés.

Non seulement le ministre de la Ville, par ailleurs patron de l'OM, appelle tout de suite son collègue de l'Intérieur pour qu'il réquisitionne des avions et des hélicoptères mais il participe sans attendre aux secours. « J'ai vu Bernard Tapie aller dans les décombres, raconte Gilles Verdez, c'était une scène de guerre. » Avec Basile Boli, il sort des blessés, des agonisants, qu'il porte dans ses bras. « Il a sauvé sous mes yeux, affirme le journaliste, quatre ou cinq personnes. »

Parmi elles, Avi Assouly, journaliste sportif à France Bleu Provence et futur député. « Tapie m'a sauvé la vie et je lui serai éternellement reconnaissant, dit-il. J'étais fracassé sous les décombres – j'ai d'ailleurs fait vingt et

Le syndrome Jean Valjean

un jours de coma. Pensez ! On croyait que j'étais mort. Les joueurs m'ont raconté qu'il a dit : "Regardez, il bouge encore un peu." Malgré l'avis des médecins, il m'a fait envoyer à l'hôpital de la Miséricorde à Ajaccio où on m'a tiré d'affaire. »

Pitoyables sont ceux qui rient ou mégotent sur le courage, la pitié, la sollicitude. La compassion ne se divise pas. Tapie en a, comme pour le reste, à revendre, notamment depuis que le crabe l'a coincé entre ses grosses pinces douloureuses.

Au combat comme toujours, on ne se refait pas, Tapie n'est plus tout à fait Tapie aujourd'hui. En rédemption, il s'aime moins et fait face à la débine avec un recul et une philosophie que je ne lui connaissais pas.

« J'ai beaucoup appris, reconnaît-il. Là où j'ai passé ma jeunesse, on ne m'a pas vraiment guidé et, à l'âge adulte, j'ai enchaîné les conneries en me laissant aller dans le désir, toujours insatisfait, de la possession pour la possession. Et puis un jour j'ai commencé à vivre sans mobilier dans ma sublime maison. Le Crédit lyonnais avait fait saisir illégalement tous les meubles et ils étaient sous séquestre. Avec ma femme, on s'est dit : "N'essayons pas de les récupérer, attendons de voir comment ça tourne sur le plan judiciaire. Si on perd le procès et qu'il faut les rendre, ça va être chiant." On a donc vécu pendant neuf ans sans un meuble ni une lampe ! On habitait dans la chambre et on mangeait dans la cuisine. Eh bien, notre vie d'avant ne nous a jamais manqué ! Ce fut une bonne leçon. »

Bernard Tapie – Leçons de vie, de mort et d'amour

Encore un peu et, dans sa prochaine vie, Tapie, j'en suis sûr, accédera à la sagesse pour dire comme Jean Giono dans *Les Vraies Richesses*[1] : « La richesse de l'homme est dans son cœur. C'est dans son cœur qu'il est le roi du monde. Vivre n'exige pas la possession de tant de choses. »

BT devient même gionesque quand il s'exclame un autre jour devant moi : « Quand on pense, dit-il, que nous sommes les survivants des millions de spermatozoïdes que nos pères ont offerts à nos mères ! On a eu la chance inouïe de connaître la vie et on devrait avoir peur qu'elle s'arrête ? Qu'est-ce que c'est con ! Faisons tous en sorte que notre vie soit la plus belle possible, mais, de grâce, ne nous prenons pas la tête avec la mort qui était prévue le jour de notre naissance, MEEERDE ! »

Je galèje à peine, il y a bien là comme un écho à Giono qui, après avoir exalté nos vraies richesses, les vents, les pluies, les neiges, les soleils ou les montagnes, conclut son livre ainsi : « Quand la mort arrivera, ne t'inquiète pas, c'est la continuation logique. Tâche seulement d'être alors le plus riche possible. Ce que tu es, deviens. »

Parfois, ce qui eût été incongru il y a quelques années, Tapie pourrait me rappeler Jean-Marie Gustave Le Clézio, un vieux frère que j'admire et dont je suis même un peu jaloux, non pour son prix Nobel, ni même pour sa belle gueule d'ange des mers, mais pour sa liberté, sa sagesse et ses errances qui l'ont toujours tenu éloigné des « enclos », signification de son nom en breton.

La maladie a embelli Tapie. Elle l'a beaucoup amaigri, j'allais dire purifié, tandis qu'apparaissaient dans leur

---

1. Grasset, 1936.

Le syndrome Jean Valjean

vérité des rides qui pouvaient passer pour les premières morsures de la mort. Il faut soixante ans pour faire un homme, disait Malraux. Lui, ç'aura été soixante-quinze ans. Il en a pas mal rabattu et dit souvent, comme pour se rassurer : « J'ai certes mis des pains dans la gueule à des gens mais il n'y en a pas beaucoup sur cette terre qui peuvent dire que je leur ai fait du mal. »

C'est un enfant de Groddeck, ce contemporain de Freud qui se définissait comme un analyste sauvage et plaidait pour l'autoanalyse. Un psychothérapeute non conformiste, hostile aux institutions, qui disait qu'il n'y avait nul besoin d'intermédiaire pour aller chercher ce que chacun a au fond de soi. Après avoir lu, il y a long-temps, *La Maladie, l'art et le symbole*[1], Tapie dit avoir acquis une certaine sérénité et « se battre les couilles de l'avis des autres ».

Je n'en crois pas un mot : il rêverait tant d'avoir une bonne réputation, comme Jean Valjean à la fin des *Misérables*. C'est pourquoi il parle si souvent des écoles de vente Tapie qu'il avait créées dans les années 1980 et que pilotait Noëlle Bellone. Il y en avait à Marseille, Béziers, Compiègne, Montreuil, etc. : en 1993, elles avaient trouvé un emploi à 74 % de leurs trois mille élèves, souvent en difficulté.

Tapie s'enorgueillit d'avoir décomplexé des généra-tions de jeunes en leur montrant qu'un tchatcheur peut être un moins bon vendeur qu'une personne sans cha-risme ni bagou, du genre à s'excuser de vous demander pardon. Soudain, il baisse la tête qu'il met entre ses mains : « M'as-tu vu me servir un jour de ces écoles

---

1. Gallimard, 1969.

Bernard Tapie – Leçons de vie, de mort et d'amour

pour me mettre en avant et faire le beau ? Non, jamais. Pourtant, on en a fait, du bien, en montrant aux jeunes qu'ils étaient tous aptes, même les timides, au nom d'un principe simple : il n'existe pas de profil idéal du vendeur. Pour convaincre, il faut être sincère et, pour être sincère, il faut être soi-même.

— Tu as décidément besoin qu'on t'aime. Etre en harmonie avec sa confiance, c'est le commencement de la sagesse. Après ça, le point de vue des autres, ça n'est plus important...

— Mon problème, c'est que je ne comprends pas pourquoi on m'en veut toujours, avec tant de hargne parfois. Dans la première partie de ma vie, quand les juges s'en prenaient à moi, je savais pourquoi. C'était des gauchistes qui ne supportaient pas qu'un trou du cul comme moi ait la gloire et l'argent, sans oublier le toupet de se promener sur la gueule de tout le monde. Mais aujourd'hui, alors que je suis à terre, pourquoi certains d'entre eux veulent-ils encore me pendre ? Y a plus aucune raison, sinon celle de finir le boulot commencé par une partie de la magistrature ultra-politisée qui n'en fait qu'à sa tête et règle ses comptes, au mépris du droit, de la justice. Je prends le pari : un jour, tu verras, ils vont pas se gêner, ils feront sa fête à Macron ! »

Epilogue

Quand on le connaît, comment ne pas l'aimer ? Il aura beau dire et faire, Tapie restera toujours, pour certains Français, le grand écornifleur national, le chevalier des monte-en-l'air. Mais il est habité par trop de rêves et de sentiments pour ne pas valoir mieux que ça.

Il apparaît hyper-égotique et on découvre qu'il s'intéresse aux autres. On le pense inculte et on se rend vite compte qu'il n'est pas ignare, il s'en faut. On le dit populiste mais il est européen. Il a toujours été lui-même et surtout un autre, celui que son ami Patrick Le Lay surnommait drôlement « la Ferrari sans frein ».

La Ferrari n'est plus ce qu'elle était. Parfois, quand il me téléphone, il me semble que Tapie est très loin, à moitié parti – cette sale tumeur continue de manger sa corde vocale –, et, devant tant d'obstination à vivre, les yeux s'embrument : jamais il ne se rendra. Il mourra vivant, ce qu'on peut faire de mieux.

A l'heure des comptes et la tombée du crépuscule, il se décrit en franchouillard : « Depuis Bernard Hinault, aucun Français n'a gagné le Tour de France. Avant de

Epilogue

brûler au large de Bali quand il n'était plus à moi, le *Phocéa* était un bateau français, sous pavillon français, avec un équipage français, qui a battu le record de l'Atlantique jamais égalé depuis. L'OM a gagné la Ligue des champions avec dix-neuf joueurs français et seulement trois étrangers. Avec le PSG, on peut dire que la proportion est inverse ! La meute pourra toujours essayer de me crever, elle ne pourra jamais m'enlever ça : je suis français ! »

Quelle autre fierté ?

« Plus que les succès sportifs, mes boîtes. Grâce à mes équipes, j'ai réussi à sauver des boutiques qui étaient foutues, les Wonder, Look, Terraillon, etc. Elles allaient fermer, personne n'aurait misé un kopeck dedans. Eh bien, non seulement nous les avons redressées mais en plus, nous avons créé deux fois plus d'emplois que nous n'en avons perdu. »

Il y a aussi ce qu'on pourrait appeler son rôle social : « Je viens d'un monde où les gens se font du mouron du matin au soir et leur cerveau se rétrécit parce qu'ils sont toujours en défense. Eh bien, si j'ai fait une bonne chose, c'est de leur donner envie, envie d'avoir de l'ambition, de monter les marches ! »

Il y a encore les enfants, et il est notamment bluffé par le parcours de Laurent, un passionné d'auto comme lui, qui a toujours mené sa barque tout seul, à distance respectueuse, et qui vient de relancer la célèbre et prestigieuse marque Delage pour mettre au point, avec les meilleurs motoristes, la D12, une hypercar hybride de 1 100 chevaux et à 2 millions d'euros, fabriquée à Magny-Cours, dans la Nièvre.

Bernard Tapie – Leçons de vie, de mort et d'amour

Refusant de se retrancher du monde, Tapie refait volontiers le match de sa vie, quitte à faire son mea culpa : « L'une de mes grandes erreurs, je ne le dirai jamais assez, aura été de m'être tenu à l'écart des milieux dans lesquels j'ai travaillé, ceux du football ou de la politique, comme si j'avais peur qu'on m'inocule le ver du doute. »

Toujours au fait de tout, il continue à commenter l'actualité avec la même passion. Avant de tirer sa révérence, il a changé de dimension pour devenir un grand témoin, un archétype français de la transfiguration par le combat. Sa résistance contre la maladie et l'acharnement judiciaire l'ont finalement grandi. Comment ne pas être fasciné par ce monstre d'énergie, de ténacité ?

Il aura envie de me mettre un pain dans la gueule en lisant ça sous ma signature, mais c'était mieux pour son destin qu'il fût, avant le jugement en appel sur l'arbitrage prétendument frauduleux, sauvé au pénal et ruiné au civil, quasiment condamné à recommencer à zéro et à retourner dans son taudis du Bourget, l'Etat ayant décidé de vider ses comptes et de saisir ses biens, ses polos, ses vieilles chaussures, y compris le lit sur lequel il récupère, entre deux attaques du cancer.

La férocité de l'Etat et de ses sicaires aura été sans répit. Jusqu'au bout, alors que la maladie le rongeait, il fallait qu'il rende gorge, de toute urgence. Mort ou vif. Quand l'épidémie du coronavirus impose une trêve à la justice qui s'arrête net de travailler, il y a eu une exception pour Tapie : le 30 avril 2020, alors que la France vit sous la cloche du confinement, ses sociétés ont été mises en liquidation judiciaire par le tribunal de

Epilogue

commerce de Bobigny. Que voulez-vous, ça ne pouvait pas attendre un jour de plus.

Le 21 septembre, deux jours avant l'audience en appel de la mise en liquidation de ses biens, un technicien d'Enedis se présente à la porte de son hôtel particulier. Sous le fallacieux prétexte que l'abonnement d'électricité n'a pas été payé par GBT, sa société en liquidation, l'agent est venu fermer le compteur à la demande du service recouvrement d'EDF. « Mais enfin, c'est ridicule, proteste Tapie qui voit derrière cette nouvelle mauvaise manière la main du CDR, je paye sur mon compte personnel mes factures de gaz et d'électricité. »

Si tout est en règle, pourquoi couper l'électricité ? Le technicien d'Enedis, qui trouve BT « diminué physiquement », est indigné. « Ils veulent ma peau », lui explique Tapie qui l'emmène dans sa chambre et lui montre le respirateur grâce auquel il se regonfle à l'oxygène de temps en temps. « Comment je le fais marcher sans électricité ? » demande-t-il.

Son supérieur hiérarchique étant sur la même longueur d'onde que le technicien, le courant ne sera pas coupé et ils se chargeront de raconter l'histoire à la presse. Que Tapie me pardonne d'être aussi égoïste, mais la fin de l'histoire n'en est que plus belle, plus littéraire, plus exemplaire.

Quelle aurait été la force ou même l'intérêt d'un livre sur Tapie s'il n'avait pas été, avec sa femme, persécuté, humilié, saigné à blanc, cerné sans cesse par les agents de l'Etat venus tout récupérer, jusqu'aux petites cuillères ?

Le rapprochement avec Jean Valjean n'en est que plus aisé. Sous un nouveau nom – Fauchelevent par exemple –, on le voit bien continuer à lutter contre

Bernard Tapie – Leçons de vie, de mort et d'amour

lui-même, comme le héros des *Misérables* dans une de ses ultimes nuits. « Combien de fois la vérité, inexorable, lui avait-elle mis le genou sur la poitrine ! écrit Victor Hugo. [...] Combien de fois s'était-il redressé dans le combat, retenu au rocher, adossé au sophisme, traîné dans la poussière, tantôt renversant sa conscience sous lui, tantôt renversé par elle ! »

En attendant, ceci étant bien sûr relatif, Tapie est plus apaisé qu'il ne le fut jamais. S'il n'est pas stoïcien, il est aussi stoïque qu'un disciple de Sénèque pour qui la mort, quand elle n'était pas un châtiment, pouvait être un don, voire une grâce. Quand j'écrivais ce livre, je faisais, après mes journées de travail, une cure de Georges-Emmanuel Clancier. Avant de me coucher, je lisais à haute voix des poèmes de ce somptueux écrivain qu'il est temps de sortir de terre, barde rustique et cosmique, ancien tuberculeux d'origine très modeste comme Tapie.

A priori, Tapie n'avait rien de commun avec ce Limougeaud solaire, auteur du *Pain noir*, qui se disait dépositaire du « monde ancien » et célébrait l'alliance des corps, de la terre et du ciel. Georges-Emmanuel Clancier pourtant avait la même vision de la mort que BT, le rédimé de la Seine-Saint-Denis, transfiguré du 93, qui, lui aussi, entendait la regarder dans les yeux, jusqu'à son dernier souffle :

Cela s'appelle la mort
Pourquoi pas l'amour, ou le jour, ou le fort ?
Quand l'heure pour toi du fort sera sonnée
L'amour guettera-t-il dans la ruine et le gel
Sera-t-il le voleur qui vous prend au plus noir de la
nuit ?

Epilogue

Il te faudra quitter la rumeur et l'espace
Car tu seras fort à jamais tu seras fort
Pauvre jour parmi les jours sous la terre
Tout s'appelle la mort : l'amour, le jour, le fort[1].

---

1. *Le Paysan céleste* suivi de *Notre part d'or et d'ombre*, Poésie/Gallimard,
2008.

Composition et mise en pages
Nord Compo à Villeneuve-d'Ascq

L'éditeur de cet ouvrage s'engage dans une démarche de certification FSC® qui contribue à la préservation des forêts pour les générations futures.

Pour en savoir plus :
www.editis.com/engagement-rse/

Cet ouvrage a été achevé d'imprimer en mai 2021
dans les ateliers de Normandie Roto Impression s.a.s.
61250 Lonrai (Orne)
N° d'imprimeur : 2101251

Imprimé en France